从零开始学
布林线指标

短线操盘、盘口分析与A股买卖点实战
第2版

李洪宇◎著

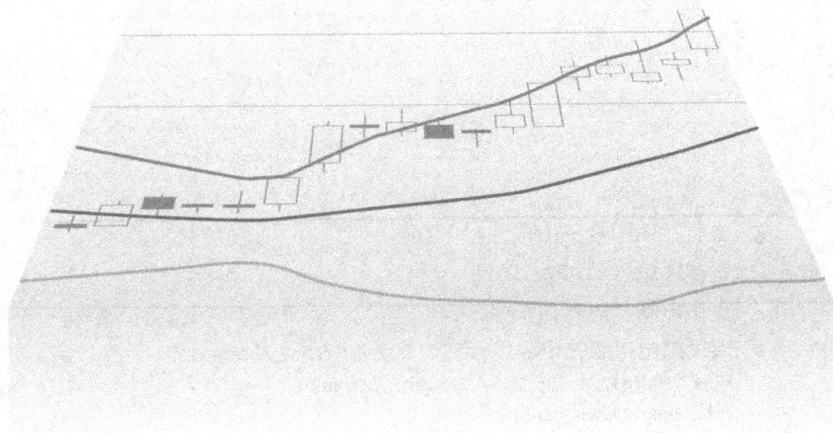

人民邮电出版社
北 京

图书在版编目（ＣＩＰ）数据

从零开始学布林线指标：短线操盘、盘口分析与A股
买卖点实战 / 李洪宇著. -- 2版. -- 北京：人民邮电
出版社，2020.8（2022.8重印）
ISBN 978-7-115-53956-4

Ⅰ．①从… Ⅱ．①李… Ⅲ．①股票交易－基本知识
Ⅳ．①F830.91

中国版本图书馆CIP数据核字(2020)第084497号

内 容 提 要

为了帮助读者了解市场风险，提高投资水平，本书通过大量的股市图表和实例，向读者全面介绍布林线指标的构建原理，详细阐述布林线指标的使用技巧，展示布林线指标的独有功能，并通过连续图解的方式还原布林线指标的实战属性，力求帮助普通投资者跨越基础门槛，提高独立投资的水平。

本书实用性强，将众多技术分析手段与布林线指标结合，让读者在领略布林线指标魅力的同时，还能够触类旁通，掌握其他技术分析手段在市场当中的独特应用。

本书所讲的知识可以满足不同层次投资者的需求，也可以作为证券、期货行业入职新人的培训教材。

◆ 著　　　　李洪宇
　　责任编辑　刘　姿
　　责任印制　周昇亮

◆ 人民邮电出版社出版发行　　北京市丰台区成寿寺路 11 号
　　邮编　100164　电子邮件　315@ptpress.com.cn
　　网址　https://www.ptpress.com.cn
　　北京虎彩文化传播有限公司印刷

◆ 开本：700×1000　1/16
　　印张：14.5　　　　　　　　2020 年 8 月第 2 版
　　字数：267 千字　　　　　　2022 年 8 月北京第 8 次印刷

定价：59.80 元

读者服务热线：(010)81055296　印装质量热线：(010)81055316
反盗版热线：(010)81055315
广告经营许可证：京东市监广登字 20170147 号

　　"买在低点、卖在高点"是每一名投资者的梦想。为了实现这个梦想，我们都想拥有一个万能的技术分析工具，但一生发明无数经典指标的韦尔斯·王尔德却告诉我们，没有一个指标是万能的。这也是他后来放弃设计指标，转而创立"亚当理论"的原因。布林线指标在诞生之初曾被无数人追捧，投资者认为终于找到一个可以同时分析趋势行情和震荡行情的工具，但指标发明人约翰·布林格却说，布林线指标只能覆盖市场 85% 的行情，对于另一部分行情，布林线指标也无能为力。这告诉了我们，我们只可能无限接近这个市场的真相，但永远不可能触到市场的真相。

　　布林线指标发明人约翰·布林格意识到了这一点，因此他承认人类的局限，认为任何事物都是相对的，即股价的高低是相对的，市场的顶底也是相对的，市场内和市场间的各种变化也都具有某种相对性，我们在实践中做的也是一种"相对"的交易。

　　认可了这一点，我们反而摆脱了束缚。我们完全可以扬长避短，充分发挥每一种技术体系的优势，并将它们紧密结合，以满足我们的投资需要，而这也是笔者编写本书的初衷。

　　本书从指标原理及逻辑关系入手，为读者全面解读布林线指标的构成及作用。

　　本书提取不同技术体系中的精华，深入解析韦尔斯·王尔德设计的各种技术指标，让布林线指标更具实战性和适用性，弥补了指标自身的不足。

　　本书注重指标融合过程中对市场的解读，让读者不但能接受并熟练运用布林线指标，对其他指标也能触类旁通。

　　本书用连续图解的方式深入细致地剖析实战案例，真实还原笔者当时所思、所想及市场环境的变化，将相关内容有效串联，以此来提高读者的综合实战能力。

　　承认自己的不足更能体现我们对市场的敬畏。布林线指标也不是万能的，倘若我们能够怀着谦卑的心态，只分析我们可以理解的那 85% 的行情，或许这种相对的交易更能带给我们某种程度的满足。希望读者能从本书中有所收获。

第 1 章 认识布林线指标

第 2 章 布林线的形态应用

第 3 章 如何使用布林通道

第4章 布林线与K线

第5章 布林线与成交量

第6章　布林线与均线

第7章　布林线与趋向指标

第 8 章

布林线与抛物线指标

第 9 章　布林线与分形

第 10 章　选股

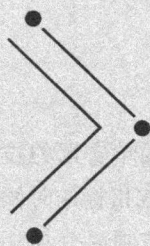

认识布林线指标

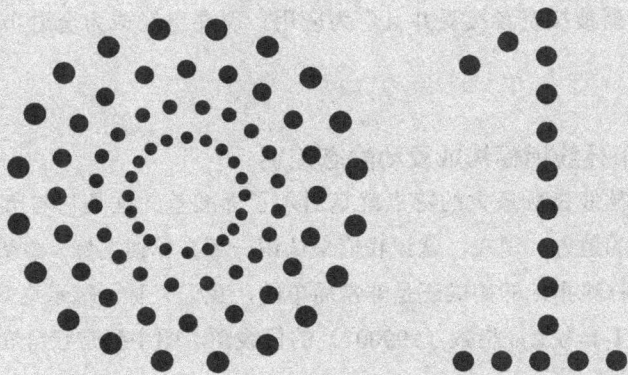

布林线指标又叫 BOLL 指标,英文全称是"Bollinger Bands",是由美国股市分析专家约翰·布林格先生发明的一种技术分析工具。布林线诞生于 1980 年,与MIKE(麦克)指标一样,同属于路径指标,其主要特点就是利用统计原理,求出股价的标准差及其信赖区间,从而确定股价的波动范围及未来走势,进而通过波带来显示股价的相对位置。由于布林线指标是以带状分布的形态出现的,因而又被投资者称作布林带。

1.1 布林线指标的基本构成

布林线指标是根据统计学中的标准差原理设计出来的,是一种简单实用的技术分析指标。设计者约翰·布林格先生自己也亲口承认,当初设计布林线指标的时候,就觉得股价总是围绕着某一价值中枢(如均线、成本线等)在一定范围内变动。也正是在上述条件的基础上,布林线指标才引入了"股价通道"的概念。约翰·布林格认为股价通道的宽窄会随着股价波动幅度的大小而变化,加上股价通道具有变异性,会随着股价的变化而自动调整,会使布林线指标具有灵活性、直观性和趋势性等特点。事实也正如设计者约翰·布林格所预想的那样,布林线指标问世后,就以其特点渐渐被投资者接受并且广为应用,现在已经成为金融市场上最常用的技术指标之一。

1.1.1 布林线指标构成及动静态差别

布林线指标最大的特点就是引入了标准差,这是它与市场上其他技术指标有较大差异的地方。现在,就让我们来认识一下布林线指标,看看它的基本构成。

布林线指标的构成还是非常简单的,我们来看一幅示意图,直观地了解一下。

图 1-1 为上证指数(999001)的日线图,图中呈带状分布的 3 条线,就是布林线指标。

完整的布林线指标由 3 条曲线构成,其中居于带状分布中间位置的曲线是布林线的中轨,也叫 BOLL 线;居于带状分布上端位置的曲线是布林线的上轨,也叫UB 线;居于带状分布下端位置的曲线是布林线的下轨,也叫 LB 线。有些软件中也将上轨称为 TOP,将下轨称为 BOTTOM。只是名字不一样,意义是一样的。

需要说明的是,在中国股市刚刚起步的阶段,"钱龙"软件是第 1 批被引入国内的证券分析软件。在"钱龙"软件中,布林线指标分为静态和动态两种:静态布林线指标（盘后分析用）是由 4 条曲线组成的；而动态布林线指标（实时看盘用）则与现在的一样，是由 3 条曲线组成的。

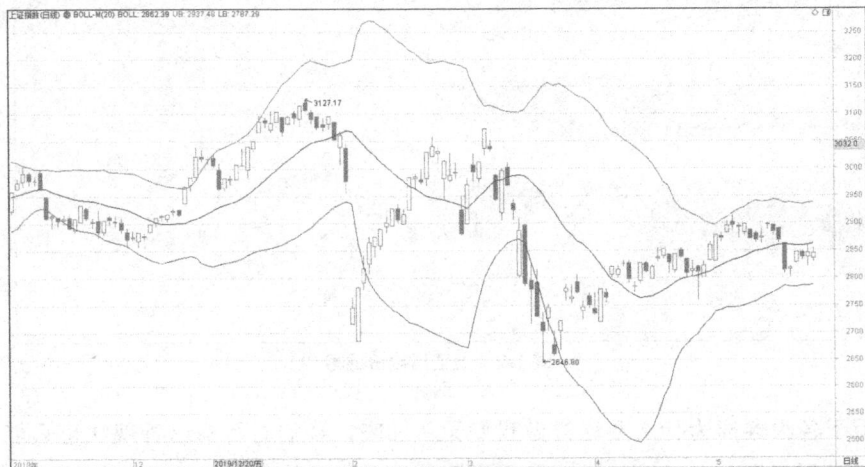

图 1-1　上证指数日线图

随着时间的推移，国内证券分析软件行业迅速发展，"钱龙"软件逐渐淡出了历史的舞台。现在各大券商为投资者提供的证券分析软件，无论是"通达信""同花顺"，还是一些有自身特点的软件，如"雪球""东方财富""文华财经"等，都在布林线指标的设置上进行了统一，一律用 3 条曲线来表示。

消除了布林线指标静态与动态的差别本应是一件好事，但不知道为什么，各大券商在自己的软件系统中又针对布林线指标设置了新的障碍，即主图布林线指标与副图布林线指标对市场行情的反映并不一致。

我们看一幅图就明白了，如图 1-2 所示，这还是图 1-1 中用的上证指数的日线图，不过在副图中添加了一个指标，并用布林线表示。

从图 1-1 和图 1-2 中可以很清楚地看出来，同样是布林线指标，两图反映出的指标变化的差异很大，这是为什么呢？通过大量的数据对比，我们认为造成这种差异的可能因素有两个：一是时间周期参数选择的不同，就好比两条均线，一条是 5 日均线，一条是 50 日均线，它们对价格的敏感程度自然表现得不一样；二是指标源码不同，造成指标在计算方式上存在很大的差异，因此在指标上的表现自然也会不同。之所以会说是"可能因素"，是因为目前各大券商在自行开发的证券分析软件中，都将主图布林线指标的源码设置为加密形式，因此上述结论只是一种猜测。

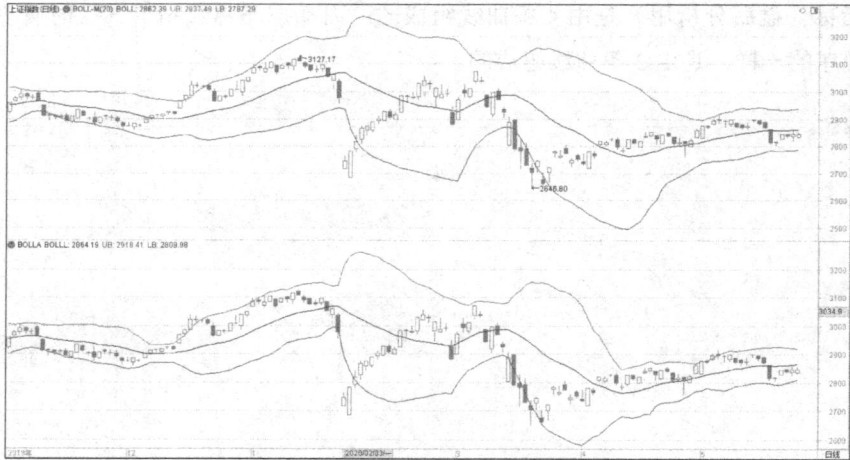

图 1-2　上证指数日线图

至于各大券商为什么要这样做我们无从知晓，我们对目前这种现状也只能说感到遗憾。但问题是，对源码进行加密设置的这种方法给投资者带来了极大的不便。实战中面对这两个指标，我们到底应该以哪一个为准呢？是主图中传统的布林线指标，还是副图中的布林线指标呢？这确实是个问题。

1.1.2 布林线指标源码

想要知道谜底，就需要深入地了解布林线指标，而认识指标源码就是最好的了解方式。

布林线指标的计算方法引入了统计学中的标准差概念，这需要投资者具有一定的高等数学知识，而一些投资者不具备这样的知识。也正是因为这一点，布林线指标才成为计算最复杂的指标之一。除此之外，布林线指标与其他指标还有一点区别，那就是由于布林线中轨选用的时间周期参数不同，布林线指标的带宽参数选择也不同，布林线指标的发明人约翰·布林格对此有过非常明确的表述。

表 1-1 为布林线中轨时间周期参数与布林通道标准差宽度的匹配表，这是约翰·布林格测试了大量数据后得出的结论，我们一定要予以高度重视。

表 1-1　布林线中轨时间周期参数与布林通道标准差宽度的匹配表

布林线中轨时间周期参数	布林通道标准差宽度
10	1.9
20	2
50	2.1

　　时间周期或许不同，但布林线指标的计算方法却是一样的。需要多说一句，那就是在不同的时间周期当中，应用最广泛的其实是布林线指标的日线和周线。

　　了解了布林线指标的一些基本情况后，现在我们可以开始了解布林线指标的源码了。我们首先从布林线副图指标开始学习。

　　图 1-3 所示为布林线副图指标的源码图。

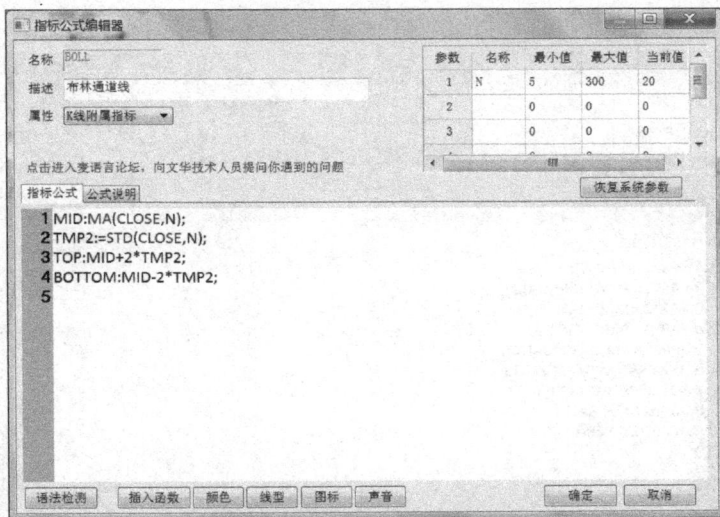

图 1-3　布林线副图指标的源码图

　　布林线副图指标源码一共 4 行，下面用文字说明指标源码的语言。

　　我们来看指标源码的第 1 行，即"MID:MA(CLOSE,N)"。MID 代表布林线的中轨；MA 是均线指标的英文简称；CLOSE 是证券软件中的函数语言，在这里的意思是收盘价；字母 N 是选取的参数，从图 1-3 中可以看到，这里 N 选取的参数是 20。把这几个分解的语言串联在一起，就是指标源码的第 1 行的文字说明，即布林线指标中轨选择的是一条时间周期为 20 日的均线。

　　我们来看指标源码的第 2 行，即"TMP2:=STD(CLOSE,N);"。N 个交易日收盘价的标准差称为 TMP2，N 取值 20，即求 20 个交易日收盘价的标准差。

　　第 3 行即"TOP:MID+2*TMP2;"。这里的 TOP 在前面介绍过，是布林线的上轨。上轨为中轨加上 2 倍的标准差。

　　第 4 行即"BOTTOM:MID−2*TMP2;"。这里的 BOTTOM 为布林线的下轨。下轨为中轨减去 2 倍的标准差。

　　把这几句分解的语言串联在一起，即为布林线指标的文字说明。

按照布林线发明人约翰·布林格的说法，理解布林线指标源码后，即使不将布林线主图指标源码放出，大家看到主图后也能明白。既然如此，那为何市面上众多证券分析软件给出的布林线指标又大不相同呢？为了弄清真相，避免误导广大读者，笔者查阅了大量的资料，并经过反复的对比，终于将谜底揭开。原来两个布林线指标之所以不同，是因为券商在设置布林线指标源码时进行了动态与静态的划分。

图 1-4 所示为布林线主图指标的源码图。

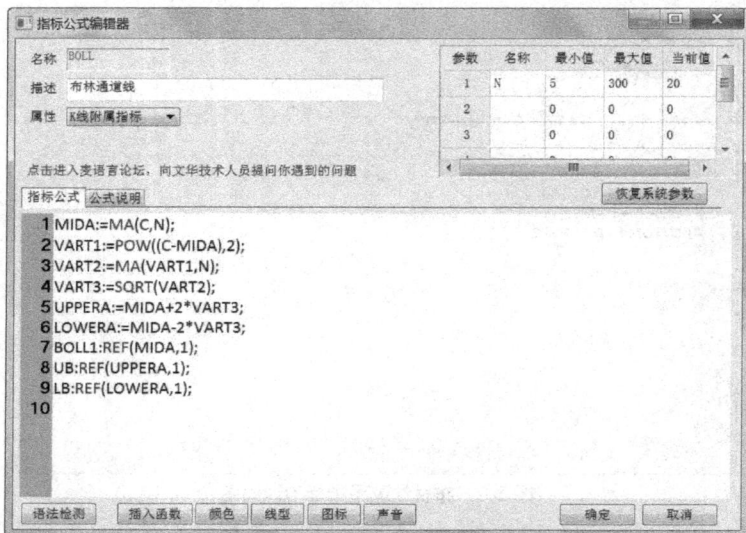

图 1-4　布林线主图指标的源码图

从图 1-4 的计算公式中，大家可以看到时间周期参数选取的还是 20，这与布林线副图指标是一样的。不管是指标的中轨，还是指标的上轨或下轨，最后计算出的都是 1 日前的数据。不管是几日前的，过去的数据都算是历史数据。通过这一点我们可以确定，券商所用的布林线指标其实是一个反映静态数值的指标。

现在我们知道了，这两个布林线指标都没有错，还是如"钱龙"软件一样，被分为静态和动态两种。券商所做的工作，只不过是将静态布林线指标由原来的 4 条曲线改成现在的 3 条曲线而已。

券商提供的布林线主图指标的计算方法非常复杂，大家从图 1-4 中就能看出，里面涉及标准差等计算方法，没有一定数学基础的投资者很难自己计算。幸运的是，随着计算机技术的不断进步，类似于布林线指标这类计算方法非常复杂的技术指标，在使用过程中已经不需要投资者自己动手计算了，投资者只需要了解指标的主要构成和计算原理就可以了。只要掌握了这些，投资者就可以更加深入地了解布林线指标的实质，为在实战中运用布林线指标打下坚实的基础。

现在的问题是，我们在实战中究竟使用哪一种指标呢？是反映静态数据的布林线主图指标，还是反映动态数据的布林线副图指标？从操作的角度来讲，动态数据反映的是即时的行情变化，理应受到我们的重视。但有一点我们必须要清楚，那就是绝大部分普通投资者还不具备即时解盘的能力。从这一点来说，主图上的静态布林线指标或许更适合普通投资者，或许这也是券商在软件系统中安排这两个指标的原因。

这里需要重点提示一下，如无特别说明，本书所有图表中使用的布林线指标都是证券分析软件系统中自带的静态布林线指标。

1.2 布林线指标的作用

布林线指标具有信号明确、使用灵活、简单有效等多种优点，并且很容易被投资者熟悉与掌握，因此无论是专业投资者还是普通投资者都非常喜爱布林线指标。目前它已经成为金融市场上最常用的技术指标之一。

布林线指标除了可以与其他各类指标进行兼容、相互配合、共同分析之外，还有其他 4 个方面的作用。

■ 布林线指标可以指示股价的支撑与压力位置。

■ 布林线指标可以指示市场或个股的超买与超卖状态。

■ 布林线指标可以指示市场或股价当前所处的趋势。

■ 布林线指标具备通道波状带作用。

在一个指标身上，竟然可以兼具趋势指标、摆动指标、震荡指标和路径指标的诸多特点，读者看到这里一定觉得布林线指标很神奇。是的，布林线指标是个神奇的指标，否则笔者也不会推荐给大家。下面，就让笔者为大家逐一解读布林线指标的神奇作用。

1.2.1 指示股价的支撑与压力位置

布林线指标的发明人约翰·布林格借鉴了任何事物都是相对的这一思想。他认为各类市场间都是互通的，股价的高低是相对的，市场的顶底是相对的，市场内和市场间的各种变化也都具有某种相对性，而不存在绝对性。

这一点很重要，它贯穿在使用布林线指标的全过程。在使用布林线指标时，我们一定要清楚地知道，指标所提示的价格的顶与底、高与低都是相对的。如果你将布林线指标删除，那么你会发现所谓的顶与底、高与低或许都不会存在。这个时候如果你不信任布林线指标，那么在操作层面就会遇到很大的障碍，大家务必要了解这一点。

如果你能明白相对的含义，那么就会非常容易理解布林线指标的压力与支撑位置。布林线指标的上轨线，也就是 TOP，就是股价的相对压力位；而下轨线，也就是 BOTTOM，就是股价的相对支撑位。不同的软件中有不同的叫法，有些软件称上轨为 UP，下轨为 LB。只是名字不一样，意义是一样的。

我们用图直观地说明一下问题，首先来看布林线指标提供的股价相对压力位。

图 1-5 为中国宝安（000009）2019 年 4 月至 2019 年 7 月日线图。

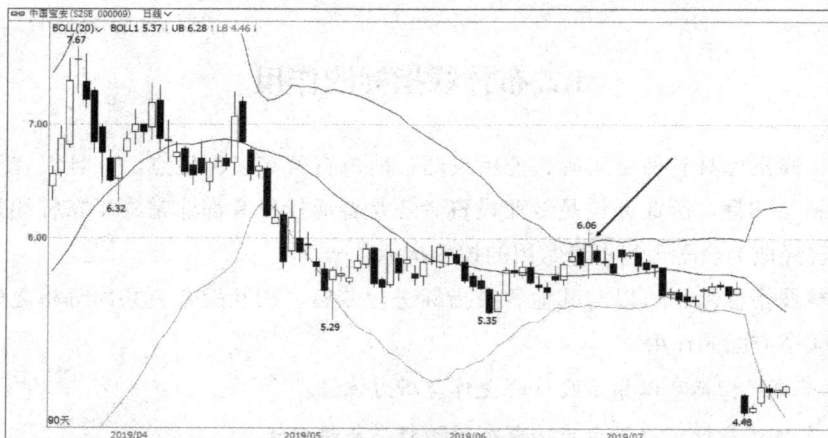

图 1-5　中国宝安日线图

图 1-5 的左侧是一段下跌行情，在跌到相对低位后股价开始反弹，我们看到这段反弹走得"一波三折"，最后在布林线的上轨处告一段落。布林线的上轨在这里既是股价反弹的目标位，也是一个相对的压力位。

图 1-6 为中国天楹（000035）2019 年 2 月至 2019 年 4 月的日线图。

图 1-6 中股价相对强势，股价出现 3 波上涨，但每次碰触到布林线的上轨后，股价都应声下落，说明上轨处的压力实实在在地存在。在今后的操作中，遇到这样的情况我们需要密切留意。

布林线上轨的压力是相对的，不是每一次到达布林线上轨时股价都会回落，这只是一般情况下的表现。有的时候，股价也会突破布林线上轨，但那种情况毕竟少见，并且还有其他的技术分析手段予以解读，这里就不再多讲。相对而言，布林线上轨在常态下的行情中确实可以充当股价的压力位。

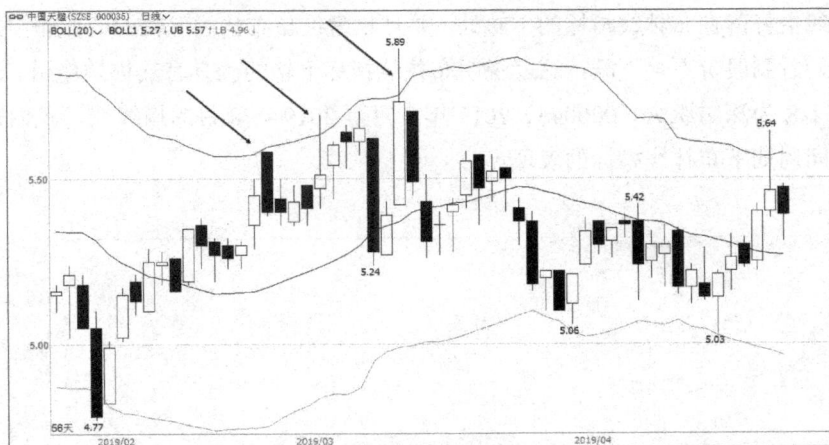

图 1-6　中国天楹日线图

通过了解布林线指标的源码，我们已经知道指标中两个带宽的计算方法其实是差不多的，只不过一个是求和，一个是求差。只有这样才能始终确保上轨和下轨围绕着布林线的中轨呈等宽的带状分布。既然上轨可以充当压力位，那么下轨自然就可以充当支撑位。

图 1-7 为沙河股份（000014）2018 年 10 月至 2019 年 2 月的日线图。

图 1-7　沙河股份日线图

图 1-7 中很清楚地显示出，沙河股份这只股票于 2018 年 12 月达到了 10.89 元的相对高位，随后展开震荡向下的下跌走势。在此次下跌行情的末端，也就是 2018 年 12 月底，一条实体较大的阴线让整段跌势看起来有加速的趋势。但我们惊喜地发现，

这条阴线恰好落在布林线指标的下轨处，并且收盘价与布林线下轨的数值非常接近。随后我们看到股价不再下跌，这就说明布林线指标下轨的确具有支撑的作用。

图 1-8 为深纺织 A（000045）2017 年 9 月至 2019 年 8 月的周线图，我们来看看不同时间周期下布林线指标的表现。

图 1-8　深纺织 A 周线图

从 12.97 元下跌至 5 元，股价在这期间几乎没有大级别反弹，但我们看到它在触碰到布林线下轨后开始反弹，这就表明在常态行情下，布林线下轨可以为股价提供一个相对的支撑位。

1.2.2 指示市场或个股的超买与超卖状态

超买与超卖是金融市场上用来描述市场状况的名词，同时也反映了一种市场状态。

所谓超买，是形容市场过热或某只股票因受太多人追捧而导致股价短时间内急升，继而高位承接力不足，股价可能出现技术性向下调整的情况。

所谓超卖，是形容市场过冷或某只股票因太多人卖出而导致短时间内股价急挫，继而大幅降低低位抛售压力，股价可能出现技术性向上反弹的情况。

一般情况下，超买、超卖现象只发生在诸如 KDJ（随机指标）、RSI（相对强弱指标）等这种围绕中轴线来回摆动的震荡类指标上，揭示的是当前交易者的情绪已经过热或过冷，市场在未来有可能向相反方向进行转变。

布林线指标神奇的地方就在于，它虽然不像 KDJ、RSI 等指标有固定不变的中轴线，但是也能依托自身的中轨，利用上下标准差计算出的通道边界，构建出某种超买或超卖的市场状态。

　　如何判断市场或个股已经超买或者超卖了呢？具体来说，还是需要利用布林线指标的两条边界通道线。

　　前面我们谈到，布林线指标的两条边界起到的是相对的压力与支撑作用，常态下股价会依据这样的边界进行运动。但有的时候，投资者的情绪过分高昂或悲观，股价有可能会冲破通道边界，这种状态如果在短时间呈现，那么我们就可以认定市场处在一个超买或者超卖的状态之中。

　　一图胜千言，我们还是用具体的图示为大家解释一下如何使用布林线指标来判断市场的超买与超卖的状态。

　　图 1-9 为迈为股份（300751）2018 年 11 月至 2019 年 5 月的日线图。

图 1-9　迈为股份日线图

　　从图 1-9 中，我们看到这段行情起初的表现还是中规中矩的，但到了后期，多头通过中阳线开始让股价上涨，并且冲破了布林线指标上轨。此时如果量价能够相互配合也未尝不可，但我们仔细观察图 1-9 中左侧箭头标注的位置就可以发现，此时的成交量非但没有放量，反而呈现出缩量的态势。这就让我们不得不怀疑行情的真实性，从而觉得这种局面不过是投资者情绪过度宣泄下的超买行情。

　　行情一旦超买便注定不会持久，因为买盘会很快枯竭。果然，股价随后以跌停开盘的方式跌回到布林通道内，并在下方箭头标注的那天跌停，且当天放出巨量，反过来证明了前面的虚涨不过是引导个人投资者买入的超买行情。

　　我们再来看一个实例，图 1-10 为上海新阳（300236）2019 年 6 月至 2019 年 8 月的日线图。

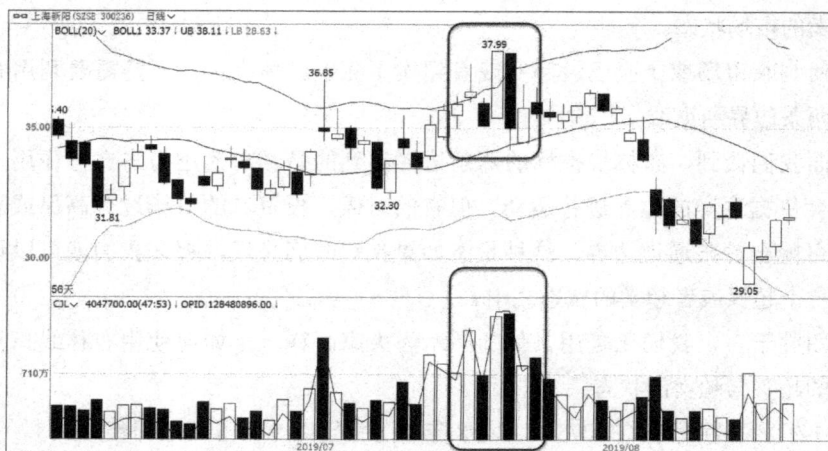

图1-10　上海新阳日线图

从图1-10中方框框定的地方可以看到，股价从下轨支撑位起步，按照正常的逻辑应该在碰触到上轨压力位时停住脚步，但多头却要冲出上轨，很明显是引导个人投资者进场追买，进而形成超买的局面。拉升过程中散乱的成交量预示着市场上的筹码开始松动，说明多头是有意为之的。

布林线指标核心的交易思想就是进行相对的交易，既然上轨可以作为衡量市场是否超买的一个标准，那么下轨也可以作为衡量市场是否超卖的一种依据。

图1-11为富瀚微（300613）2019年2月至2019年9月的日线图。

图1-11　富瀚微日线图

图1-11很能说明问题，当股价以连续阴线的方式快速下跌的时候，看起来气势

汹汹，实则是风险的快速释放。需要注意的是，当股价跌破布林线下轨的时候，成交量已经是连续缩量的状态，表明做空的动力已经不足，这不过是一个投资者情绪低落下的超卖行情，反弹应该会迅速开始。

　　超卖是一种相对异常的市场状态，但不是每一次超卖都会引发反弹。有的时候，当投资者情绪经过宣泄后，市场会重新进入一种正常的状态中，直至酝酿出新的行情走势，市场才会再一次发生改变。

　　图 1-12 为汇纳科技（300609）2019 年 3 月到 2019 年 7 月的日线图。

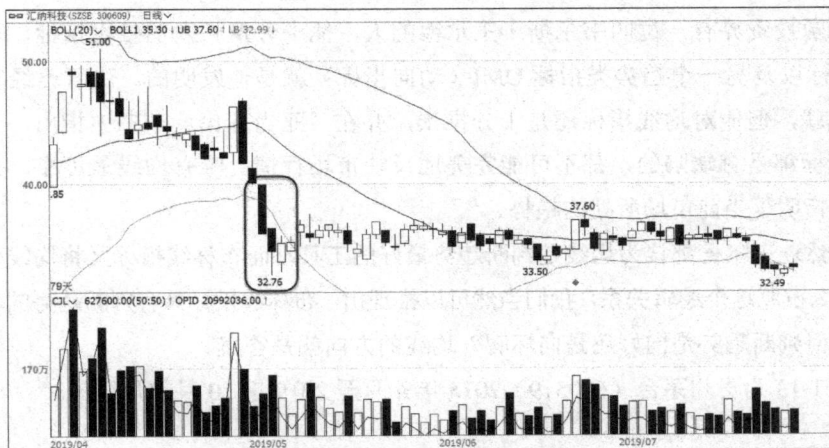

图 1-12　汇纳科技日线图

　　一切的绚烂到最后都将归于平淡，图 1-12 中空头利用前一日的跌停板继续向下压低股价，想营造出一种超卖行情。但股价仅在布林线下轨外侧停留两天时间，市场就回归到理性的状态，走出了一种相对底部横盘震荡的走势。类似的走势在市场上经常出现，后续行情要想发生变化，需经过长时间的酝酿才行。

1.2.3　指示市场或股价当前所处的趋势

　　趋势，怎么说都说不尽。自从查尔斯·亨利·道天才般地发明了道氏理论以后，金融市场历经百年洗礼，各种关于趋势的理论层出不穷。为了让发明者能够阐述各自的理论，各种趋势类指标应运而生。在众多技术分析指标中，布林线指标算是比较特殊的一种指标，因为绝大多数技术指标都是用数量构造出来的，本身不依赖趋势分析和形态分析，而布林线指标却不同，它与股价的趋势和形态有着密不可分的关系。之所以如此，是因为约翰·布林格先生在发明布林线指标的时候，就将一个趋势类指标引入自己的指标中。这个被引入的趋势类指标，就是布林线的中轨。

在 1.1.2 节中我们已经知道，布林线指标的中轨其实就是一条选取了"20"这一时间周期参数的简单移动平均线（简称为均线）。均线的种类很多，如简写为"EMA"的指数加权平均线、简写为"CYC"的成本均线等。为什么约翰·布林格偏偏选用了最简单、最普通的简单移动平均线呢？这是因为他经过了大量的历史数据回测，发现最简单的均线反而是效果最好的。

均线指标现在已经成为市场上投资者使用频率最高的指标之一，也是众多趋势类指标中最简单好用的指标之一。其最大的特点，就是使变动剧烈的价格变得较为平滑，从中可以观察到某种规律。这种规律就是趋势。

美国投资界有一位叫韦尔斯·王尔德的人，他十分擅长发明技术指标，著名的 RSI 指标以及另一个趋势类指标 DMI（动向指标）就是他发明的。尽管已经有如此高的成就，但他对均线指标还是十分推崇，并在《亚当理论》一书中指出："所有技术指标都是有缺陷的，都不可能完美地反映市场行情，唯有均线最可靠，其方向给我们指明了当前市场所处的趋势。"

既然连王尔德都认为均线是判断趋势最好的工具，而布林线指标又将均线引入进来，那么按照这个逻辑关系，我们当然可以推理出，布林线指标具有判断趋势的功能。

如何判断趋势是向好还是向坏呢？均线的方向就是答案。

图 1-13 为贵州茅台（600519）2015 年 4 月至 2019 年 10 月的月线图。

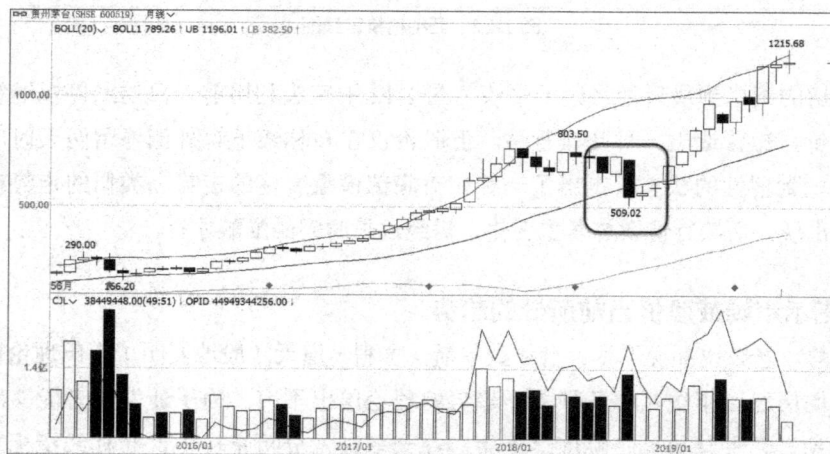

图 1-13　贵州茅台月线图

一般来讲反映中期趋势最好的就是月线图。在图 1-13 中，可以看到反映中期趋势的布林线中轨始终处在向上运行的态势之中，虽然中间有 3 个月 K 线的收盘价位于中轨之下，但中轨的方向却并没有改变。

自 2016 年开始，代表着大市值的蓝筹股接连创出历史新高，引领主板市场形成一波俗称"漂亮 50"的大盘股行情。与之相反的是，以往发展态势较好的小市值股票却无人问津，惨遭抛售。

图 1-14 为代表中小股行情的中小板指（399005）2017 年 4 月至 2019 年 10 月的月线图。

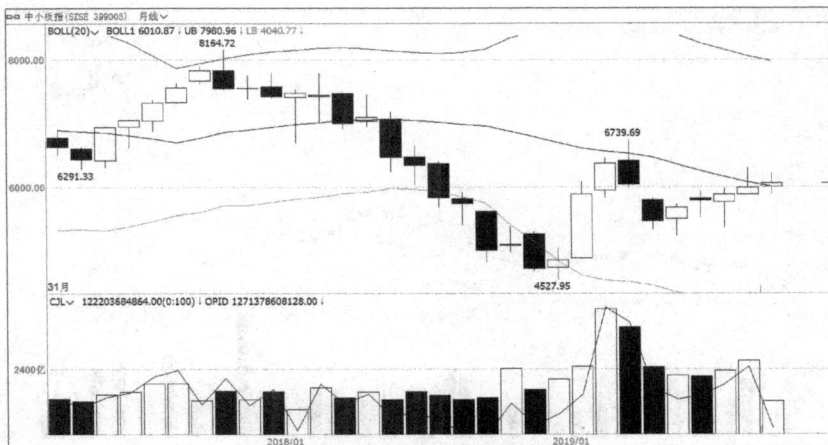

图 1-14　中小板指月线图

在大盘蓝筹股向上发展的时候，代表中小股行情的中小板指一年多以来一直处于中轨的压制之下。

图 1-15 为唐德影视（300426）2017 年 8 月至 2019 年 10 月的周线图。

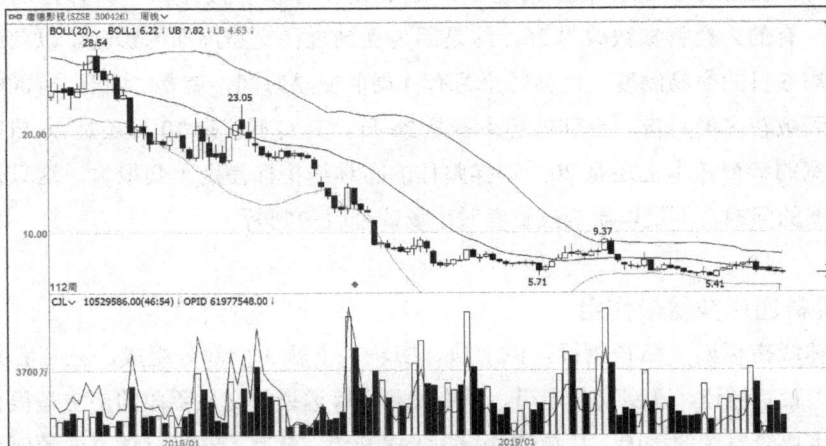

图 1-15　唐德影视周线图

从图 1-15 中可以清楚地看到，在布林线中轨的压制下，该股两年来毫无表现的机会，就这样一直缓缓下沉。究其原因，还是反映趋势的布林线中轨一直向下运行，如一张大网，将这只股票困住，让它丝毫动弹不得。

最后我们再看看同一时段的沪电股份有怎样的表现。图 1-16 为沪电股份（002463）2018 年 8 月至 2019 年 10 月的周线图。

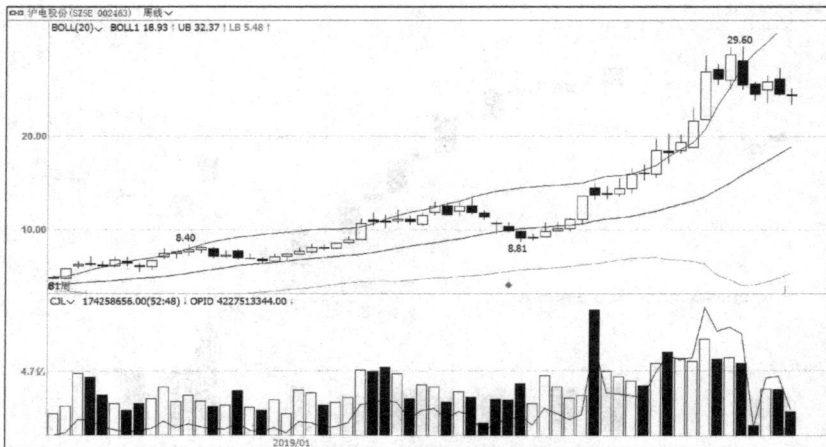

图 1-16 沪电股份周线图

在唐德影视这只股票始终受布林线中轨压制、缺乏动力的时候，沪电股份这只股票却走出了持续两年的牛市行情。这段时间中，沪电股份的布林线中轨一直保持着向上的态势，说明中线趋势始终向好。

布林线指标中轨选择的参数是 20，这也是指标发明人约翰·布林格的首选。实战中，有的人会将参数改为 26，这是因为受到过往交易周期的影响。以前的市场奉行每周 6 日的交易制度，这样每个月有 4 周的交易时间，就是 24 日，有的时候还会遇到天数较多的月份，全部加起来就是 26 日。其实不管是 20 日还是 26 日，布林通道带宽的参数基本上还是 20，这样整体的布林线指标差别不会很大，这只是一个使用习惯的问题，不足以影响投资者对市场或个股的判断。

1.2.4 具备通道波状带作用

布林线指标属于路径指标，由上轨、中轨、下轨 3 个部分组成，且三者共同构成了一个带状通道。其实交易通道、包络线和平行通道等交易手段的历史是很长的，在金融市场较发达的美国，从 20 世纪 60 年代开始，就有人在进行这方面的研究了。他们的研究成果丰富并且有趣，其中比较有名的一个研究者叫切斯特·凯尔特钠，著名的 10 日均线法则就是他于 1960 年提出的。当时他写了一本书叫《如何在商品中赚钱》，书中详细讲解了他的 10 日均线法则。一提到 10 日均线法则，现在的投资者可能会以为就是利用 10 日均线进行交易，其实这是完全错误的，10 日均线法则最初的版本其实是一个交易通道。

还有一个人对通道理论也做出了贡献，他就是理查德·唐奇安。他的方法非常简单，即利用四周法则形成一个包络线，突破 4 周内的最高点时就买入，跌破 4 周内的最低点时就卖出。请注意，在 1 周有 5 日交易时间的框架下，4 周就是 20 日。当时美国有家叫"邓恩哈哥特"的公司非常有名，他们对理查德·唐奇安的交易通道进行了测试，发现这个方法非常简明而且效果很好，于是开始大力推荐，由此四周交易法则开始流行起来，著名的"海龟交易法则"就采用了这种方法。

很明显，约翰·布林格在设计布林线中轨的时候受到了理查德·唐奇安的影响，因此他的布林线中轨选用了"20"这个参数。在这之后，期权市场又有了新的发现，即可以利用波动性构建不同的交易通道。这个发现很好，但是很烦琐，不过这个发现却提醒了约翰·布林格，他经过大量测试，发现标准差完全具有自适应的功能，于是他综合理查德·唐奇安和这个新发现，创造了布林线指标。需要说明的是，布林线指标之所以优秀，就在于其利用标准差设置的带宽通道可以随着股价的变化而自动调整位置。正是这种变化使得布林线指标具备了灵活和顺应趋势的特征，它既有通道的性质，又克服了通道宽度不能变化的弱点。带状通道揭示了未来股价的波动范围，与布林线中轨相互配合有助于揭示市场的强弱，同时也规范了股价的波动行为。

对于喜爱使用交易通道的读者来说，通道不一定完全对称，但有一点必须满足，那就是不管何种通道，一定要有一个中心点可以作为参考，否则就难以构成一个通道。

通道波状带作用范围较大，主要有以下 3 个方面：一是正常市场状态下布林通道可以规范股价行为；二是利用股价在通道的相对位置判断当前市场的强弱；三是通道的宽窄可以明确市场的波动性。

我们先看第一点，在正常市场状态下，布林通道可以规范股价行为。

有权威机构做过统计，在正常情况下，市场有接近 2/3 的时间是处在震荡的行情中，即我们俗称的"箱体"。这个时候，市场有两类指标表现得最为出色：一类是震荡类指标，例如 KDJ、RSI 等指标；还有一类就是以布林线指标为代表的路径类指标。这两类指标能表现优异，在于它们本身的指标构成类似于一个箱体。例如 KDJ 指标，它的上限值是 100，下限值是 0，指标线在里面运行，非常符合箱体运行的要求。布林线指标虽然没有严格的箱体限制，但它的上下轨道具有自适应性，也满足箱体的要求，并且因为轨道可以随股价自行调节，反而比 KDJ 指标灵活。

图 1-17 为正邦科技（002157）2019 年 3 月至 2019 年 10 月的日线图。

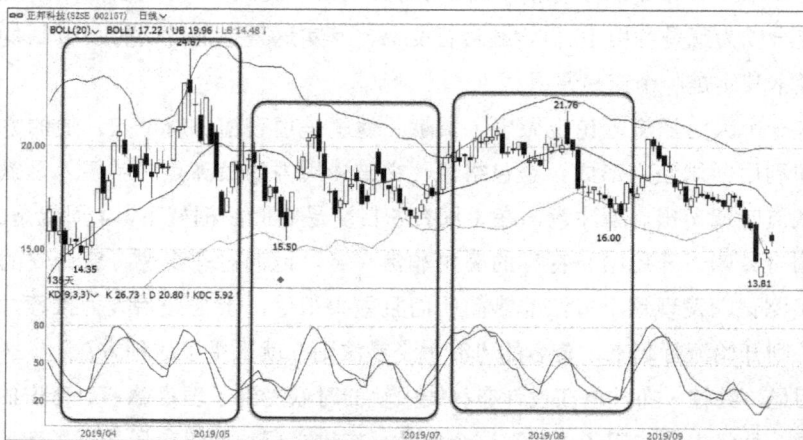

图 1-17　正邦科技日线图

常态行情下，股价通常在上轨和下轨限定的区间内波动，图 1-17 就是一个很好的例子。我们从图 1-17 中可以观察到，布林通道运行得很平稳，这说明股价没有大的波动。在图中 3 个方框框定的位置，我们看到股价就是由低到高，再由高到低地在布林通道内震荡，遇到下轨就反弹，碰到上轨就回落。副图中的 KD 指标也是在相对高位和相对低位之间进行标准的上下摆动，配合股价形成低位金叉、高位死叉的态势，交易信号清楚并且准确。

我们再来看一下指数的表现，图 1-18 为上证指数（999001）2019 年 3 月至 2019 年 10 月的周线图。

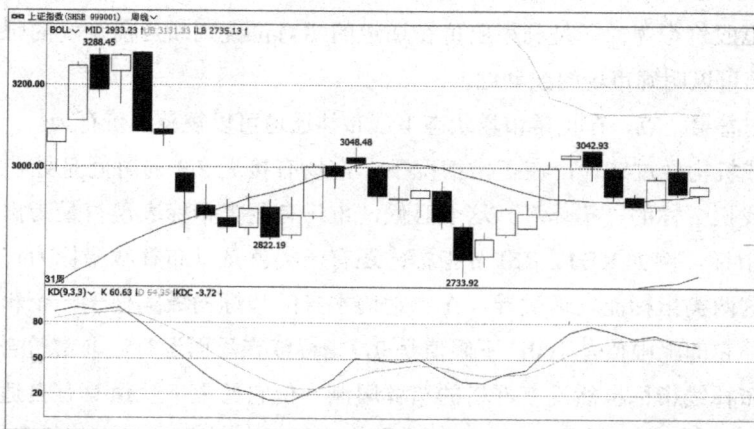

图 1-18　上证指数周线图

在整整 7 个月的跨度内，上证指数大部分时间都属于箱体震荡的行情，这从曲线平稳的布林通道以及走势规范的 K 线中都能够看出来。再看副图的 KD 指标，指标曲线完全没有多余的动作，就是标准的低位金叉、高位死叉，严格遵循着指标定义，在箱体内来回摆动。图 1-17、图 1-18 都表明，在常态行情下，布林通道可以规范股价的行为。

我们再看第二点，利用股价在通道的相对位置判断当前市场的强弱。

所谓的强与弱其实都是相对的，在金融市场中，不同的交易品种其实都有各自的周期属性，因此在不同的时间段内也都有各自的强弱表现。例如，每到劳动节、国庆节前，旅游板块都会有所表现，同理还有酒店、商品零售等板块；每到年底，一些涉及重组的上市公司和一些业绩不好需要保壳的上市公司都会有所异动；还有就是一旦世界某地发生战争造成石油市场动荡，作为避险工具的黄金类股票也会格外抢眼。由此看来，没有谁会永远强，也没有谁会永远弱，当前强势的基石或许正是来自前期的弱势，而现在的弱势或许是正在酝酿即将到来的强势。从这一点来说，布林线指标只表现出相对的强弱，这或许正是它高明的地方。

在布林线指标中，强弱的分界就是中轨，一般的分类是将上轨与中轨之间的区域认定为强势区，将中轨与下轨之间的区域认定为弱势区。股价如果多数时间在上轨与中轨之间运行，表示股价现在处于强势状态，市场具有参与价值；股价如果多数时间在中轨与下轨之间运行，表示股价现在处于弱势状态，市场缺乏参与价值。

我们还是用图来说明，图 1-19 为深物业 A（000011）2019 年 1 月至 2019 年 6 月的日线图。

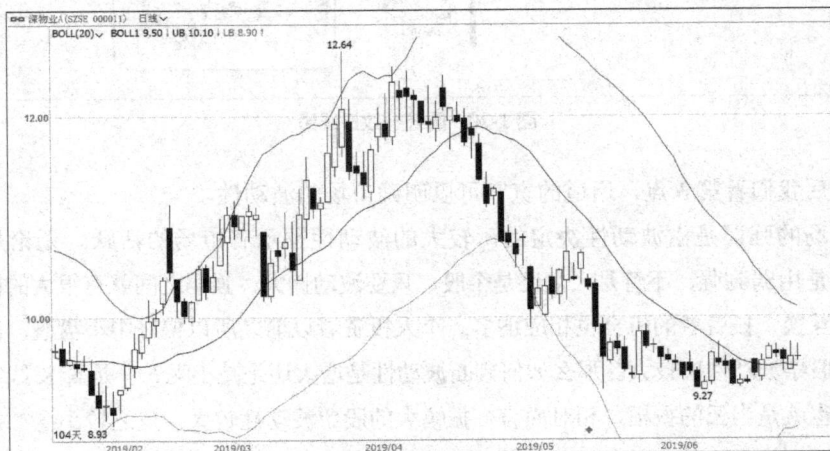

图 1-19　深物业 A 日线图

可以看到，在图 1-19 的左侧，股价一直在布林线上轨和中轨之间运行，没有异常的大起大落，走势比较平缓，但表现却非常稳定，技术上十分规范，是典型的有大资金参与的情况，看起来不起眼，但强势特征明显。从图 1-19 的右侧可以看到，该股步入调整，股价大部分时间都在布林线中轨和下轨之间运行，偶尔有所动作但也不能持续，呈现出缓慢下沉的弱势节奏。

图 1-20 为国药一致（000028）2019 年 4 月至 2019 年 9 月的日线图。

图 1-20 是一幅股价在强弱之间缓慢转换的图。在图 1-20 的左侧，我们看到股价呈现的是一种弱势状态，其特征就是股价一直运行在布林线中轨和下轨之间，很少能突破代表强弱分界的中轨。到了图 1-20 的右侧，即方框框定部分，我们看到盘面有了积极的变化，股价开始缓慢地由弱转强，逐渐在布林线上轨和中轨之间运行，偶尔跌破中轨也会在短时间内被拉回，并且均线的方向开始向上，这都表明该股中期趋势在慢慢地变好。

图 1-20　国药一致日线图

最后我们看第 3 点，通道的宽窄可以明确市场的波动性。

市场的强弱是由波动性决定的，较大的波动性预示着市场的活跃。无论是由强到弱还是由弱到强，不管是大盘还是个股，只要波动性大，强弱之间就有很大的概率可以进行互换，投资者的机会也相应增多。个人投资者以前之所以偏好中小盘股，就是因为这些股票波动性比较大。那么如何判断波动性是增大还是减小呢？一是看 K 线实体的大小，也就是当天的振幅，相对而言，振幅大的股票波动性较大，反之较小；二是利用可以自适应的布林通道来进行观察。K 线如果连续小振幅运行，与之相适应的布林通道就会逐渐收窄，预示波动性在减小；K 线如果连续大振幅运行，与之相适应的布林通道就会逐渐加宽，预示波动性在增大，我们的投资机会或许就隐藏在其中。

图 1-21 为深南电 A（000037）的日线图，时间为 2018 年 10 月至 2019 年 4 月。

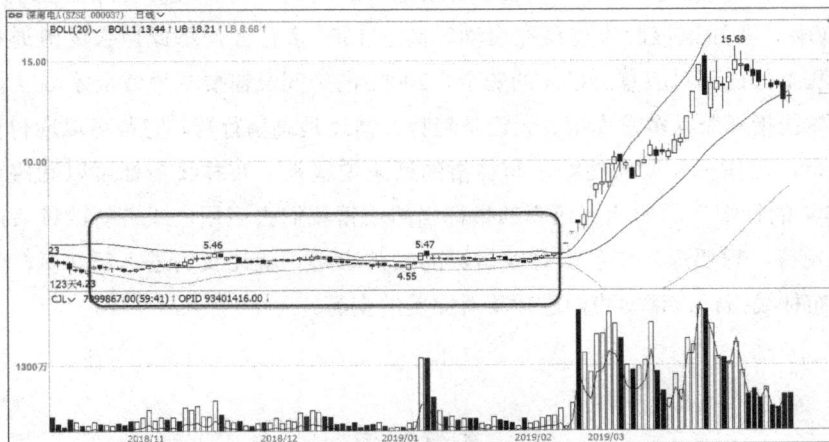

图 1-21　深南电 A 日线图

我们仔细观察图 1-21 中方框框定的部分会发现在这个区间内 K 线实体非常小，与之相对应的成交量也处在较低水平。这些振幅偏低的 K 线连续运行，就会造成市场波动性小、布林通道收窄，这样的市场环境为我们提供的投资机会可以说是少之又少，严格一点说，这样的市场环境其实已经不适合投资了。

图 1-22 为五粮液（000858）2018 年 12 月至 2019 年 7 月的日线图。

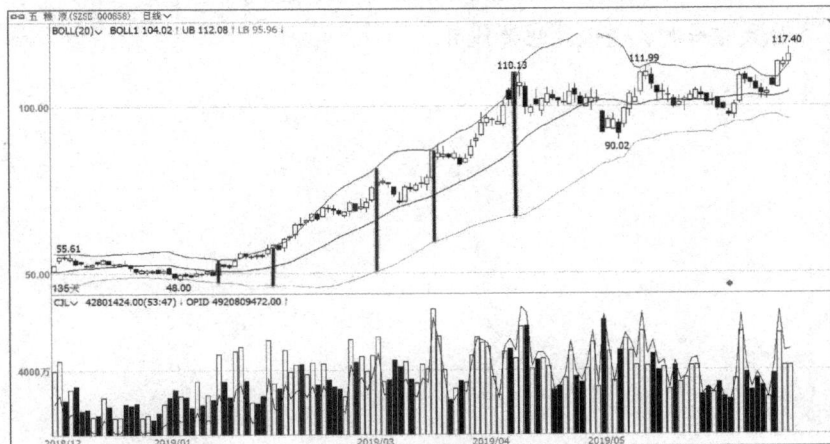

图 1-22　五粮液日线图

　　在图 1-22 中我们用垂直线段对布林通道进行了标注，从不断加长的线段中就能直观地感受到，布林通道在逐渐地扩宽，表明市场的波动性在增大，这一点从副图内不断增加的成交量中也能够看出来。股价从 2019 年年初的 48 元起步，到 2019 年 7 月的最高点 130.29 元（图中未显示后续走势的最高价），股价上涨幅度差不多达到了 200%。要知道该股流通盘在启动时高达 1500 多亿元，如此巨大的流通盘中股价每上涨 1 分钱都对应着上亿元的资金，200% 的空间又需要多少资金才可以承载！

　　布林线指标兼具多重作用，无论是趋势行情还是震荡行情，它都可以应付自如、游刃有余，用指标发明人约翰·布林格的话来说就是"布林线指标可以涵盖市场常态下 85% 的行情"。如此高效率的指标当然值得我们去应用，或许有的读者此时已经迫不及待，想要深入了解布林线指标的具体应用。就让我们进入第 2 章，学习如何利用布林线指标，帮助我们进行相对完美的交易。

本章要点

■ 布林线指标由 3 个部分构成，分别是上轨 UB、中轨 BOLL、下轨 LB。

■ 证券分析软件系统中的主图布林线指标是静态指标。

■ 布林线指标中轨是参数为 20 的简单移动平均线，利用标准差计算上轨与下轨。

■ 布林线指标可以指示股价的支撑与压力位置。

■ 布林线指标可以指示市场或个股的超买与超卖状态。

■ 布林线指标可以指示市场或股价当前所处的趋势。

■ 布林线指标具备通道波状带作用。

第2章

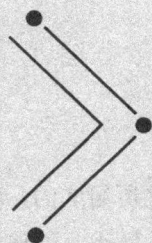

布林线的形态应用

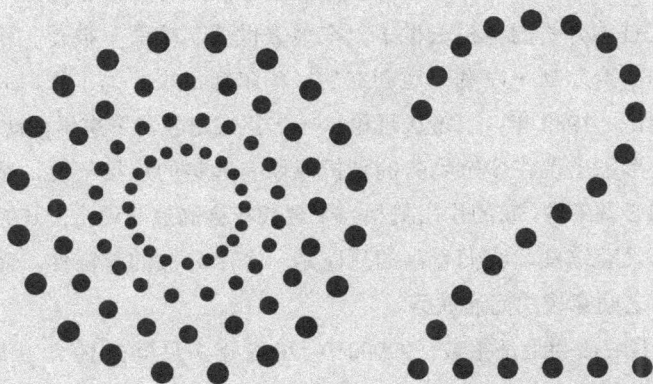

形态学的应用起源于道氏理论，是最早的交易理论之一。查尔斯·亨利·道在创立道氏理论的同时引入了两个令后人受益无穷的技术分析手段，一个是以收盘价为基准的水平直线，另一个就是关于形态的观点。当时的市场还没有任何技术指标可以用来辅助交易，因此形态就成为交易中最重要的手段之一，并不断地被后人总结，以及拓展出新的内容。约翰·布林格也不例外，他在发明布林线指标的时候也对各类形态在布林线中的表现加以认真研究，并提出了自己的观点。当然，由于布林线指标是一个相对的指标，因此约翰·布林格对形态的论述也采取了相对的态度。

2.1 形态学概述

查尔斯·亨利·道认为，金融市场中的波动是由不同周期的波动所组成的，价格不会一直上涨，也不会一直下跌，中间总是有休息或多空结束时的转折。他通过对这些休息或转折的走势的长期观察，发现其中具有规律性和重复性，会成为某种特定走势。查尔斯·亨利·道将这些特定走势整理出来，便有了现代技术分析中最重要的理论之一——形态学。

查尔斯·亨利·道关于形态的论述在当时并未引起世人的注意。1902年，这位现代技术分析的鼻祖去世了。在他去世后，威廉·彼得·汉密尔顿和罗伯特·雷亚承担了查尔斯·亨利·道创立的《华尔街日报》的工作，并逐步整理、归纳出了道氏理论。1932年，《道氏理论》一书正式出版，形态学由此进入了投资者的视野。

形态出现在多空趋势的转折或原有趋势的连接部位，是趋势得以恢复或发生转折的必备条件，它的作用就相当于现代社会高速铁路上的连接件，看起来简单而普通，但若没有这些，我们看到的只能是一个个分散的零部件，而不是可以让我们在不同城市之间穿梭的高速铁路。

图2-1为上证指数（999001）2018年7月至2019年6月的日线图。

从图2-1中我们能够看出形态在行情转变中的作用。图2-1的左侧是一段下跌行情，当指数来到相对低位时，震荡开始加剧，指数在这个区间形成了一个双重底形态。在形态学中，双重底是作为底部形态出现的，我们看到指数随后出现了上涨。在前面的下跌和后面的上涨之间，形态起到的就是一个串联的作用。图2-1的右侧是一个双重顶形态，我们同样用线段进行了标注。双重顶是市场上最为常见的顶部形态之一。我们看到指数在构造完成双重顶形态后，又开始新一轮的下跌。

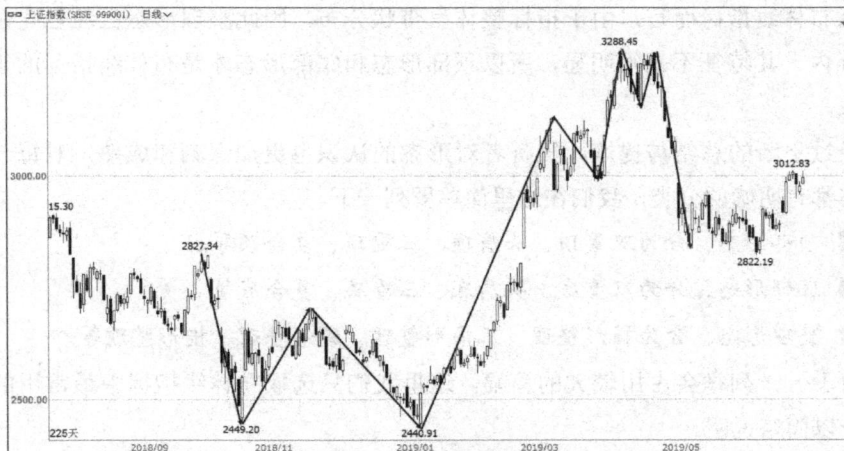

图 2-1　上证指数日线图

　　道氏理论的发明人查尔斯·亨利·道观察到了形态的存在，而形态也反过来促进了道氏理论的完善。正是由于形态学的发展，人们对趋势的变化才由感性认知上升到了理性认知阶段，因此到后来，形态学逐渐发展成为一门独立的技术门类。一些精于技术分析的投资者单单依靠形态，就能够做出正确的投资决策。

2.2　形态的种类

　　相对而言，股价的形态比较抽象，要想运用得好，主要还在于投资者对形态的理解程度足够深，以及归纳总结的水平足够高。就目前来看，全球金融市场经过百年的发展与演变，投资者对形态的归纳已经到了一个比较高的水平，对形态的分类也更加细化。一般而言，形态可分为 3 种。

　　■ 顶部形态。

　　■ 底部形态。

　　■ 整理形态。

　　顾名思义，顶部形态就是股价在相对的顶部构筑出的形态，它是上涨行情向下跌行情转变的连接带；底部形态就是股价在相对的底部构筑出的形态，它是下跌行情向上涨行情转变的连接带；至于整理形态，多半是处在趋势行情的中间地带，是短暂的股价休整区，最终的结果应该是与原有的行情保持一致。

就布林线指标而言，由于指标整体呈带状分布，因此整理形态已经包含在布林带指标内，其特征不是很明显，所以顶部形态和底部形态才是布林线指标的重点研究对象。

经过不断的总结与提炼，投资者对形态的认识也更加深刻和成熟，对每一个主要形态都有明确的分类，我们在这里简单罗列一下。

■ 顶部形态，分为双重顶、头肩顶、三重顶、复合顶等。

■ 底部形态，分为双重底、头肩底、三重底、复合底等。

■ 整理形态，分为箱形整理、三角形整理、旗形整理、楔形整理等。

由于一一列举会占用较大的篇幅，这里我们只选取布林线指标中最常用的两种形态予以简略说明。

图 2-2 为飞亚达 A（000026）2018 年 5 月至 2019 年 3 月的日线图。

图 2-2　飞亚达 A 日线图

图 2-2 中折线显示的就是经典的头肩底形态，它是由左肩、右肩两个肩膀加上中间一个头所组成的，其要点是居中的头的低点必须要比左右两个肩膀的低点要低。头肩底形态是市场当中出现的频次仅次于双重底形态的底部形态，一般情况下这种形态出现后，市场都会达到一个相对的底部，值得投资者投资。

随着对形态认识的加深，投资者会发现，其实头肩底、三重底不过是双底形态的不同演变形态而已。

图 2-3 为深大通（000038）2014 年 9 月至 2019 年 10 月的周线图。

图 2-3 深大通周线图

图 2-3 中折线显示的部分就是经典的双重顶形态，它是由左、右各一个高点组合而成的。双重顶形态在市场中出现的次数很多，是常见的顶部形态。一般情况下这种形态出现后，市场都会达到一个相对的顶部。双重顶、三重顶和头肩顶之间有很大的关联性，属于同一类顶部，有的时候还会出现变异的形态，但性质是完全一样的，只要大家多观察分析，就能触类旁通。

在应用布林线指标对形态进行分析之前，我们先为大家罗列一下市场上所有反转形态共有的基本特点。

■ 市场上确定有趋势存在，是所有反转形态存在的前提。

■ 现行趋势即将反转的第 1 个信号，经常是串联趋势的形态颈线被突破。

■ 形态的规模越大，随之而来的市场波动越大。

■ 顶部形态所经历的时间通常短于底部形态，但波动性较大。

■ 底部形态的价格波动范围通常较小，但酝酿时间较长。

■ 交易量在验证向上突破信号的可靠性方面，更具参考价值。

有关交易量的内容，我们会在第 5 章为大家介绍。

2.3 形态的完成

形态之所以在技术分析诞生之初就有如此强大的生命力，除了因为它简便易学、容易被投资者接受之外，最主要的一点就是形态具备可操作性，每一种形态都有具体的测算技术，可以确定出最小价格目标。尽管这些目标只是投资者在参与交易前对市场动向的大致估算，但在技术手段缺乏的年代，它仍然为投资者指明了交易的方向。

形态的真正形成严格来说需要 3 个步骤：一是市场价格确实形成了某种形态；二是市场价格对形态进行了有效突破；三是市场价格完成了最基本的空间目标。只有当这 3 个步骤全部完成时，才可以说，我们成功地完成了对形态的操作。

形态的空间目标也叫形态高度，一般而言，形态高度不需要进行精确计算，投资者目测就可以完成。普通的做法是，先测出底部到形态颈线的距离，如果价格成功对形态进行了突破，再将这段距离从突破的那个点算起，投射出去。

上述所说的仅是最基本的形态空间目标，实际上，如果市场动力充沛，那么价格运动往往会超过上述目标而达到新的高度。当然，即使有新高度也不是随意形成的，它与最基本的形态空间往往存在倍数的关系。

2.3.1 双重底与双重顶的空间测算

按照布林线指标发明人约翰·布林格的说法，布林线指标中最常用的形态其实就是双重底或双重顶。这是因为在众多的形态中，约翰·布林格觉得双重底或双重顶形态出现的频次最多，既然布林线指标是一个相对的指标，那它当然要包含市场上大部分的常态数据，这也是他发明布林线指标的初衷。为了让大家真正理解布林线指标，笔者也以发明人的选择为重点，通过两个实例为大家详细地讲解一下双重底或双重顶的基本形态空间的测算。

图 2-4 为深大通（000038）2019 年 4 月至 2019 年 9 月的日线图。

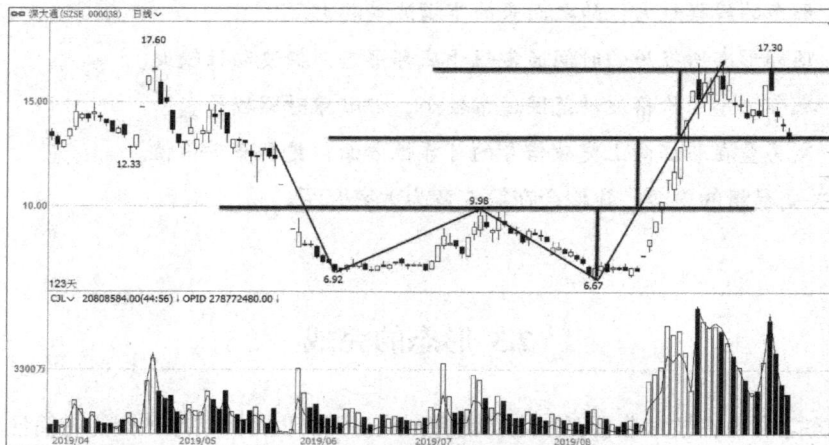

图 2-4　深大通日线图

在图 2-4 中，仔细观察该股这一段行情走势，我们发现股价在相对的底部构造了一个双重底形态，并形成了一条水平的颈线，这些我们已经用线段在图上标注了出来。从相对底部的最低点到颈线位作垂直线段，这就是最基本的形态空间，或者说是形态高度。随后我们看到股价在成交量的配合下成功突破了颈线，此时我们认为该股股价基本的上升高度应该是形态空间向上的投影高度。股价按预期的走势变化，但在到达最基本的形态空间时，我们看到股价竟然以大阳线的方式进行突破，这表明在充沛的市场动力下，股价的形态空间远不止基本高度。随着成交量的进一步增大，股价又继续向上攀升，其高度是基本形态空间的再一次投影。

图 2-5 为常山北明（000158）2019 年 1 月至 2019 年 8 月的日线图。

图 2-5 常山北明日线图

从图 2-5 中，我们看到左侧是一段清晰的上涨行情，当股价来到相对高位后即开始盘桓不前，并随着时间的推移形成了一个双重顶形态。我们将双重顶最高点作为形态空间的起点，以颈线为终点作高点到颈线的垂直线段，这就是最基本的形态空间。再以颈线为起点，将基本形态空间向下投影，就是该股突破双重顶后向下的基本目标位。

在进行双重顶或双重底基本形态空间的测算时，选点非常重要。如果是双重顶，我们要选择最高的那一个顶；如果是双重底，我们要选择最低的那个底。只有这样，才能准确地测算出形态空间的高度，并相应地投影出去。如果股价上涨或下跌的空间足够大，与基本形态空间成倍数关系，那么第 2 次投影的点就为再次突破的那个点。

2.3.2 头肩底与头肩顶的空间测算

头肩形分为头肩底与头肩顶，从严格意义上说，头肩形就是前面双重顶或双重底的变形。由于在市场上出现得太频繁了，因此到后来头肩形被投资者单独列出来，成为另一种经典的价格形态。

头肩形的基本形态测算与前面的双重底或双重顶大同小异。但由于它是一种变形，因此投资者在点位的选择上多了一点不确定性。不过不要紧，我们只要记住选点原则就应该不会错，一般来说，头肩形的最低点或最高点都在那个头上。

图 2-6 为民生控股（000416）2018 年 1 月至 2019 年 6 月的日线图。

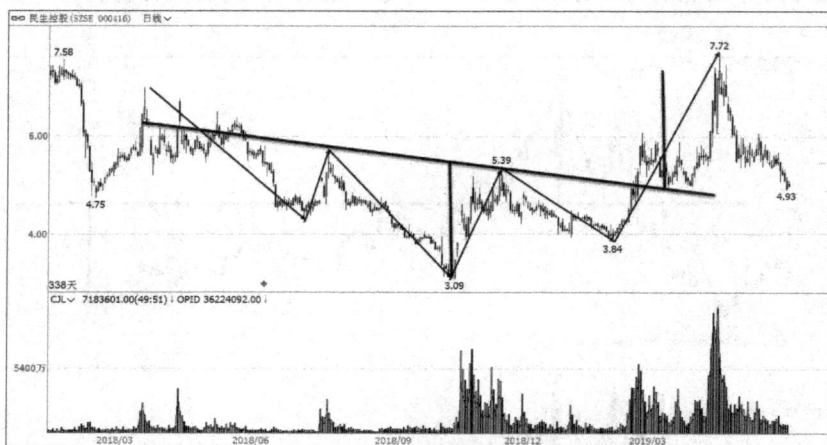

图 2-6　民生控股日线图

在图 2-6 中，我们可以看到该股的价格走势非常标准，股价从相对高位下跌后，在相对的低位形成了头肩底形态，该形态的头与两个肩部清晰可见，颈线是一条向右下方倾斜的线。以头部低点，也就是以形态的最低点为测算的起点，以形态最低点到颈线的位置，也就是以颈线为终点作二者间的线段，这段距离就是该形态基本的空间高度。在成交量的配合下我们看到股价成功突破了颈线，从突破点算起，将形态基本空间向上投影，就能得到股价的基本上涨空间。之后股价走得非常标准，股价后来就在达到那个高度后见顶回落。

图 2-7 为荣安地产（000517）2019 年 1 月至 2019 年 9 月的日线图。

图 2-7 是典型的头肩顶形态示意图，股价经过一波上升后在高位盘桓最终形成头肩顶形态，一头和双肩清晰可见，我们还可以在图上画出一条向右上方倾斜的颈线。从头部最高点到颈线作一条线段，这就是基本形态空间。当股价成功突破颈线后，我们将这条线段向下投影，即可得到股价最基本的下跌空间，股价最终的走势与我们的预期相差不大。

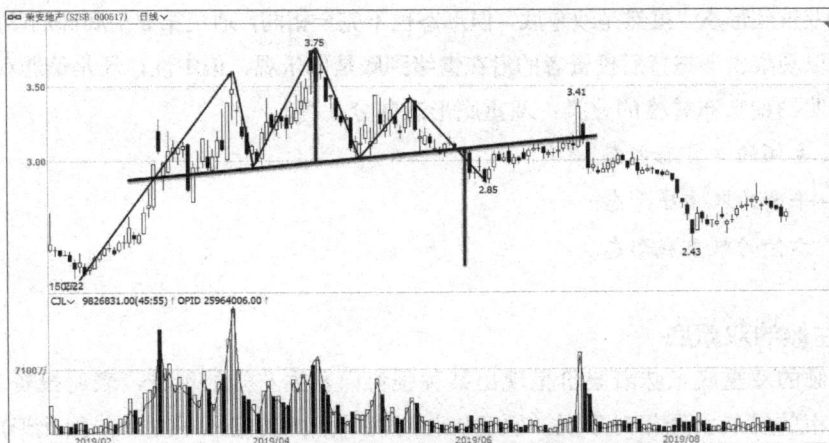

图 2-7 荣安地产日线图

　　头肩形之所以成立，就是因为中间的头比左右两肩价位稍高或者稍低一点，所以进行基本形态空间测算时，选择头部这个点一般情况下不会出错。

　　实战中，顶部和底部的形态绝大部分都在这两种形态的范围之内，所以我们也主要向大家介绍这两种形态。不是说其他的形态不重要，而是这两种形态涵盖了市场大部分的走势，剩余的形态也多为这两种形态的某种变形，掌握好这两种形态其实已经足够了。

　　在头肩形的讲解中我们选择的都是有最基本形态的走势图作示意。如果市场动力充沛，股价上涨或下跌的空间足够大，其后续空间与基本形态空间也无非是倍数的关系，此时我们只需将最基本的形态空间继续向上或向下投影。

2.4 布林线与双重底

　　底部和顶部相比，底部显得更干净、更清楚、更容易分析。这是由投资者的情绪决定的。底部形态往往充满了投资者的"血和泪"，里面满是沉闷与低落。可以说每一个市场的底部都是一批投资者损失大量资金而来的。所谓"多头不死，跌势不止"，只有投资者认赔了，选择了清仓出局，下跌的动力才会完全消失，市场才会进入筑底的模式。

　　有经验的投资者会发现，相对于顶部的快速下跌，底部走势往往一波三折，经常是先上涨一段，然后回落到支撑测试区，看底部支撑是否有效，若有效，则会再次启动。正因为投资者有这样的心理，股价的走势才会有这样的反映，而这样的走势也就是最典型的双重底形态。虽然是双重底，但形态也不完全相同，通过第 2 个底部的落脚点，我们可以观察出形态背后投资者的潜在情绪到底是偏乐观、偏中性，还是偏悲观。

按照约翰·布林格的分类，双重底形态共分 3 种。

■ 左倾的双重底形态。

■ 平衡的双重底形态。

■ 右倾的双重底形态。

2.4.1 左倾的双重底

左倾的双重底意味着股价呈现出某种强势。发生左倾的现象，表明投资者在此时对后市的发展已经相对乐观，愿意以相对高一点的价格入场交易，因此形成了股价的第 2 只脚，也就是右底的价格高于左底的价格。

请记住，这只是股价的表现，现在我们将布林线指标引入进来，看一下布林线指标的表现。通常情况下，左倾的双重底在布林线上的表现是这样的：第 1 只脚，也就是左底，要么会和布林线下轨接触，要么落在布林通道之外；股价随后会上涨，碰到或超过布林线中轨，然后再回落测试前面的支撑力度；股价的第 2 只脚，也就是右底，则会落在布林通道之内。需要注意的是，这里的通道指的是布林线股价中轨和布林线下轨所构成的通道。

利用布林线分析的是相对的交易，对双重底的解读也是以布林线指标为准。按照约翰·布林格的说法，有的时候，即使右底绝对价格低于左底，只要在布林通道内的位置高于左底，就是左倾的双重底形态。

图 2-8 为风华高科（000636）2019 年 6 月至 2019 年 10 月的日线图。

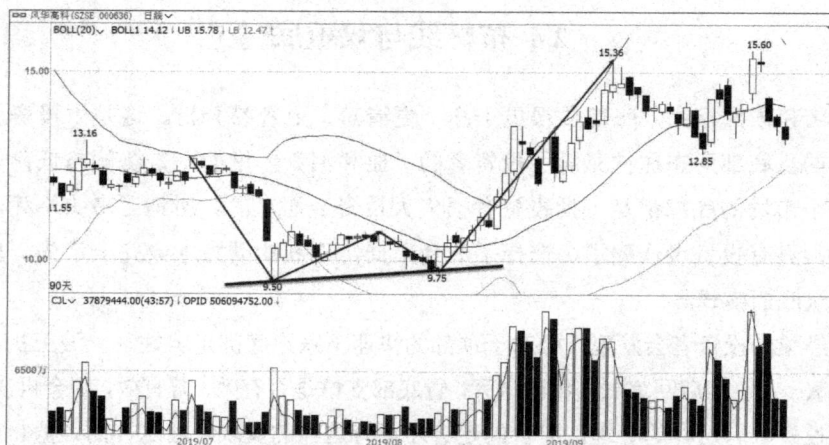

图 2-8 风华高科日线图

图 2-8 是一幅非常经典的布林线左倾双重底图，股价的左底跌破了布林通道，随后的反弹落在了布林线中轨附近，在受到布林线中轨的压力后二次回落的测试前期的支撑。我们看到股价的第 2 只脚这一次虽然下跌，但却落在了通道内。从布林线的角度出发，一个跌穿通道，一个没有跌穿通道，很显然，右底相对强势，股价随后的表现也验证了这一点。

我们再看一下变形的左倾双重底形态，图 2-9 为神州信息（000555）2019 年 6 月至 2019 年 9 月的日线图。

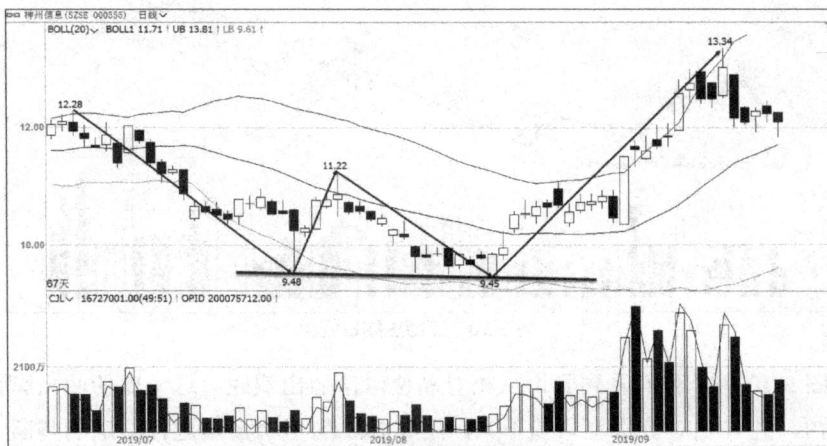

图 2-9　神州信息日线图

从图 2-9 中可以看到，股价从相对高位回落，在低位形成了一个双重底的形态，但我们发现，股价中的第 1 只脚，也就是左底，其实是落在布林通道之外的。随后第 2 只脚，也就是右底，在绝对价格上已经跌穿了左侧的底，但却落在了布林通道之内。在技术上这是破底的形态，但以布林通道观察，一个跌穿通道，一个落在通道内，相对来说，第 2 只脚的位置更加有利。我们看到股价随后短暂横向震荡，以消化中轨的压力，进而冲破中轨，展开一波上涨行情。

左侧的双重底形态在实战中出现的频次非常多，大家如果能仔细领会，会发现很多投资的机会。

2.4.2　平衡的双重底

平衡的双重底其实很容易理解，就是双重底的绝对价格几乎在一个水平线上，它反映了当前市场处在一个多空均衡的状态当中，此时投资者的心态也相对稳定。

平衡的双重底构成底部的两只脚一般都会收缩在布林通道内，这时候通过布林线的下轨就很难进行判断，我们需要用布林线的中轨对这种现象加以分析。我们知道布林线的中轨其实就是一条均线，它除了代表着趋势的方向，本身还适用均线指标的各种操作技巧。

图 2-10 为艾德生物（300685）2019 年 7 月至 2019 年 10 月的日线图。

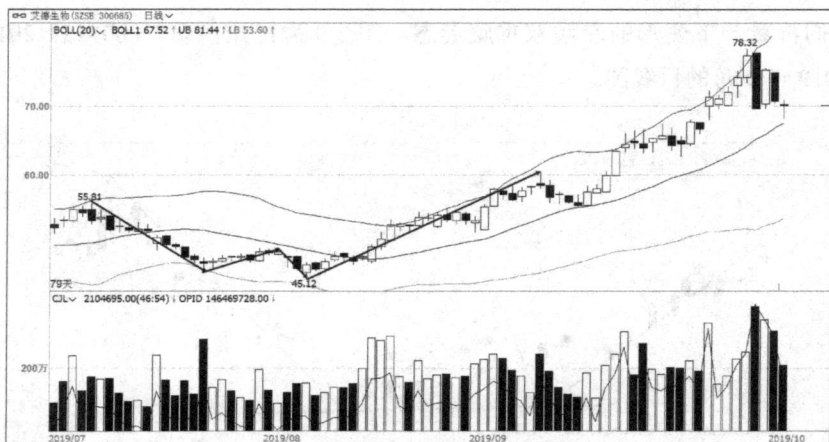

图 2-10　艾德生物日线图

从图 2-10 中，我们看到股价从相对高位滑落做出双底。这个底的两只脚都在布林通道内，并且绝对价格也相差不大，用布林线的下轨很难进行明确的判断。我们改用中轨进行观察，发现股价以一条大阳线一举突破了中轨，同时也突破了股价双重底的颈线，这就表明此时的股价具有很强的上涨动力，后市至少能到达布林线的上轨处。股价后面确实也达到了上轨，并受到上轨的压制而见顶回落。

图 2-11 为中集集团（000039）2019 年 7 月至 2019 年 10 月的日线图。

股价前期的走势与图 2-10 中艾德生物的股价走势几乎相同，都是下跌后在布林通道的相对低位形成了一个双重底的形态，并且绝对价格也相差不大，都收缩在布林通道内。与图 2-10 中艾德生物的股价走势不同的是，在面对布林线的中轨和双重底的颈线时，股价显得疲软无力，几乎没有一条有力度的阳线出现，整个盘面呈现出一种围绕着中轨上下波动的态势。

由于 K 线实体的减小，股价的振幅也越来越小，波动性降低后，我们看到布林通道呈现出快速收缩的状态，开口开始变小，此时布林线的中轨没有明确的方向，而是呈现出一种横向的走势，这一切都表明股价走势开始变得不明朗，还需要等待进一步的转变。

图 2-11   中集集团日线图

正是由于多空的平衡，才造成双重底形态的平衡，进而影响到后面的股价走势。实战中这一类双重底大多以横向整理的态势居多，行情基本围绕布林线的中轨在上轨和下轨之间摆动，这时候的行情基本是横向震荡的行情。

2.4.3 右倾的双重底

右倾的双重底意味着股价呈现出某种弱势，发生右倾的现象表明投资者在此时对后市的发展依然不是很乐观，更不敢去追高买入，相反出现一点小利时便有可能抛售离场，因此才会形成股价的第 2 只脚，且右底价格低于左底价格的现象。

如果将布林线指标引入进来，情况会有所不同，即看起来创出波段新低的价格有时候在布林通道中反而相对强势。或者虽然是右倾的双重底，但构成底部的两只脚都落在布林通道内，不能明确地判断哪一个强，哪一个弱。

图 2-12 为方大集团（000055）2018 年 9 月至 2018 年 11 月的日线图。

从图 2-12 中可以看到，股价从高位回落，沿着布林通道的下轨下滑，随后形成第 1 个底部，反弹后继续回落，并创出波段新低。但如果我们从布林线的角度观察就会发现，第 1 只脚形成时股价突破了布林通道的下轨，而第 2 只脚形成时，股价却在布林通道下轨的上方。与绝对价格相反，右倾的双重底在布林线指标看来反而是某种强势。我们看到双底形态的颈线和布林线中轨几乎一致，股价在双重底完成后同时突破颈线和中轨，形成一波拉升态势。

图 2-13 为深纺织 A（000045）2019 年 6 月至 2019 年 9 月的日线图。

与图 2-12 方大集团的股价走势不同的是，这只股票的两个底部都沿着布林通道的下轨滑落。底部的结构虽然是右倾的双重底，但通过布林线观察却很难判断谁强谁弱。股价后来也完成了对布林线中轨和形态颈线的突破，继而开始新一轮行情。

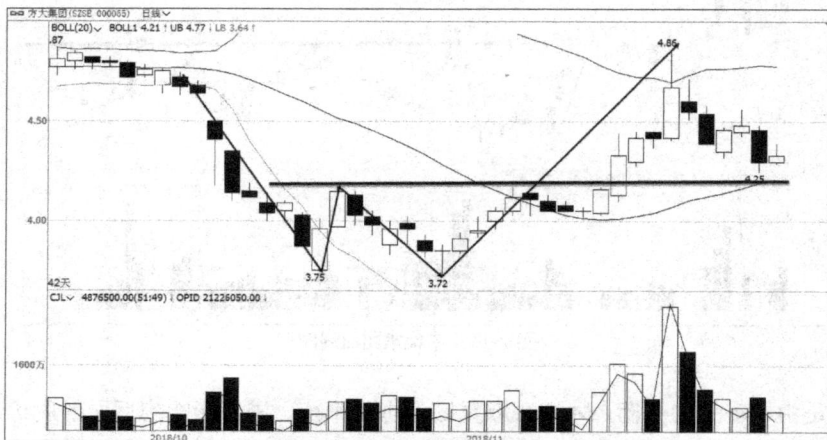

图 2-12　方大集团日线图

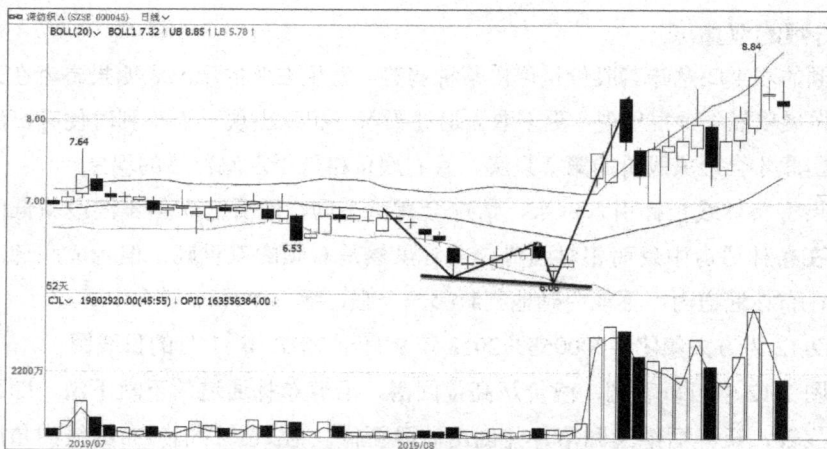

图 2-13　深纺织 A 日线图

　　在双重底的形态中，布林线对底部的认定与常态下投资者对底部的认定稍有不同，它不是以绝对价格的高低来判断谁强谁弱，而是与股价在布林通道的位置有关，跌穿下轨或靠近下轨的则认定为弱势，远离下轨的则认定为强势。对布林线不熟悉的投资者刚开始使用时或许会感到不习惯，但只要多加练习，始终保持"位置是相对的"这种心态，就能慢慢适应。

2.5 布林线与双重顶

顶部与底部的区别主要表现在股价行进速度、波动率、成交量等几个方面，当然最主要的还是投资者的情绪。股价在底部时，投资者情绪沉闷、低落。但到了顶部则不一样，随着股价的持续攀升，投资者的情绪也逐渐高昂，对后面的预期也开始乐观起来，以致到了最后对风险已经没那么小心，进而变得贪婪。

投资者情绪上的变化直接影响其交易意愿，在顶部时投资者更愿意进场交易，对后市的良好预期也让他更愿意多付出一点成本来进行追高交易，反映在技术上往往就是不断地有股价会刺穿布林线上轨，形成一种短期的波动。

将股价放在布林线指标中观察，布林线上轨为我们提供了明确的参照物，我们可以通过股价与布林线上轨之间的关系来判断股价上涨的力度是否在逐步减小。需要说明的是，由于顶部的构造相对底部来说更为复杂，持续的时间也更长，所以顶部的形态表现得并没有底部形态那么规范，很大一部分都是某种标准形态的变形。当然，万变不离其宗，无论市场怎样变化，本质是永远不会变的，出现的频次较多的形态依然是双重顶、头肩顶、三重顶这一类的顶部形态，至于复合顶等其他的形态相对而言还是比较少见的。

与双重底的结构大体相同，双重顶的结构也分为左倾的双重顶、平衡的双重顶、右倾的双重顶，而判断强弱的依据则是布林线指标的上轨。

2.5.1 左倾的双重顶

左倾的双重顶一般体现在绝对价格上，但由于是在冲顶的过程中，因此第 1 个高点往往会冲破布林线上轨，或者至少会达到上轨的高度，第 2 个高点则因时而异，如果股价后续直接回落就是双重顶，如果再有 1 个项，有极大的可能会转变成头肩顶形态。

图 2-14 为深赛格（000058）2019 年 8 月至 2019 年 10 月的日线图。

从图 2-14 中可以看到，股价从底部向上攀升，在第 1 个高点处股价已经刺穿了布林线上轨，随后开始小幅度的回落，接着以布林线中轨为支撑又发动第 2 次冲顶。如果从绝对价格看，第 2 个高点毫无疑问创出了新高，但如果从布林线的角度观察，其力度却比第 1 次冲顶的力量要弱，因为这一次价格并没能刺破布林线上轨，而只是接近上轨。强弱的转变往往发生在这种不显眼的地方，但事实证明股价在这个时候确实遇到了强大的阻力，随后，股价的直接回落就说明了这一点。

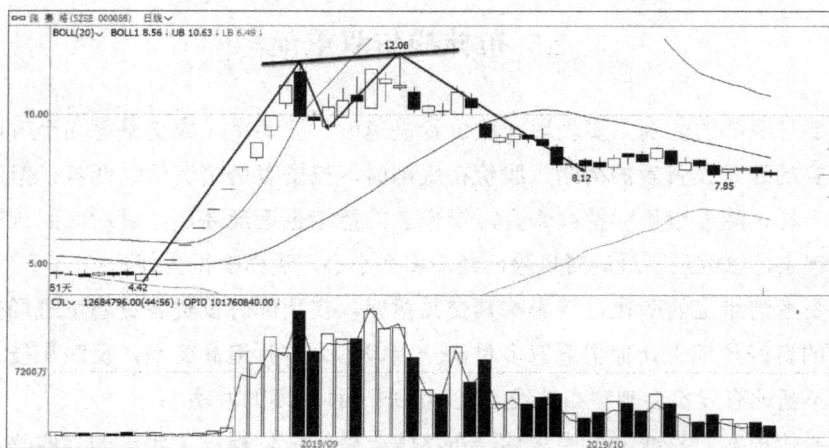

图 2-14　深赛格日线图

图 2-15 为神州高铁（000008）2019 年 1 月至 2019 年 9 月的日线图。

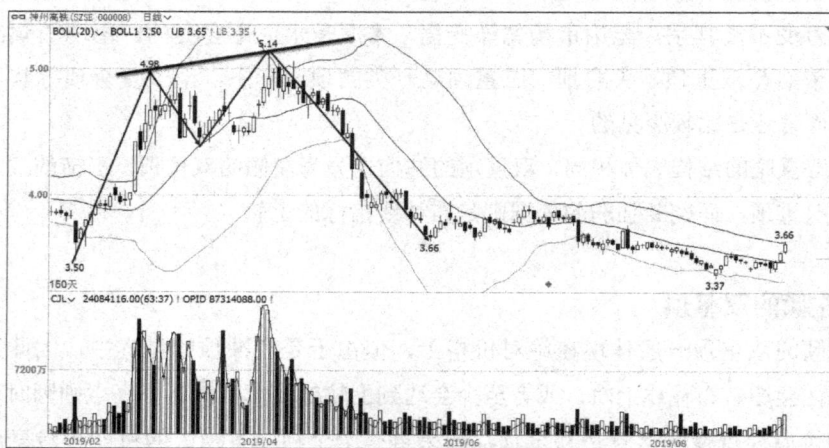

图 2-15　神州高铁日线图

　　从图 2-15 中可以看到股价的走势与图 2-14 中深赛格的股价走势很相似，都是股价在冲顶的过程中第 1 个高点刺破了布林线上轨，短暂回落后继续发起第 2 次上冲并且创出绝对价格的新高。但由于力度的减弱，股价在第 2 次冲顶时，在接近上轨处就戛然而止，证明多头的力量已经在第 1 次冲顶的过程中消耗殆尽，第 2 次冲顶不过是最后的余力。该股完成双重顶形态的构筑后，股价便快速回落，其间伴随有较大的阴线出现，说明空头是有备而来的。

　　第 2 次冲顶往往是多头力量衰竭的表现，实战中投资者如果发现布林线上轨处有较大的压力时，就要提高警惕，提防股价形成双重顶形态。

2.5.2　平衡的双重顶

　　平衡的双重顶与平衡的双重底差不多，都是绝对价格几乎在一条水平线上，但如果观察布林线指标会发现，其实平衡的双重顶的力道差了一些。在平衡双重顶形态中，在第 1 个高点股价依然保持向上的势头，往往能冲破布林线上轨，或者至少可以达到布林线上轨的高度，第 2 个高点从绝对价格看与第 1 个高点差不多，但由于此时布林线上轨自身也在上升，因此就会与股价拉开一定空间，我们说股价已经跟不上布林线轨道的变化，内在的根源还是上升的动力已经严重不足了。

　　图 2-16 为深物业 A（000011）2019 年 7 月至 2019 年 10 月的日线图。

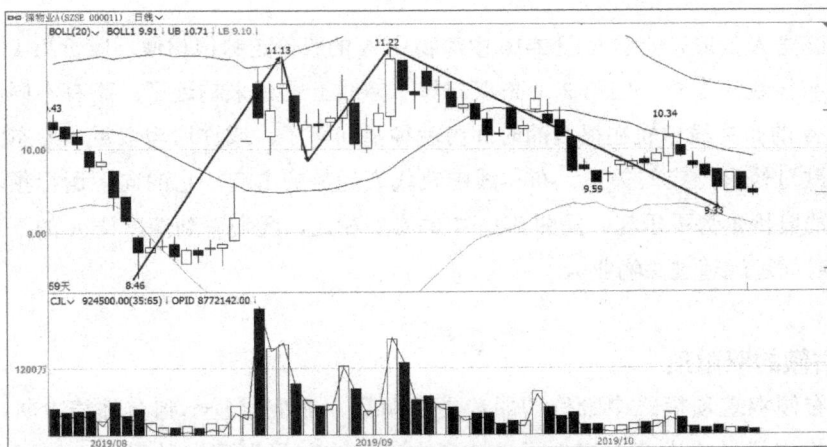

图 2-16　深物业 A 日线图

　　从图 2-16 中可以看到股价一路上行，在第 1 个高点时还保持充足的上升动力，但在短暂回落并且进行第 2 次上升的过程中，无论是力度还是幅度都已经远远不及之前。此时布林线上轨还在上升的态势当中。之所以如此，与布林线的计算方法有关。当收盘价格相对开盘价格涨幅很大时，二者的标准差就很大，再加上布林指标将这种标准差放大到 2 倍，因此两个通道的边界空间就更加凸显，所以才产生了我们看到的结果。

　　如果股价上升动力依然保持充沛，那么股价自然可以上升到布林线上轨的高度，但现在远离上轨，侧面反映出多头力量已经耗尽，后续的下跌就在所难免。

图 2-17 为深康佳 A（000016）2018 年 12 月至 2019 年 8 月的日线图。

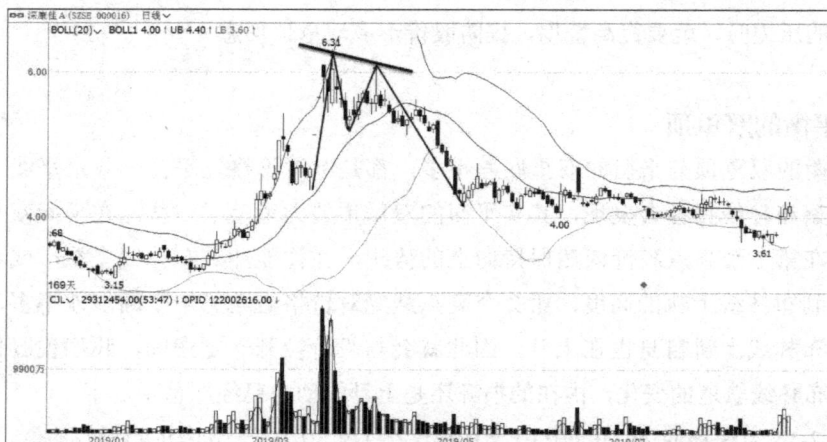

图 2-17　深康佳 A 日线图

深康佳 A 的股价走势与图 2-16 中深物业 A 的股价走势很相似，股价第 1 个高点刺穿了布林线的上轨，但第 2 个高点却与布林线上轨越来越远了。略有不同的是，深康佳 A 的布林线中轨在很短的时间内就掉头向下了，或许这与双重顶形态完成后股价下跌过快有一定的关系。布林线中轨代表趋势的方向，它的向下运行预示着该股后期的股价走势不乐观，同图 2-16 中的实例相比，我们看到深康佳 A 的下跌幅度和下跌时间远远超过深物业 A。

2.5.3　右倾的双重顶

在右倾双重顶模式中股价的弱势更加明显，非但触碰不到布林线上轨，就连绝对价格也已经"力有不逮"了。读者在实战中如果发现这种形态一定要小心，主力既然已经无力维护盘面并开始放弃了，那么后续下跌的空间和时间应该还很充足。

图 2-18 为深天地 A（000023）2019 年 1 月至 2019 年 5 月的日线图。

从图 2-18 中可以看到，股价从 18.15 元的高位滑落，最低跌到 12.46 元，跌幅约31%。之所以会如此，就是因为该股头部的形态是一个疲软的右倾的双重顶形态，无论从绝对价格还是价格与布林线上轨的关系，我们都能够看到，第 2 个高点的力度已经远远不及第 1 个高点。如此疲软的表现说明主力根本无心参与，股价整体的结构已经处在崩溃边缘，后市产生巨大的跌幅也就毫不奇怪了。

图 2-19 为特力 A（000025）2019 年 2 月至 2019 年 8 月的日线图。

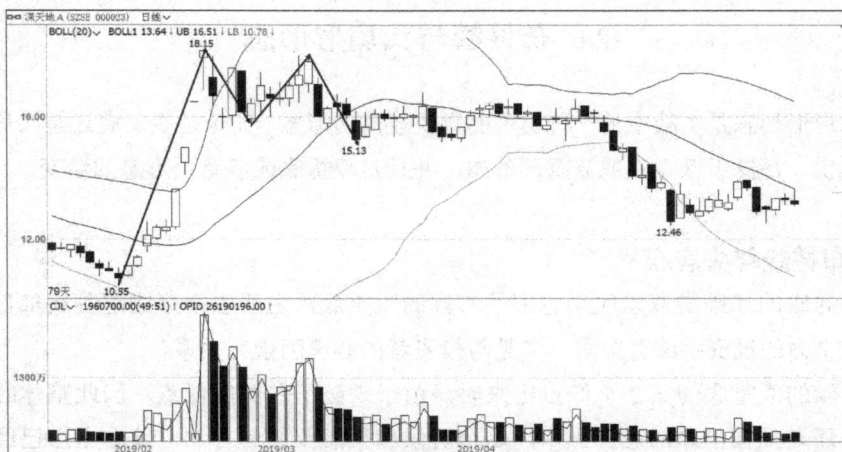

图 2-18　深天地 A 日线图

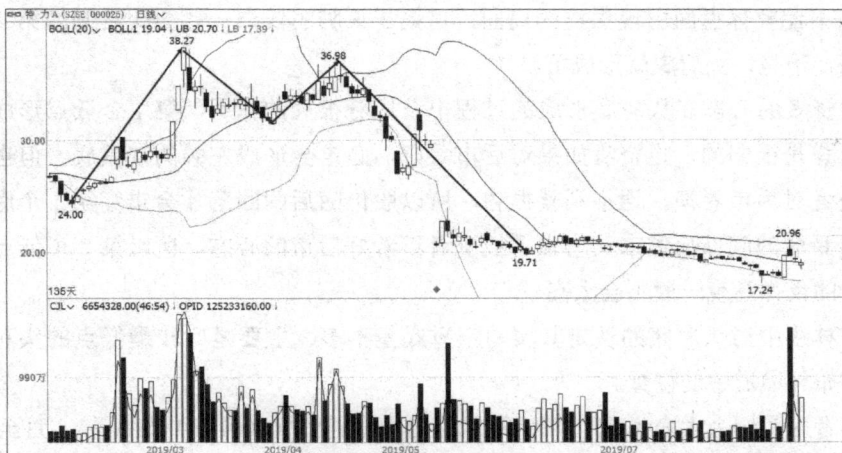

图 2-19　特力 A 日线图

　　从图 2-19 中可以看到，股价的表现也是疲软不堪，后市接连下跌，其下跌幅度比图 2-18 中深天地 A 的股价下跌幅度还大，导致这种结果还是因为前面右倾的双重顶形态，以致引发了后面一连串的连锁反应。在实战中遇到这种模式大家千万要当心，避免抱有侥幸心理以致最后造成不可收拾的后果。

　　上面提及的 3 种双重顶形态，力度最强的是左倾的双重顶，力度次之的是平衡的双重顶，而右倾的双重顶力度最弱，这一点请大家务必要牢记。

2.6 布林线与头肩形形态

头肩形形态是实战中另一种出现的频次较高的形态，无论是头肩底还是头肩顶，严格来说，都源于双重底或双重顶形态，并且是双重底或双重顶形态的演变。

2.6.1 布林线与头肩底

头肩底的基础是双重底形态中的右倾的双重底，之所以会形成这种底部形态，一是与主力的投资手法有关系，二是与投资者的心理因素有关系。

右倾的双重底的第 2 个低点出来时，由于跌破了左侧的低点，因此整体的形态看上去还是处在下跌的态势当中，这个时候如果想要发起行动，除非主力已经有了充分的准备，否则市场上方的抛压还是很大的。为了消化这部分压力，同时在技术上避免形成"双重底"这种市场常见的形态，有时在右倾底部之外会出现第 3 个低点。但为了不使整体盘面出现失控的局面，这第 3 只脚的低点一般会比右倾的第 2 个低点要高，于是，头肩底就形成了。

投资者的心态在头肩底形成的过程中发挥着很大的作用，第 1 个低点形成后的股价反弹是很弱的，投资者如果对后市看好，必定会形成左倾的双重底。但也正因为投资者对后市看淡，遇小利就抛售，所以股价随后的回落才会击穿第 1 个底部。创造出新低的底部反过来又增强了投资者不看好后市的心态，所以第 2 个低点形成后股价的反弹高度一般不会太高。

布林线中对头肩底的认定其实与双重底差不多，主要是比较最低点的头和右肩低点在布林通道中的位置。

笔者用实例为大家说明一下，图 2-20 为丰原药业（000153）2019 年 4 月至 2019 年 10 月的日线图。

从图 2-20 中可以看到，该股股价从高位回落，在布林通道内形成左肩，然后形成左倾的双重底形态，并且低点跌穿了布林通道下轨，随后股价反弹，然后继续回落，形成第 3 个低点，也就是头肩底的右肩。这时我们看到，相比头部跌穿布林线下轨的疲软态势，右肩则收缩在布林通道内。从布林线的角度观察，这是一种相对的强势。股价后面的一条中阳线突破了中轨，同时突破了头肩底的形态颈线，展开了一波拉升的行情。

图 2-20 丰原药业日线图

图 2-21 为片仔癀（600436）2019 年 6 月至 2019 年 10 月的日线图。

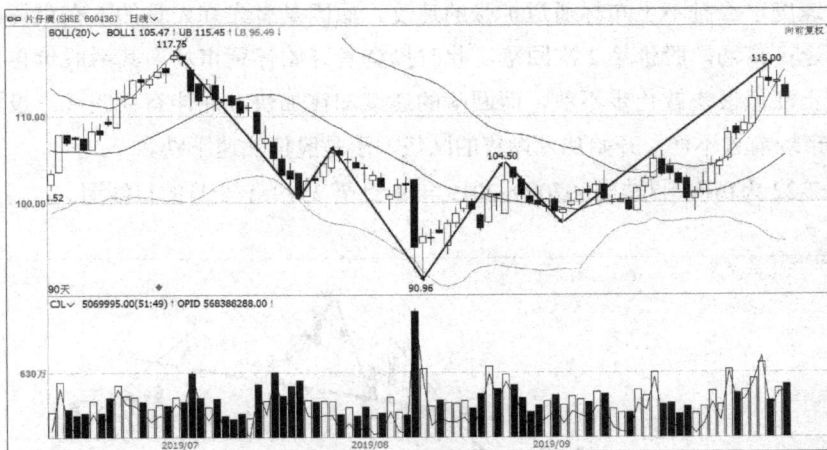

图 2-21 片仔癀日线图

　　图 2-21 有点特殊，大家如果仔细观察就会发现，股价的头肩底形态（收盘价）总体收缩在布林通道内。相比之前经常有低点跌穿布林通道下轨的走势图，股价总体走势都在布林通道内运行，从整体上看就有一种相对的强势。

　　股价在布林线指标中的相对位置是判断底部的关键，能否突破颈线是形态成功与否的基础，而空间测算就是形态最终完成的结果。

2.6.2 布林线与头肩顶

头肩顶形态与双重顶形态有着很深的渊源，确切地说，头肩顶形态是 3 种双重顶形态的综合变形。如果我们将头肩顶形态分解，会发现它就是不同双重顶形态的组合。单纯地看左肩与头就是左倾的双重顶形态；如果看右肩与头，则是右倾的双顶形态；不看头部只看两肩，它或许就是一个平衡的双顶形态。

一般而言，在头肩顶的左肩，由于上涨的动力还在，因此股价会刺穿布林线上轨或至少达到布林线上轨的高度；到了中间的头时，股价也会达到布林线上轨的高度，但已经不是绝对的了；至于右肩，股价则基本上不会碰触到布林线上轨。

从投资心理方面进行分析，当股价形成左肩的时候，也正是投资者信心倍增、积极参与市场交易的时候。此时市场上交易气氛高涨，各种利好的消息不断，投资者对后市的乐观加上自身急于获利的心态极易诱发市场产生大阳线，进而使股价加速上涨并刺破布林线上轨。其后股价的短暂回落会让投资者误以为这不过是又一个买入的机会，可他们随后会发现，尽管股价还在上涨并且还有可能创新高，但股价上涨的速度已经赶不上布林通道扩张的速度，原因是有先知先觉的人在市场的火爆行情中逢高离场。股价第 2 次回落，此时投资者开始怀疑市场，其后股价再次疲软无力地上涨但很快就止步不前，而回落的速度却在加快，并伴有大阴线。投资者意识到了市场前景不佳，开始加入抛售的队伍，于是股价加速下跌。

图 2-22 为精研科技（300709）2019 年 1 月至 2019 年 5 月的日线图。

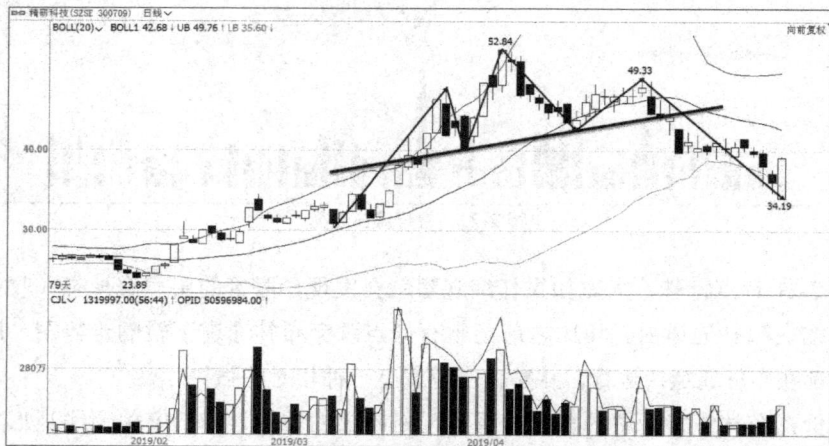

图 2-22　精研科技日线图

从图 2-22 中可以看到，该股股价从相对低位开始上涨，在第 1 个高点形成之前，股价整体沿着布林线上轨运行，这是很强烈的上升态势。随后我们看到股价经过两个小波段的调整，依托布林线中轨再次上升，又一次来到布林线上轨，最高点甚至刺穿了布林线上轨。其后股价第 2 次回落，然后第 3 次冲顶，这一次我们发现 K 线实体开始变小，高度也远离布林线上轨，这些都表明股价的上升动力已经不足，3 次冲顶的结果就是在高位形成了头肩顶的形态。

图 2-23 为新开源（300109）2019 年 1 月至 2019 年 5 月的日线图。

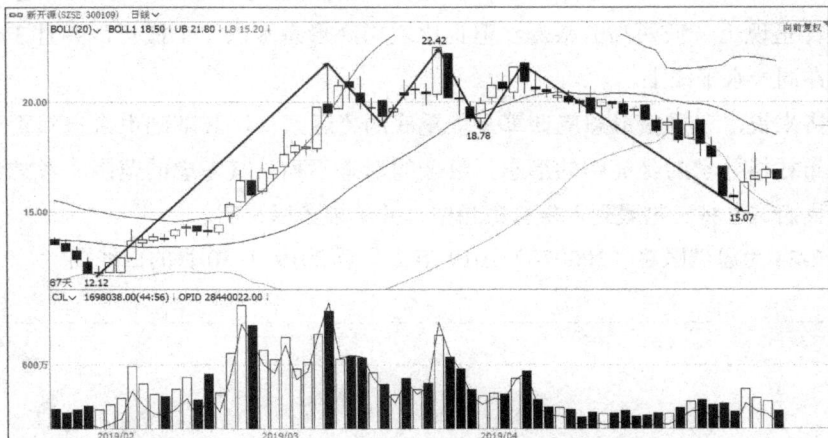

图 2-23　新开源日线图

从图 2-23 中可以看到，股价形成的头肩顶形态非常标准，除了股价与布林线上轨的关系完全符合要求外，如果将 3 次冲顶留下的高点分解来看，就是我们前面论述时提到的 3 种不同的双重顶形态，即左肩与头是左倾的双重顶，头与右肩是右倾的双重顶，同时双肩的高度一致，是一个平衡的双重顶。股市中有句话，叫"一切走势终将完美"，图 2-23 对这句话进行了很好的诠释。

双重顶与头肩顶是一脉相承的，特别是当市场走出左倾的双重顶雏形时，投资者一定要有一个心理准备，那就是市场会不会有形成头肩顶的可能、一旦有第 3 个高点出现，或许就是投资者最好的清仓机会。

2.7　布林线与复合形态

复合形态涵盖的种类很多，如圆弧顶底、V 形反转、菱形顶底以及一些出现的频次不高的底部形态等都可归入这一类形态当中。无论是何种复合形态，在约翰·布林格看来，只要是利用布林线指标观察，都要考虑它们在布林通道中的相对位置。现在看来，约翰·布林格采取的是一种"以不变应万变"的思路，将各类形态一律予以简化。

2.7.1 布林线与三重底

顾名思义，三重底形态就是股价呈现出 3 个低点，只是这 3 个低点不像头肩底形态那样呈现出一低两高的格局，但也比双重底形态多出 1 个低点，并且 3 个低点大体处在同一水平线上。

严格来说，三重底形态应该算是双重底的"近亲"，其基础也来自双重底。但约翰·布林格寻求的是简明的形态，复杂的形态不列入其考虑的范围。考虑到这层关系，我们这里将三重底列入复合底当中，并单独予以说明。

图 2-24 为思创医惠（300078）2019 年 2 月至 2019 年 10 月的日线图。

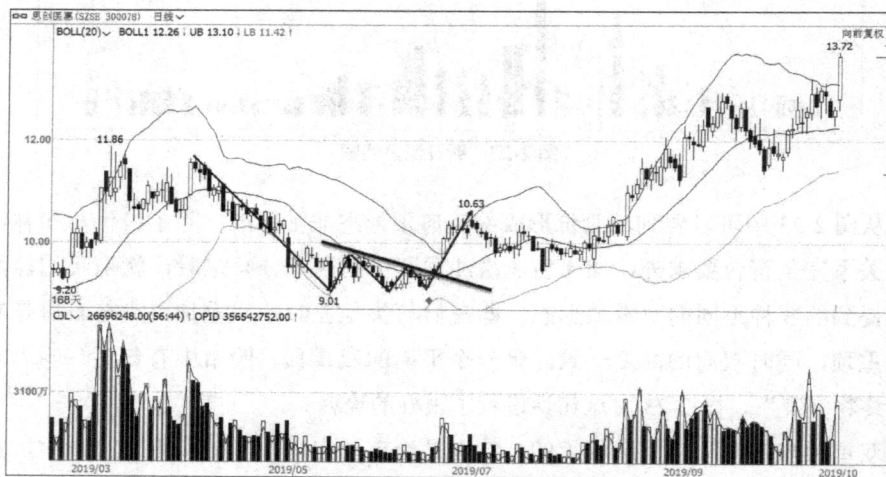

图 2-24　思创医惠日线图

从图 2-24 中可以看到，股价从高位回落，在布林线的下通道中形成了 3 个低点，并且 3 个低点几乎处在同一水平线上，由此构成了三重底形态，并形成了 1 条倾斜的颈线。单纯观察形态或许还不好判断其强弱，但如果以布林线下轨作为参照，我们就能够看出来，股价的 3 个低点的位置是逐渐由紧贴布林线下轨向摆脱布林线下轨转变，这也预示了股价在悄悄地走强。

图 2-25 为康泰生物（300601）2019 年 3 月至 2019 年 9 月的日线图。

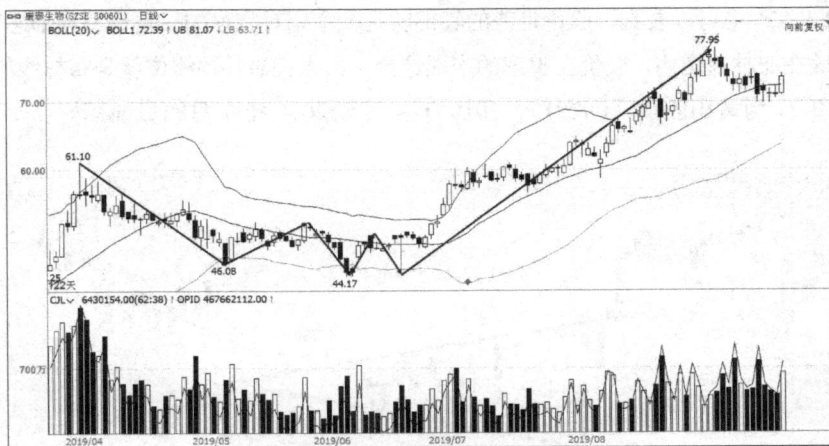

图 2-25 康泰生物日线图

这只股票的价格走势比较奇怪，3 个低点的下影线竟然全部将布林线下轨刺穿。尽管如此，我们看这 3 个绝对低点其实大体还处在同一水平线上，所以还是三重底形态。从刺穿布林线下轨的深度看，第 1 个低点幅度最大，其后逐渐减小，这表明股价的下降动力在逐渐减弱，也由此带来了转机。

2.7.2 布林线与复合底

复合底形态一般在市场上出现得比较少，其形成的机理目前还不大清楚，或许与股票在当时所处的市场环境有关。

图 2-26 为广汽集团（601238）2019 年 5 月至 2019 年 7 月的日线图。

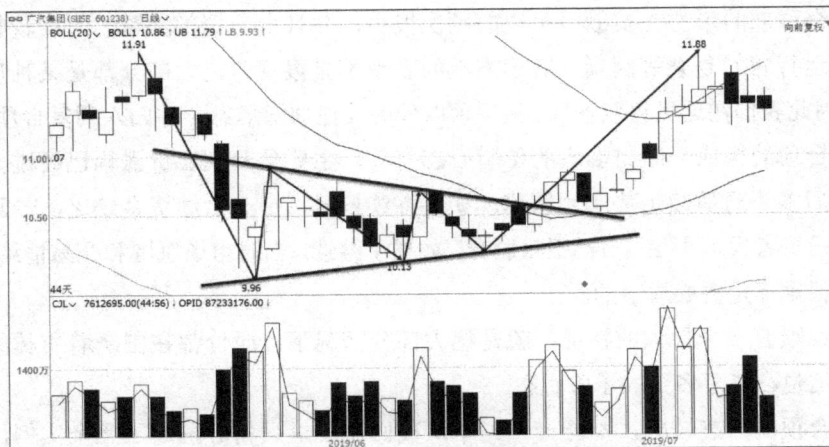

图 2-26 广汽集团日线图

从图 2-26 中可以看到，股价走势的底部就是一个相对完整的三角形整理形态，并且完全收缩在布林通道内，股价在整理的末端选择了向上突破，颈线位就是布林线的中轨。

图 2-27 为黄山胶囊（002817）2019 年 4 月至 2019 年 7 月的日线图。

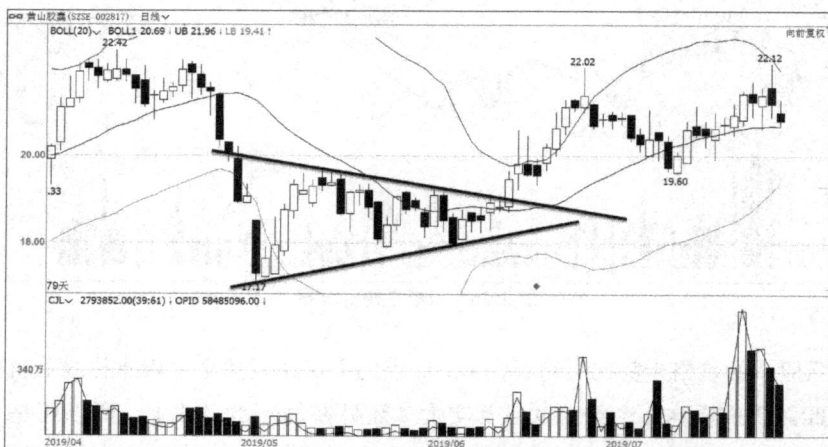

图 2-27　黄山胶囊日线图

图 2-27 的实例与图 2-26 的实例有些类似，都是股价表现得相对温和，没有明显的震荡，对布林通道的下轨也没有明显的冲击。我们只能说，对于这一类呈现出复合底形态的股票，布林线中轨的技术意义或许已经大于布林线下轨。在实战中，大家不妨换一种思路，以布林线中轨作为参照物，或许能取得更好的效果。

2.7.3　布林线与复合顶

复合顶部的形态在实战中出现的频次很少，并且由于顶部构筑的时间较长，股价走势运行相对复杂等因素，其形态上的表现不是很规范，大部分都是某种形态的变形，因此我们在这里将双重顶、头肩顶以外的其他顶部形态一并归入到复合顶当中。

复合顶的构成一般与多头的矛盾心态有关，主要是前期股价涨幅已经过大，到了高位后多头对后续走势感到困惑。如果继续投资，担心后续资金缺乏，一旦其他的个人投资者投入不足，自己很难脱身；如果不继续，当时市场氛围和交易情绪良好，其实是很难下定决心放手的。

复合顶有一个最大的特征，就是绝大部分情况下，股价都在围绕着布林线上轨盘桓，这也凸显了多头的矛盾心态。

复合顶的形态较多，不能一一列举，我们在这里只精心挑选了几个实例，为读者提供一些参考，希望读者在今后的实战中面对此类情况时能提高警惕。

图 2-28 为恒久科技（002808）2019 年 1 月至 2019 年 5 月的日线图。

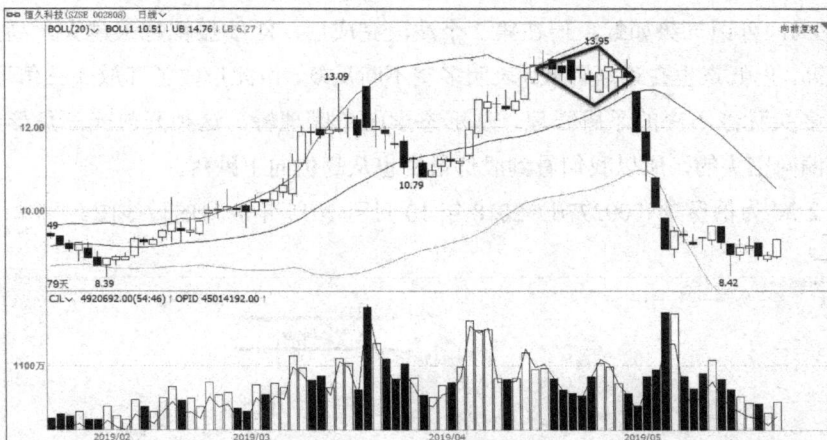

图 2-28　恒久科技日线图

　　这是一个非常罕见的复合顶形态，多头在高位围绕布林线上轨构造出了一个类似菱形的顶部结构。从图 2-28 中可以看出，股价从 8.39 元起步，经过 2 个波段股价就上涨到 13.95 元的高度，涨幅达 66.27%，很是惊人，其间还频繁出现大阳线，可见多头投资很是坚决。当股价第 2 次来到布林线上轨时，我们看到多头明显开始犹豫，股价围绕着布林线上轨震荡，振幅也从不断扩大向不断缩小转变，到后来就形成了图 2-28 中的菱形复合顶形态。之后多头乏力，空头进入，股价又跌回原点。

　　图 2-29 为双汇发展（000895）2018 年 10 月至 2019 年 9 月的日线图。

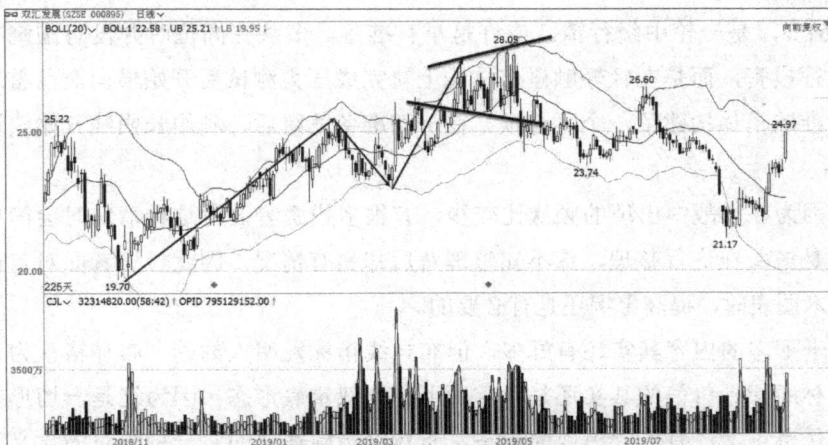

图 2-29　双汇发展日线图

图 2-29 同样也很典型，多头用一个开放式三角形在股价高位制造了一个复合顶。我们看到股价从 19.7 元起步，也是经过 2 个波段股价就拉到 28.05 元的高位，涨幅达 42.39%，可谓气势如虹。但在第 2 个波段完成后，K 线振幅越来越大，高点不断创出新高，但低点也在逐渐降低，表明多空不断反复，由此形成了开放式三角形形态，也凸显多头犹豫不决的矛盾心理。从形态学的角度理解，这种开放式三角形形态一般都是偏向空头的，所以我们看到股价最终也从高位向下跌落。

图 2-30 为柏堡龙（002776）2018 年 10 月至 2019 年 8 月的日线图。

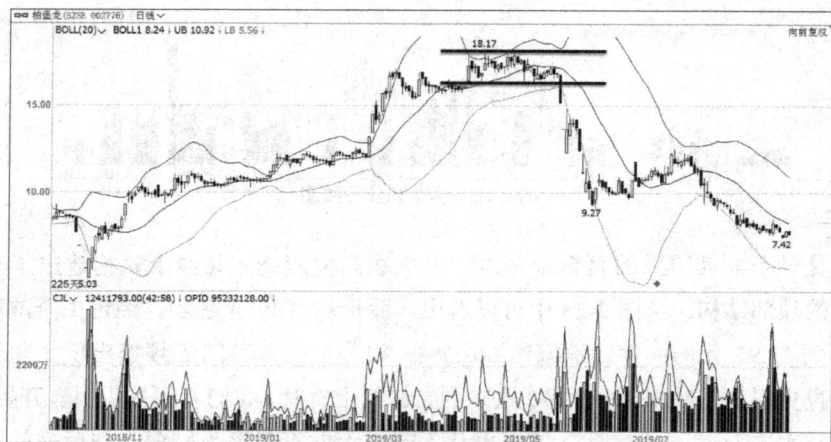

图 2-30　柏堡龙日线图

该股呈现的是多头的另一种思维，多头不像图 2-28、图 2-29 中的实例那样临时产生了犹豫，而是早有准备。股价从 5.03 元起步，最终来到了 18.17 元的高位，涨幅达 261%，是一轮中级行情。或许是早有准备，多头在高位时并没有围绕布林线上轨进行投资，而是在轻轻触碰布林线上轨完成压力测试后开始横向震荡整理，用一个标准的箱体构建了一个复合顶。在一切准备就绪后，利用长阴线开始快速下跌行情。

正因为在实战中出现的频次比较少，有很多投资者面对这种情况时会简单地以为这只是多头在进行整理，殊不知整理背后却另有情况，因此投资者面对自己不熟悉的技术图表时，提高警惕还是有必要的。

关于形态的内容其实还有好多，但布林线指标发明人约翰·布林格认为，最能体现布林线指标价值的其实还是双重顶形态与双重底形态，因为这是一切形态的基础，也是市场上最有可能出现的形态。布林线指标体现的是一种相对的含义，它也不要求自己能尽善尽美，只要涵盖市场上主要的形态就行，从这一点来说，双重顶形态与双重底形态确实是与布林线指标最好的结合。为了使读者能够深入理解形态，笔者在这里也一并介绍了头肩形形态，就是考虑到它也是市场中普遍存在的形态。此外，笔者还增加了一些特殊形态的讲解，来帮助读者更好地理解市场上的形态，希望本章内容能对读者有帮助。

本章要点

■ 形态学的历史非常悠久，是最早的技术交易手段之一。

■ 形态具有基本的空间测算功能，并且后续高度与基本空间呈倍数的关系。

■ 双重底形态分为 3 种，头肩底形态与右倾的双重底形态有很深的渊源。

■ 双重顶形态也分为 3 种，头肩顶形态源于左倾的双重顶形态。

■ 复合顶和复合底形态虽不常见，但也是市场的重要组成部分。

■ 布林线指标中一切形态都是相对的，要参看形态在布林线指标中的位置才能做出决定。

第 3 章

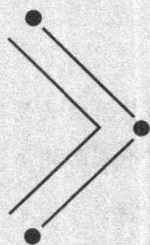

> # 如何使用布林通道

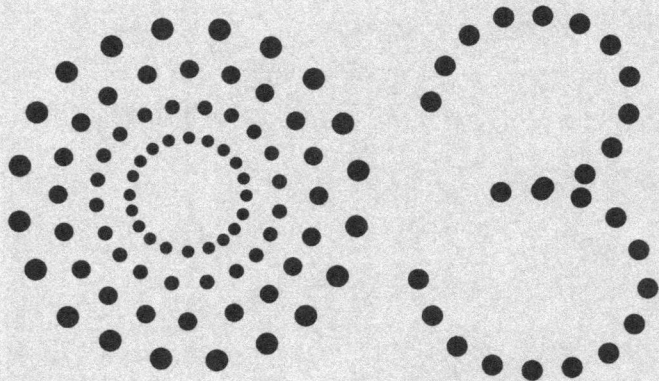

布林线指标是以一个带状分布形态出现的，它的上轨、中轨与下轨共同构成一个封闭的通道，因此它又被称为"路径指标"或者"通道指标"。与其他通道指标不同的是，布林线指标的两个通道边界具有自适应性，即可以随着股价的变化而自行调整，这就使得布林线指标在实战中有更加灵活的应用。

3.1 通道理论概述

通道理论是证券分析中应用较多也较为成熟的理论。我们在第 1 章中曾提到过，对于通道理论来说有一点特别重要，那就是通道不一定完全对称，但有一点必须满足，那就是不管何种通道，一定要有一个中心点作为参考，否则就难以构成一个通道。通道理论最初的实践者都是使用单通道，如切斯特·凯尔特纳的 10 日均线原则，理查德·唐奇安的四周交易通道等。需要说明的是，他们虽然是通道的实践者，但并没有在理论上进行论述。其后葛兰碧提出了著名的"均线八大法则"，他认为 200 日均线才是最能衡量市场强弱的均线，由此也引发了人们对于长周期均线的思考。毫无疑问，这样的思考是有益处的，葛兰碧丰富了通道理论，让人们在注重短周期交易的同时，也意识到长周期趋势向好下的市场环境会对短周期交易提供一个良好的保护。进行这样的思考的人有很多，薛斯即是其中的一个，并且是颇有成就的一个。

薛斯本人曾是从事火箭控制研究工作的研究人员，他工作之余喜爱上了股票投资，随后就放弃了本职工作。他引入数学和工程学的概念与方法，研究与分析股票价格的运动。薛斯借鉴了葛兰碧"用长周期均线判断长期趋势"的理念，同时也不排斥短周期均线给交易提供的帮助。在经过深入的比较后，他终于在 20 世纪 70 年代最早提出了通道交易这一理论。薛斯的理论并不复杂，他在循环理论的基础上构建了两个通道指标，分别是代表长期趋势的大通道指标和代表短期趋势的小通道指标，其中大通道指标主要以 100 日均线为基准，小通道指标以 10 日均线为基准，并且让小通道的交易包含在大通道内。薛斯的通道指标问世后引起了世人极大的关注，在他的大力倡导下，通道交易曾风靡华尔街。由于使用了两个通道，并且兼顾了长期趋势与短期趋势的平衡，薛斯的通道理论显得独具特色，他的通道指标也被称为"薛斯通道"。

图 3-1 为聚龙股份（300202）2019 年 1 月至 2019 年 10 月的日线图。

图 3-1 中比较窄的通道以 10 日均线为基准，比较宽的通道是以 100 日均线为基准。

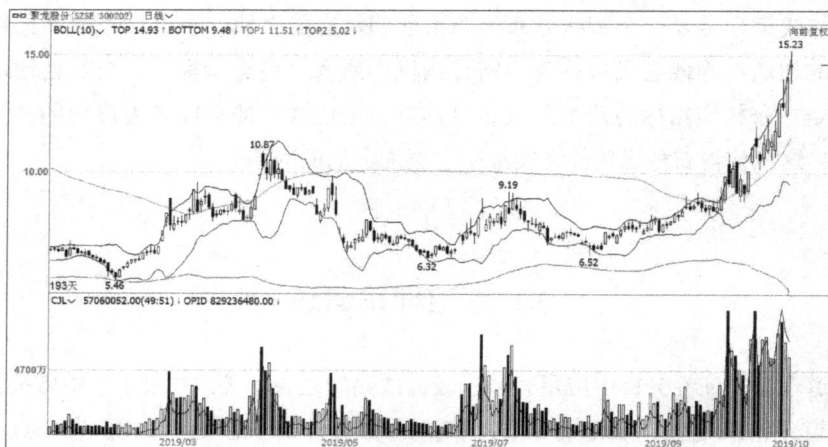

图 3-1 聚龙股份日线图

3.2 布林通道的应用

布林线指标的 3 条轨道构成了 1 个交易通道，按照设计者约翰·布林格先生的思路，布林线指标的理论依据就是股价始终围绕着某一价值中枢（如均线、成本线等）在一定范围内变动。毫无疑问，布林线中轨就是布林线指标的价值中枢。以标准差为计算方式的布林线上轨和布林线下轨本身具有自适应性，可以跟随股价的变化而自行扩张与收缩，但无论它们怎么变化，都只能围绕着布林线中轨进行等距的运动。我们知道布林线中轨其实就是一条时间周期为 20 日的均线，而均线指标最大的特点就是可以指明趋势，因此布林通道的第 1 个应用就表现在趋势方面。

3.2.1 长期趋势研判

趋势是证券交易永远绕不过的话题，自查尔斯·亨利·道创立了道氏理论之后，趋势交易可以说是一切交易的基础，做好趋势的研判也就成了投资者首要的工作。

按照道氏理论的划分，趋势分为：持续时间为 1～2 年的长期趋势，持续时间可以维持在 4～6 周的中期趋势以及持续时间仅有 1 周左右的短期趋势。无论哪种趋势，准确地对其进行判断是交易能够获利的最关键环节，否则，趋势交易就无从谈起。在这 3 种趋势中，相对而言人们普遍认为长期趋势最重要，如果能够对长期趋势进行准确的判断，对我们进行中短期的交易都会有很好的帮助。即使短期判断失误了，也有一个心理上的安慰，可以安心持股等待市场趋势的恢复。

利用布林通道对股价长期趋势进行研判的方法很简单，就是利用布林线上轨与中轨的方向来研判后市向好的长期趋势，或者是利用布林线下轨与中轨的方向来研判后市看淡的长期趋势。

我们先来看利用布林线上轨与中轨的方向来研判后市向好的长期趋势。

如果股价长期趋势向好，那么布林通道的上轨和中轨会一直保持向上的运行态势，股价也基本会在布林线上轨和中轨构成的上通道运行，很少会跌破布林线中轨。此时强势特征非常明显，股价持续稳定地上涨，投资者应坚决持股待涨或逢低买入。

图 3-2 为韦尔股份（603501）2019 年 6 月至 2019 年 10 月的日线图。

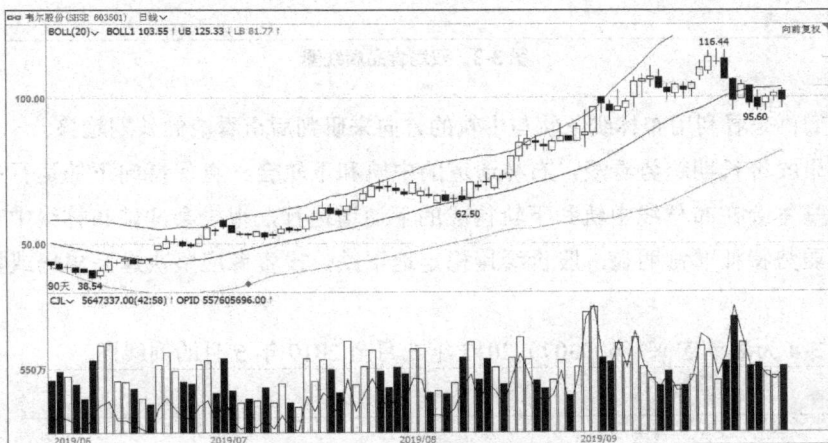

图 3-2 韦尔股份日线图

从图 3-2 中可以看到，股价从 2019 年 6 月 6 日启动，之后就踏上了缓慢的上涨之途。我们看到从启动之日起到 116.44 元的高位，股价良好的上涨势头大概持续了 3 个月。在这么长的时间里，布林线上轨和中轨一直保持着昂扬向上的态势，二者共同构成的上通道成了股价表演的"舞台"，收盘价很少跌破过布林线中轨，偶尔有短线的波动使股价刺穿过布林线上轨，但股价仍持续上涨，维系着长期趋势的完整、稳定。

图 3-3 为双塔食品（002481）2018 年 9 月至 2019 年 10 月的周线图。

图 3-3 是一幅非常典型的长期趋势完整图。从 2018 年 10 月开始，股价踏上了上涨之途。在长达几个月的时间里，股价始终运行在布林线上轨与中轨所构成的上通道中，并且很少跌破布林线中轨，表明股价的整体趋势始终向好。我们看到布林线

中轨始终保持着昂扬向上的态势，体现了长牛股的特征。

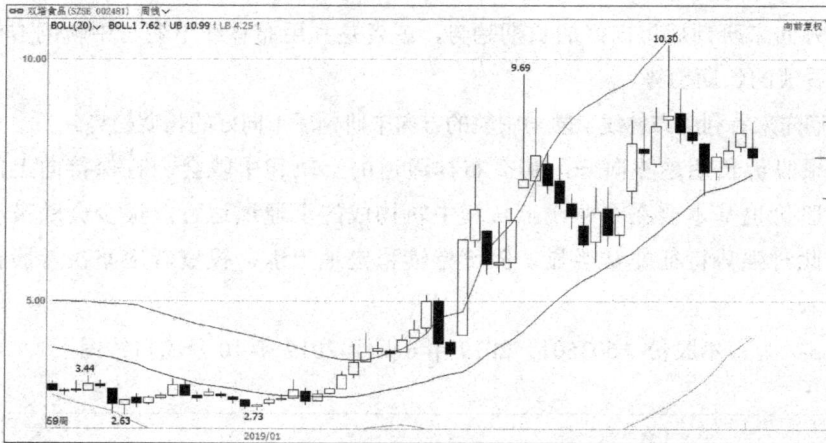

图 3-3　双塔食品周线图

我们再来看利用布林线下轨与中轨的方向来研判后市看淡的长期趋势。

如果股价长期趋势看淡，布林通道的中轨和下轨会一直保持向下的运行态势，股价也基本会在布林线中轨和下轨构成的下通道运行，很少会冲破布林线中轨。此时股价弱势特征非常明显，股价缓慢稳定地下跌，投资者应坚决逢高离场或持空仓观望。

图 3-4 为酒钢宏兴（600307）2017 年 5 月至 2019 年 5 月的周线图。

图 3-4　酒钢宏兴周线图

我们从图3-4中可以看到，股价从2017年9月达到3.83元的高点后开始一路跌落。其后股价始终在布林线中轨和下轨构成的下通道运行，在长达一年的时间里股价稳定，并且从来没有发生过突破布林线中轨的反弹，一直跌到1.82元的低位，下跌幅度达到惊人的52.48%，股价被腰斩过半。不要忘记，这是代表中长期趋势的周线图，在周线图上如此弱势的表现，只能说明大资金一直不看好该股的后市，长线资金一直在不断地抽离，以致股价一蹶不振，毫无反弹的机会。

图 3-5 为平高电气（600312）2017 年 2 月至 2019 年 4 月的周线图。

图 3-5　平高电气周线图

从图 3-5 中可以看出，该股的表现与图 3-4 中酒钢宏兴的表现相似，股价自高点跌落后，布林线下轨和中轨一直处在缓慢的下跌态势当中，二者构成的下通道的行进速度非常稳定，股价在这当中偶有反弹也是犹如昙花一现，总体处在阴跌的态势当中，说明长期趋势一直看淡并且没有改变的迹象。后市要想翻身，则需要经过非常艰难的筑底过程才行。

与日线图的快速变化相比，周线图相对而言稳定了许多，其代表的中长期趋势也更加直观与准确。实战中我们如果发现股价始终在一个通道内运行，并且通道的边线一直沿着同一个方向前进，就可以判断该股中长期趋势究竟是向好还是看淡。

3.2.2 中期趋势研判

相较于长达 1 年或 1 年以上的长期趋势行情，时间跨度在 4 ～ 6 周的中期趋势其实更受普通投资者的欢迎。之所以会有这样的情况，主要有两个方面的原因：一是投资者很难把握那种时间跨度很大的长期趋势，毕竟中间的变数太大；二是随着市场容量的不断扩大，不同市场之间，同一个市场不同板块之间已经有足够的品种可以形成轮动，这就为投资者参与市场间不同品种的轮涨，进而提高自己的投资效率创造了条件。

如果投资者的技术分析手段成熟，并且能够把握市场上的热点机会，通过这种中期趋势的轮转获得的收益确实能够超越投资单一股票的长期趋势的收益，因此对中期趋势的研判也成为我们重点研究的内容。

布林通道中关于中期趋势研判的技术手段有两种，一种是利用布林线中轨方向来判断中期趋势的好坏，另一种是利用布林线上轨与下轨在股价运行过程中形成的高低点来研判中期趋势。

我们先来看利用布林线中轨方向来判断中期趋势的好坏。

这种方法很简单，因为布林线中轨本身就是一条均线。市场上有众多的趋势类指标，其中被大众普遍接受并且公认的最好用的指标就是均线。布林线指标之所以有辨别趋势的功能，就在于它引入了均线指标作为它的中轨。股价与均线的关系在布林线指标中同样适用，其中股价穿越中轨的方向与中轨自身的方向是研判中期趋势的关键。

图3-6为沪电股份（002463）2019年4月至2019年10月的日线图。

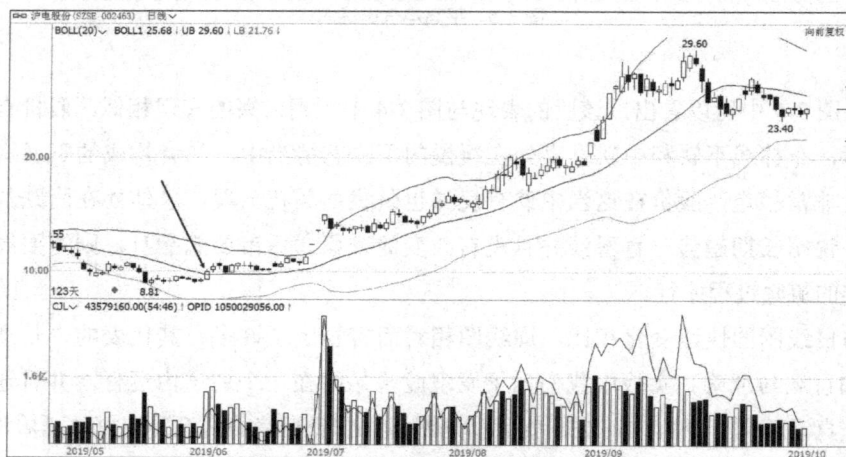

图3-6　沪电股份日线图

从图3-6中我们可以看到，股价在左侧是一段下跌行情，股价一直在布林线中轨和下轨构成的下通道运行，弱势特征明显。但在图3-6中箭头所指处，我们看到股价的一条中阳线一举突破了布林线中轨，在股价开始上升的同时，也扭转了布林线中轨的方向，说明股价的中期趋势开始向好。在这之后，股价一直在布林线中轨和上轨间运行，布林线中轨也昂头向上，一轮中级行情随之展开。

图 3-7 为杭氧股份（002430）2019 年 9 月至 2019 年 10 月的日线图。

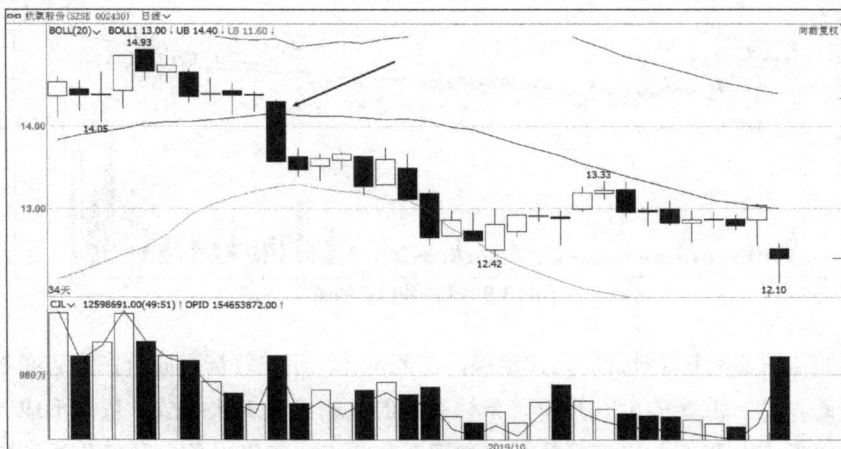

图 3-7　杭氧股份日线图

在图 3-7 中箭头标注的地方，我们看到一条长阴线让股价由上至下跌穿布林线中轨，进而带动中轨改变了之前的运行方向，这预示着股价的中期趋势从此后开始看淡。事实也确实如此，股价随后一直在缓慢的下跌途中，经过了艰难的筑底后，元气才有所恢复。

布林线中轨对中期趋势的指导作用其实很简单，读者掌握起来并不会很困难，因此笔者不过多介绍。

现在我们看利用布林线上轨与下轨在股价运行过程中形成的高低点来研判中期趋势。

布林线上轨和下轨是采用标准差的方法计算出来的，本身具有自适应性，当股价波动变大时布林通道会同步扩张，当股价波动变小时布林通道会同步收缩，而每一次缩放留下的痕迹在技术上就会有相应的含义。下面我们将布林线上轨和下轨的高低点的技术罗列一下，帮助大家直观地理解。

■ 上升趋势中，将布林线上轨形成的低点进行连线，可以辅助研判中期趋势。

■ 下降趋势中，将布林线下轨形成的高点进行连线，可以辅助研判中期趋势。

我们先来看看如何利用布林线上轨低点对中期上升趋势进行研判，图 3-8 为天顺股份（002800）2019 年 4 月至 2019 年 10 月的日线图。

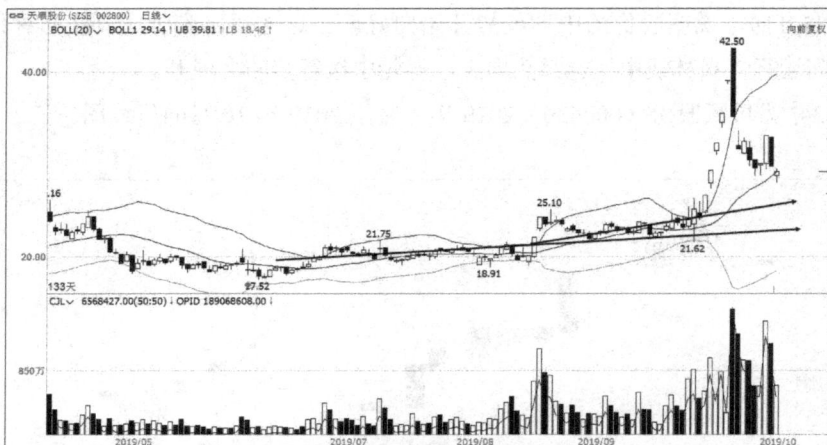

图 3-8　天顺股份日线图

我们从图 3-8 中看股价的具体走势，左侧是一个下跌行情，股价在突破布林线中轨后开始发动一波新的上升行情，布林通道的上轨经过 3 次缩放，依次形成 3 个布林线上轨低点。我们首先连接第 1 个和第 2 个低点，作出一条上升趋势线（图中箭头角度较平缓的趋势线），以此来观察股价的运行。通过图中右侧的箭头，我们看到股价回落后在上升趋势线 1 处得到支撑，随后又开始上涨，进而让布林线上轨留下第 3 个低点。由于后续的布林线上轨的高度超过了前面的高点，我们再次连接第 2 个和第 3 个布林线低点，如此一来又形成了上升趋势线 2（图中箭头角度较陡的趋势线），后续的股价就由上升趋势线 2 进行监控。

图 3-9 为利民股份（002734）2019 年 4 月至 2019 年 10 月的日线图。

图 3-9　利民股份日线图

从图3-9中可以看出，股价呈现的是另一种技术走势，布林线上轨经过两次缩放后留下了两个低点，我们连接这两个低点形成一条上升趋势线，以此来观测股价的运行情况。在图3-9中箭头标注的地方，我们看到股价跌破了这条趋势线，预示该股的中期趋势有改变的可能，或者至少要停顿整理一下。如果其后股价继续上涨，布林线上轨高点超过本次高点，则可以对趋势线进行修正，这就回到了图3-9中利民股份的模式之中；如果股价继续跌破中轨，则又回到了前面的布林线中轨的模式之中。

需要说明的是，这种模式起到的只是一个辅助作用，应用得好，它可以帮助我们在一个比较好的位置离场。但有的时候，布林线上轨并不会留下明确的低点，因此就没有办法应用这种模式进行判断中期趋势。

我们再来看看如何利用布林线下轨高点对中期下降趋势进行研判。图3-10为威派格（603956）2019年4月至2019年9月的日线图。

股价从高点下跌，其间布林通道经过两次缩放，布林线下轨留下了两个高点，我们连接这两个高点就形成了一条下降趋势线。利用这条趋势线可以观测股价的运行情况，在图3-10中箭头所指的地方，我们可以看到股价对该趋势线的突破，随后也可以看到股价形成了一个经典的回抽，利用趋势线可以较好地研判股价中期趋势。

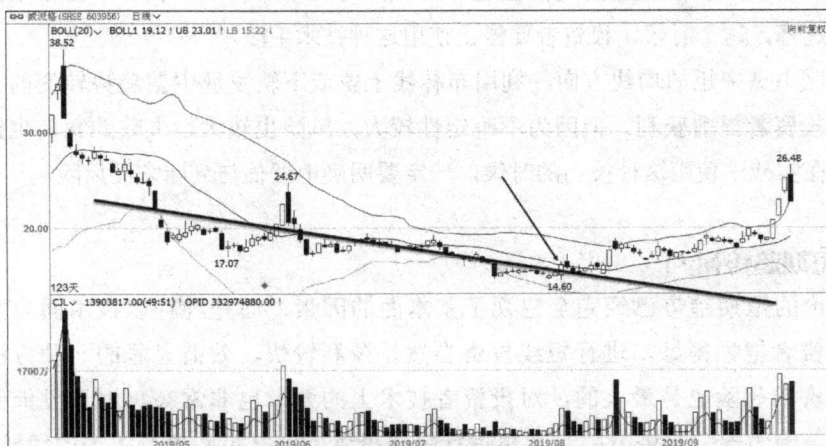

图3-10 威派格日线图

图3-11为振德医疗（603301）2019年4月至2019年10月的日线图。

从图3-11中可以看到该股的价格走势是另外一种技术特征，首先是布林线下轨留下了两个高点，我们连接这两个高点形成一条下降趋势线，在观测股价运行的过程中我们发现，股价虽然突破了下降趋势线，但随后并没有转为上涨行情，而是进入横向整理当中。这就告诉我们，中期下跌趋势的转变并不是只有上涨这一种模式，有的时候，也会出现横向整理。

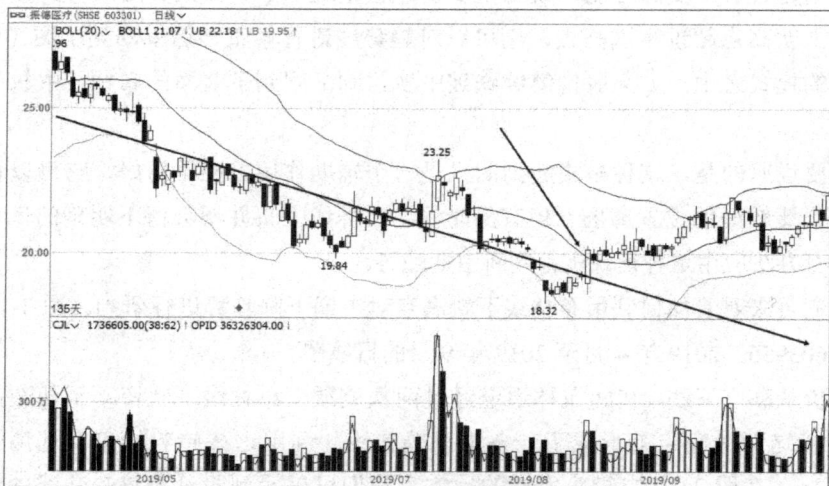

图 3-11 振德医疗日线图

这种技术手段起到的也是一个辅助作用，应用得当，投资者可以在第一时间发现中期趋势的转变。但它的局限性也非常大，有时候布林线下轨并不会留下高点让投资者选择，这个时候，投资者要停止使用这种技术手段。

相比中规中矩的均线方向，利用布林线上轨或下轨发现中期趋势转变的方法可以帮助投资者提前获利，但因为不确定性较大，风险也较大，失败的案例也很多，投资者在实战中使用这种技巧的时候，一定要明确地评估与判断它的风险。

3.2.3 短期趋势研判

股价的短期趋势已经完全忽视了基本面的因素，而是纯粹以技术面为主导。如果投资者把握得好，进行短线投资当然是盈利较快、效益显著的一种方法。但短线投资的风险也是最大的，对投资者技术上的要求也非常高，由于股价变化过于迅速，绝大部分投资者陷入了想进行短线投资，但又担心投资不当的尴尬境地。

布林线指标的神奇之处就在于，它既可以对股价长期趋势和中期趋势进行研判，还可以兼顾到短期趋势，可以说是"一种指标，多种满足"。在布林线指标中，对股价短期趋势的研判主要依靠布林线的上轨和下轨。

布林线上轨和下轨的计算方式是标准差，并且是以将计算结果放大 2 倍的形式出现的，常态情况下，这种设计可以满足股价变化的需要。但有的时候，受突发消息影响，或者出现重大利好或利空消息，有的股票的价格在短时间内会以极其迅猛的速度上涨或下跌，并且这种速度远远超过了布林线上轨或者下轨扩张的速度，会让股价偏离正常状态而游走在布林线轨道之外。此时布林线轨道就是股价短期趋势的监控器，一旦股价停顿，返回到布林线轨道内侧，我们就可以说股价的短期趋势告一段落。

图 3-12 为分众传媒（002027）2019 年 2 月至 2019 年 9 月的日线图。

分众传媒一直是以绩优白马股的形象活跃在市场上的。我们看图 3-12 中箭头标注的地方，当时是 2019 年 4 月，该股发布了第 1 季度业绩公告，公告称 2019 年第 1 季度业绩与去年同期相比大幅减少。业绩有所下滑，不符合市场预期，这是市场上经常发生的事，何况该股去年业绩优异，今年就算同比有所减少，相比其他股票，分众传媒的业绩还是优良的。但就是在这样的背景下，该股价格在技术上却发生了短线的暴跌，在箭头标注的地方，股价先是下挫 7%，刺穿了布林线中轨，接着继续快速下跌，股价一直游离在布林线下轨的外侧，短线的变动幅度巨大。等到股价回到布林线下轨的内侧，又继续下跌了一段距离之后，才转为横盘震荡。

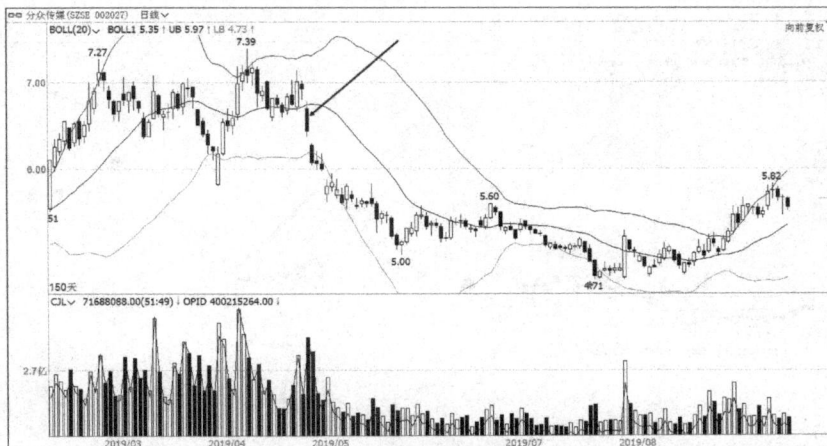

图 3-12　分众传媒日线图

图 3-13 为德赛电池（000049）2019 年 3 月至 2019 年 6 月的日线图。

我们可以从图 3-13 中看到德赛电池的表现，股价在短线暴跌之前，布林线中轨就已经开始走平并且略微下行，预示中期趋势的看淡，但当时谁也想不到股价的下跌会来得如此猛烈。我们看图 3-13 中箭头标注的地方，当布林通道收缩后，股价突然开始暴跌，连续的阴线击穿了布林线中轨和下轨，直接导致股价在布林线下轨的外侧游走，跌到 23.50 元时，下跌才告一段落。

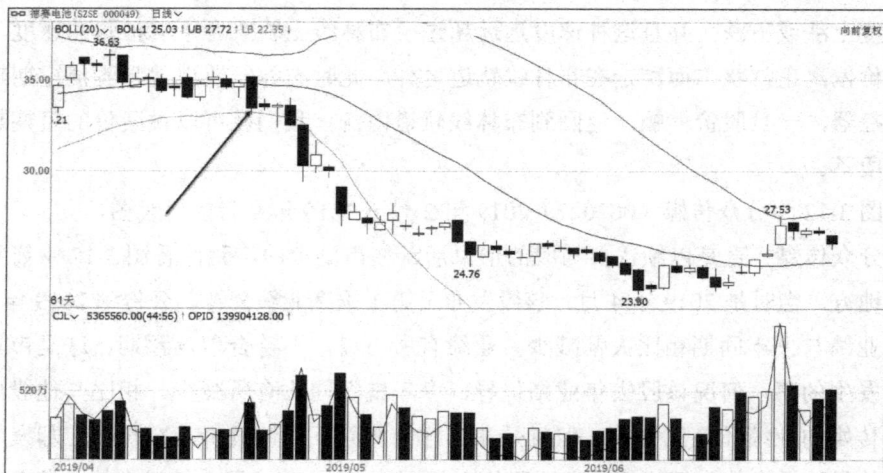

图 3-13　德赛电池日线图

我们再通过两个实例来看看布林线上轨与短期上涨趋势的关系。

图 3-14 为世龙实业（002748）2019 年 1 月至 2019 年 4 月的日线图。

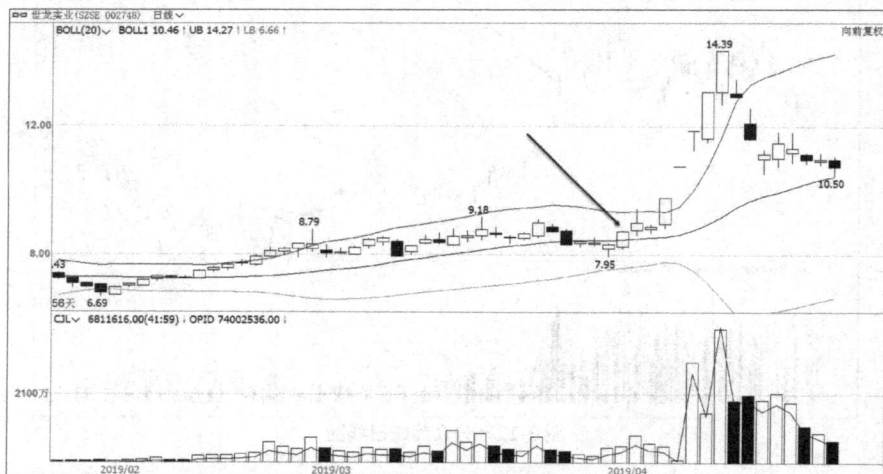

图 3-14　世龙实业日线图

在图 3-14 中，同样是发布公告，该股的价格走势与前面的分众传媒截然不同。2019 年 3 月 29 日，世龙实业发布了 2019 年第 1 季度业绩预增公告。受这一利好消息影响，原本中期趋势就向好的股价突然迅速上涨，我们从图 3-14 中箭头标注的地方可以看到，股价从突破中轨后的第 3 个交易日开始，连续 6 个交易日游走在布林线上轨外侧，股价短时间内就由启动点的 8.26 元快速涨到 14.39 元，涨幅超过 74%。一旦股价回到布林通道内，就表示股价短期的波动告一段落，短期趋势恢复平静。

图 3-15 为易尚展示（002751）2019 年 5 月至 2019 年 10 月的日线图。

从图 3-15 中可以看到，股价已经突破了布林线中轨，短线的异动就是在突破布林线中轨的前提下进行的。我们通过图 3-15 中箭头的标注可以看到，股价用跳空涨停的形式刺穿了布林线上轨，随后连续 5 个交易日游走在布林线上轨的外侧，股价仅回到通道内部 1 个交易日后，又出现了连续 2 个交易日在布林线上轨外侧的情况。这代表短期趋势出现极端行情，等到股价回落在通道内，预示短期趋势恢复平静。

构成布林通道的几条指标线对趋势研判有着十分重要的意义，当然，股价在通道内的位置也与趋势密不可分。那么如何判定股价与通道的关系呢？其实约翰·布林格先生已经给出了答案，在 3.3 节中我们将进行详细的讲解。

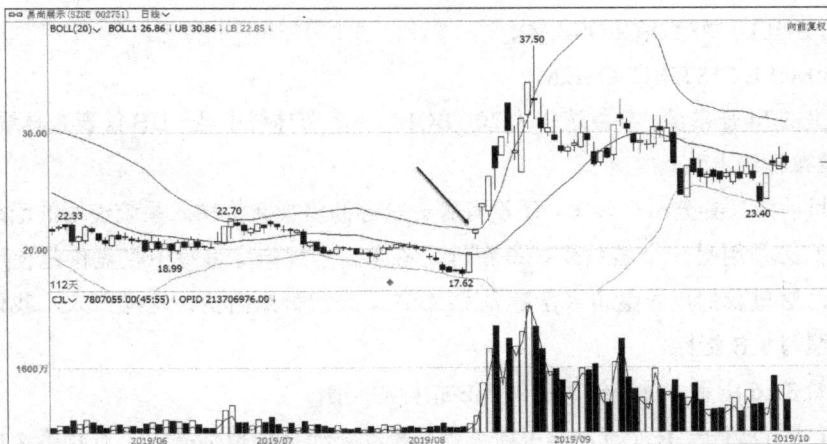

图 3-15 易尚展示日线图

3.3 %B 指标

%B 指标是什么？按照布林线指标发明人约翰·布林格的话讲，%B 指标是表明当前股价在布林线中位置的一个指标，它也是进行交易决策时的关键性指标。

%B 指标是布林线指标的衍生指标，可以说没有布林线指标，就不会有 %B 指标，我们有必要对其进行一番深入的介绍。

3.3.1 %B 指标的源码

指标源码是一个指标的灵魂,对 %B 指标来讲也同样如此。既然是布林线指标的衍生指标,那么 %B 指标的源码与布林线息息相关。

%B 指标的计算公式:(最新价 – 布林线下轨价格)÷(布林线上轨价格 – 布林线下轨价格)。

看到了吗,%B 指标所用的数据几乎全部来自布林线指标,要想成功编写出 %B 指标,首要的一点就是要完全掌握布林线指标的源码。除此之外,约翰·布林格给出的 %B 指标中还有一个重要的点,那就是"最新价"。既然是最新价,那么说明这个指标是一个动态指标,在布林线指标源码的选择上,我们应该选择动态布林线的指标源码。

布林线动态指标源码,可为编写 %B 指标打好基础。布林线动态指标源码如下。

BOLL:MA(CLOSE,M);

UB:BOLL+2*STD(CLOSE,M);

LB:BOLL-2*STD(CLOSE,M);

这里的 M 是常量,参数选择为 20,BOLL 代表布林线中轨,UB 代表布林线上轨,LB 代表布林线下轨。

在目前的证券分析软件中,还没有哪一家券商将最新价纳入系统使用的函数中,所以我们必须用另一个函数代替最新价。考虑到常规指标编写中收盘价是使用频率最高的,这里我们用收盘价(函数是 CLOSE)来代替最新价。这样一来,我们就可以自行编写 %B 指标。

如图 3-16 所示,这是编写后的 %B 指标源码图。

%B 指标源码一共 4 行,其中前 3 行都是动态布林线指标源码,只有第 4 行才是真正反映 %B 指标的源码。为了凸显 %B 指标,我们给前 3 行的布林指标源码添加了函数,让布林线指标不再显示,这样一来,该公式就只显示 %B 指标曲线了。

为了让对证券软件不熟悉的读者能够更好理解,我们以"通达信"证券分析软件为例,向大家说明一下编写公式的操作流程。

鼠标单击软件当中的"菜单"选项,在子菜单列表中选择"功能",再选"公式系统",进入的"公式管理器"。单击"用户"选项,再选"其他类型",单击"新建"按钮,就完成了公式编辑层面的操作。将指标源码通过复制、粘贴的方式放到新建的公式版面当中,为公式取一个名字,选择"副图显示",最后单击"确定"按钮就可以了。本书中,我们选择"BOLLB"作为 %B 指标的代称。

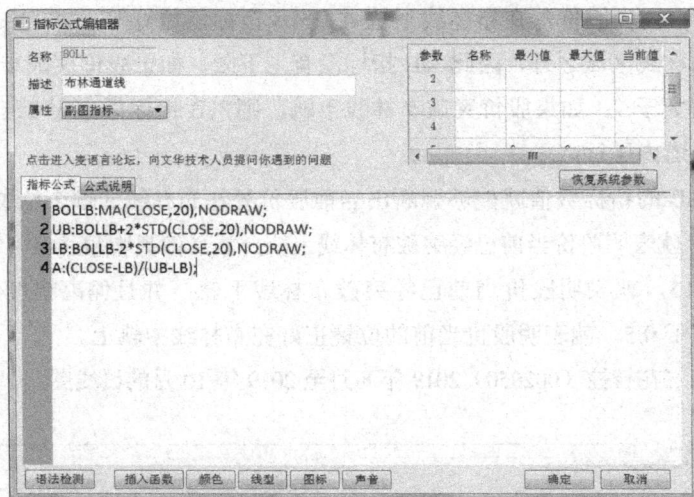

图 3-16　%B 指标源码图

如图 3-17 所示，这是 %B 指标编写完成后的效果。

图 3-17　%B 指标编写完成后的效果

图 3-17 副图中的曲线就是 %B 指标，其中图上的字母 "A" 就代表指标数值。此外，副图中的 0 刻度与 1 刻度代表布林线下轨与上轨，这样一来，就能很好地理解该指标了。

3.3.2　%B 指标的说明

约翰·布林格对 %B 指标给出了明确的说明。当股价落在布林线上轨时，%B 指标值恰好等于 1；当股价落在布林线下轨时，%B 指标值恰好等于 0。由于股价有可能会游走在布林线区域之外，因此 %B 指标没有上下限。如果股价突破布林线上轨，则 %B 指标值大于 1；如果股价突破布林线下轨，则 %B 指标值小于 0。此外，指标应该在布林通道内运行。

我们从 %B 的指标数值就能够判断出当前股价处在布林线的哪个位置；如果 %B 数值等于 1.1，就表明股价当前已经突破布林线上轨，并且偏离幅度为 10%；如果 %B 数值等于 –0.15，就表明股价当前已经突破布林线下轨，并且偏离幅度为 15%；如果 %B 数值等于 0.5，就表明股价当前的位置正好在布林线中轨上。

图 3-18 为三花智控（002050）2019 年 8 月至 2019 年 10 月的日线图。

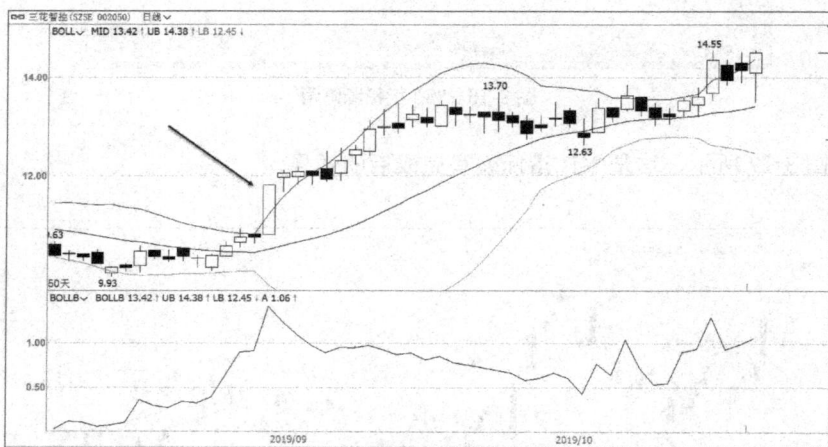

图 3-18　三花智控日线图

从图 3-18 中可以看到，股价曾有过一次短线的波动，并以涨停板的方式冲破了布林线上轨的压制。我们观察 %B 指标，可以看到指标也已经跟随股价突破了代表布林线上轨的水平横线，箭头所指的地方数值，为 1.42，说明股价已经偏离布林线上轨，并且偏离幅度较大。我们知道布林线上轨是衡量股价短期趋势的重要依据，股价偏离上轨如此之远，已经远超正常水平，这就提示我们，该股短线已经过热，投资时需要慎重。但有时在股价强势上涨的过程中，通道强制跟随，再度将股价拉回到通道内。出现这种突破幅度极大的情况时，只有两种解释，或者是强弩之末，或者是刚刚开始。

图 3-19 为万邦德（002082）2019 年 4 月至 2019 年 7 月的日线图。

图 3-19　万邦德日线图

从图 3-19 中可以看到，股价急速下跌，在十字光标锁定的地方，股价收出了一条大阴线，一举刺穿布林线下轨。此时 %B 指标数值为 –0.09，说明股价已经偏离布林线下轨 9% 的幅度，可以认为是超跌了。我们看到这条大阴线，第 2 天股价非但没有继续下跌，反而收出一条阳线，回到布林通道内。通常情况下，如果不是强势上涨或下跌，股价都会在极短的时间内回到通道内部。

3.3.3　%B 指标的应用

从本质上来说，%B 指标只是一个相对的工具，它并不能直接给出买入或卖出这样的投资信号，其根本的作用就是告诉投资者股价目前所处的相对位置以及在这个位置上的相对强弱程度。尽管如此，%B 指标作为布林线的一个衍生指标，如果把它与布林线结合起来使用，对判断股价的走势还是有很重要的参考作用。

约翰·布林格对 %B 指标进行了大量的数据测试后，给出投资建议：在常态行情下，当 %B 指标大于 0.9 或小于 0.3 时，都倾向于卖出。

%B 指标大于 0.9，意味着股价即将碰触到布林线上轨，这时候股价会面临上轨压力，这时倾向于卖出很好理解。但为何 %B 指标小于 0.3，股价即将跌落到布林线下轨，随时可以触发反弹时还要卖出呢？其实这也是布林线指标神奇的一个地方，约翰·布林格经过大量研究发现，股价在下跌过程中，到最后往往都是以急跌的方式展开的，这个时候正是下跌最迅猛、最急促的时候，只有通过这种方式让投资者承受不住这种压力进而抛出筹码，股价才有可能短线见底。

图 3-20 为国脉科技（002093）2019 年 8 月至 2019 年 10 月的日线图。

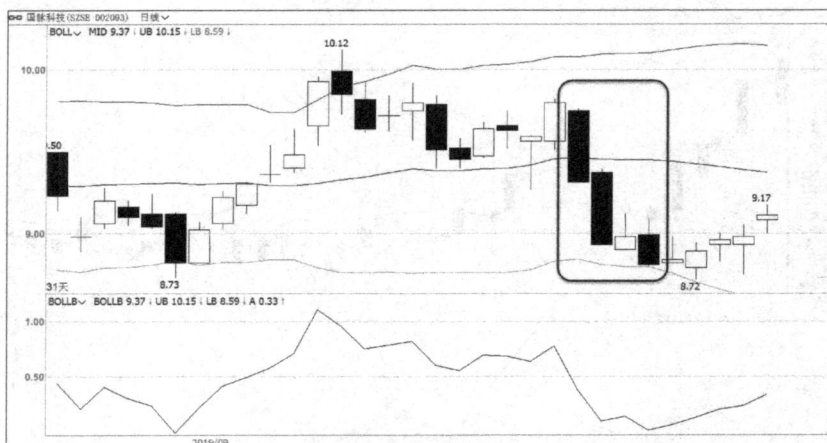

图 3-20　国脉科技日线图

图 3-20 是一幅很典型的实例图，股价由布林线上轨向中轨运行时，经过了 10 个交易日，虽说是一段下跌过程，但中间穿插几条的阳线，无论是幅度还是速率都很平缓。等到股价由布林线中轨向下轨运行时，速度就陡然迅猛起来，3 个交易日内股价就下跌到位并且中间只有一条阳线作为缓冲，采取的方式是一步到位。大家如果多看图就会明白，类似的情形在实战中比比皆是。

在市场中，股价会经常性地冲出布林线上轨或下轨，这个时候我们又该如何判断风险或机会呢？经过笔者实战统计，当 %B 指标大于 1.1 或小于 –0.15 时，一般认为股价偏离布林线上轨或下轨过远，随时可能发生回落或反弹的行情。

图 3-21 为罗平锌电（002114）2019 年 6 月至 2019 年 8 月的日线图。

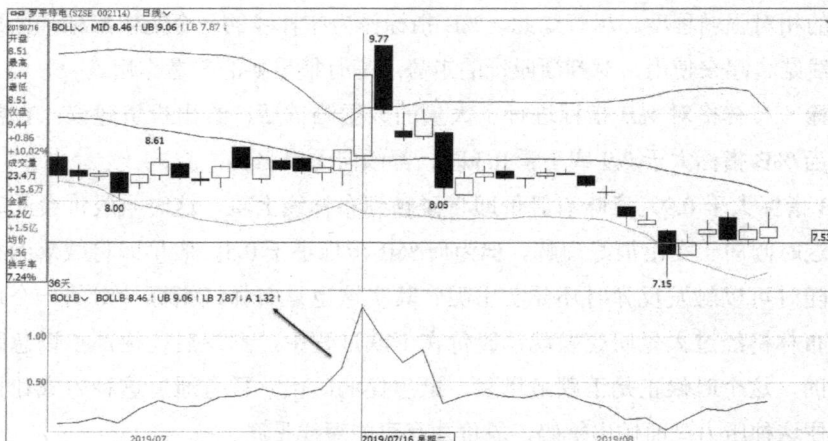

图 3-21　罗平锌电日线图

我们看该股在十字光标锁定的那一天股价刺穿了布林线上轨，此时 %B 指标值达到了 1.32，已经偏离了我们所设定的指标范围，表明股价有极大的概率短线见顶。我们看到股价随后也确实展开了一波下跌趋势。

图 3-22 为天邦股份（002124）2019 年 8 月至 2019 年 10 月的日线图。

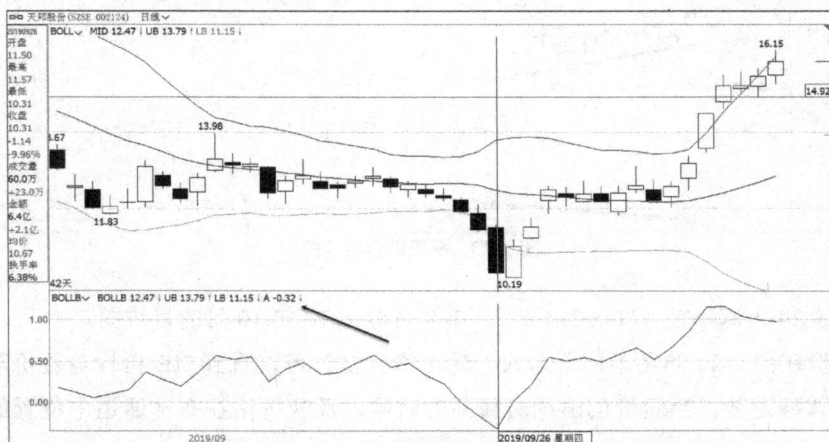

图 3-22 天邦股份日线图

从图 3-22 中可以看到，股价前期经过了一轮深幅下跌，当跌到十字光标锁定的那一天时，%B 指标刚好为 –0.32，表明股价偏离布林线下轨的幅度已经到了一个临界值。股价随后稳定上升，展开了一轮中级行情，涨幅接近 60%。

按照约翰·布林格的想法，%B 指标主要的作用有两个：一是帮助投资者分析和识别股价的走势形态；二是为投资者提供决策分析依据。在这个过程中，%B 指标主要通过顶背离和底背离的方式识别股价的内在动力。

图 3-23 为平安银行（000001）2019 年 4 月至 2019 年 10 月的日线图。

我们看到股价在图 3-23 的左半部分形成一轮下跌行情，甚至创出了新低。但当股价创出新低的时候，%B 指标低点却在逐渐抬高，这表明股价在布林通道内的相对位置已经开始变高。从主图布林线指标中也可以看出来，该股目前的态势完全符合之前讲过的双重底形态，看起来股价向右倾斜，但从布林线来看，第 1 个低点穿透布林线下轨幅度很大，而第 2 个低点穿透布林线下轨幅度较小，说明股价不像绝对价格表现的那样，而是开始逐渐转强，这也为后面的行情发展奠定了基础。

图 3-23　平安银行日线图

图 3-24 为深科技（000021）2019 年 8 月至 2019 年 10 月的月线图。

股价在图 3-24 的左半部分形成一轮上涨行情，可以看到 %B 指标与股价形成了一个顶背离走势。当股价创出绝对新高的时候，反映价格在布林通道中位置的指标却呈逐级下探之势，表明股价已经逐渐远离布林线上轨，从侧面说明股价上升的动力已经不足，跟不上布林线上轨扩张的速度。我们看到，之后的股价一蹶不振，步入缓慢的下跌态势当中。

%B 指标一定要与布林通道结合才能使用，当然如果有其他技术指标予以技术上的辅证，分析效果会更好。但有一点千万不要忘记，%B 指标只是一个辅助指标，布林通道才是真正的主角。

图 3-24　深科技日线图

3.4 带宽指标

布林线的第 2 个衍生指标就是带宽指标。带宽英文名称为"Band Width"，带宽指标是根据布林线上下轨所处的位置计算出来的。

3.4.1 带宽指标的源码

同 %B 指标一样，约翰·布林格只给出了带宽指标的计算方式，具体的指标源码还需要我们自己来编写。不过我们已经了解布林线指标源码，因此编写带宽指标源码不会太困难。

带宽指标公式：（上轨线－下轨线）÷ 中轨线。

布林线指标源码我们是知道的，只需参照 %B 指标源码的格式，就可以得到带宽指标源码。

我们首先把带宽指标的源码告诉大家，图 3-25 为笔者编写好的带宽指标源码图。

源码的前 3 行依然是布林线指标的源码，笔者在第 4 行利用布林线设计出带宽指标。为了凸显带宽指标，笔者通过技术手段将布林线指标隐藏，如此就得到了我们想要的带宽指标。

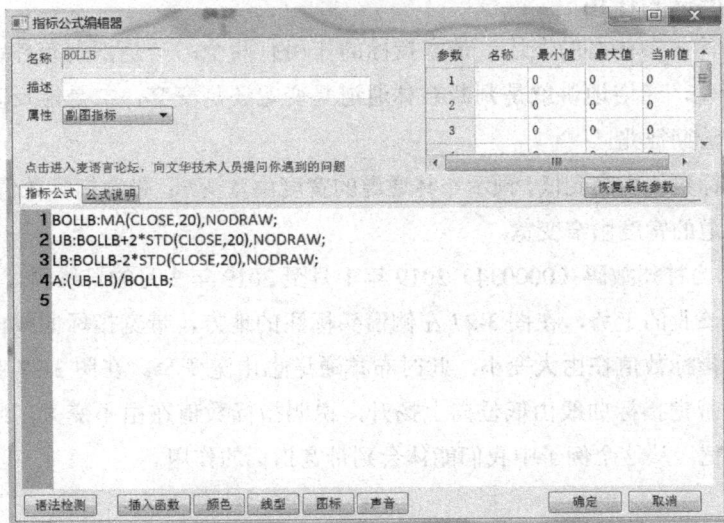

图 3-25 带宽指标源码图

图 3-26 为深天地 A（000023）2018 年 9 月至 2019 年 10 月的日线图，也是带宽指标的示意图。

图 3-26　深天地 A 日线图

副图的指标就是带宽指标，在编写指标时，可以随意命名，我们这里还是使用"BOLLB"。借助这个指标，我们就能非常准确地了解布林通道的变化，监测股价的波动率。

3.4.2　带宽指标的作用

按照约翰·布林格的表述，带宽指标的作用有两个：一是识别布林线指标收敛性的大小变化，通俗地讲就是判断布林通道是变宽还是变窄；二是能反映出市场新趋势形成的前期征兆。

带宽指标数值由高到低，预示布林通道的宽度由宽变窄；带宽指标数值由低到高，预示布林通道的宽度由窄变宽。

图 3-27 为神州数码（000034）2019 年 1 月至 2019 年 3 月的日线图。

我们看该股的走势，在图 3-27 左侧箭头标注的地方，带宽指标曲线由高位向下滑落，说明指标数值在由大变小，此时布林通道也由宽变窄。在图 3-27 右侧箭头标注的地方，带宽指标曲线由低位向上扬升，说明指标数值在由小变大，此时布林通道也由窄变宽。从这个例子中我们能体会到带宽指标的作用。

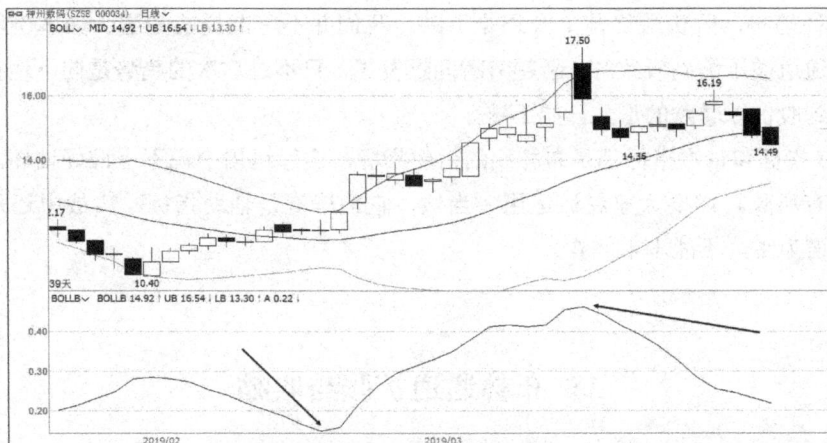

图 3-27 神州数码日线图

市场的波动都是以循环的方式进行的，即由当初的大波动逐渐向小波动过渡，再由小波动酝酿成后面的大波动，如此周而复始，循环往复。在股价由小波动向大波动转变时，带宽指标可以在第一时间揭示这种变化，从而为我们发现趋势行情的变化提供必要的帮助。

图 3-28 为德赛电池（000049）2019 年 1 月至 2019 年 7 月的日线图。

图 3-28 德赛电池日线图

从图 3-28 中我们可以看到，带宽指标在前期一直处于低位运行状态，表明布林通道在不断地压缩，这都是波动性非常小的 K 线所引发的，预示着股价在酝酿一次大波动的行情。需要说明的是，带宽指标只能帮助我们发现新趋势即将来临，但是是哪一种趋势，股价最终是上升还是下跌，我们并不可能提前知道。如本例所示，当布林通道被压缩到极致时，新趋势瞬间爆发了，只不过这次的趋势是向下运行的，我们看到股价以暴跌的形式开始下挫。

%B 指标和带宽指标都是布林线的衍生指标，实际运用中说不上谁好谁坏，可以说是各有所长，需要大家灵活运用。当然，它们毕竟是辅助指标，实战中还是要以布林通道为主，不能本末倒置。

3.5 布林通道扩张与收缩

在布林通道诸多使用技巧中，以布林通道扩张与收缩形成的"喇叭口"最为有名，这也是布林线指标所独有的技术分析手段。布林通道的扩张与收缩，其实就是股价波动性的大小转换，其中布林通道的上轨与下轨负责为投资者揭示股价即将发生波动的警示信号，而中轨则负责揭示股价未来运行的方向。

3.5.1 布林通道扩张

布林通道扩张的典型特征，就是布林线上轨急速向上运行，而下轨急速向下运行，两个张开的轨道配合中轨共同构成了一个类似于绽放的喇叭花的形态，因此称为喇叭口。

图 3-29 为藏格控股（000408）2019 年 5 月至 2019 年 8 月的日线图。

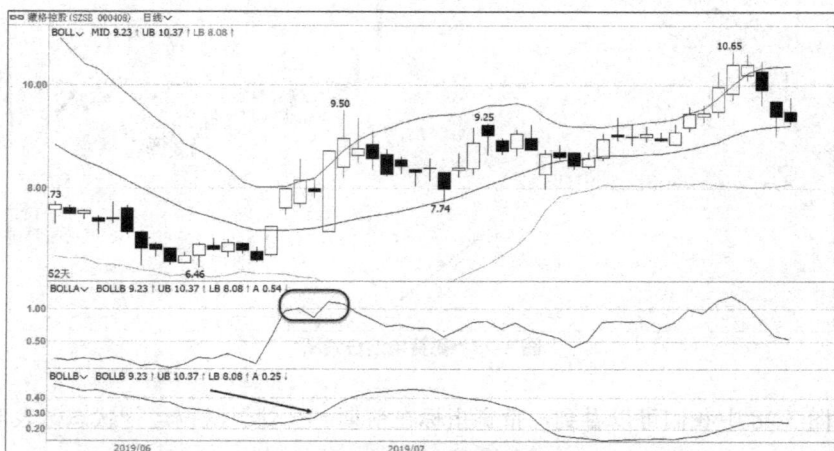

图 3-29　藏格控股日线图

在图 3-29 的案例中我们将布林线指标全部添加进来，其中主图是布林通道，副图分别是 %B 指标和带宽指标（在编写指标时，将 %B 指标命名为 BOLLA，将带宽指标命名为 BOLLB）。主图中我们看到伴随着一条大阳线，布林线上轨和下轨分别向上方和下方运行，这表明股价的波动性在加大，向上的中轨则说明该股未来中期趋势乐观。随着股价的运行，%B 指标两次触及指标上限，表明股价此时已经刺穿了布林线上轨。带宽指标由低位向高位快速运行，表明布林通道扩张开口的程度正在不断地加大，行情还在向纵深发展。

不是每一次布林通道的扩张都会带来机会，有的时候，布林通道的扩张也是股价暴跌的开始。

图 3-30 为华天酒店（000428）2019 年 3 月至 2019 年 8 月的日线图。

图 3-30　华天酒店日线图

图 3-30 中箭头标注的地方，布林通道的轨道同时向相反方向扩张，但中轨的方向预示该股中期趋势的向淡，随着带宽指标的由低向高，股价的波动性正在逐渐加大，也暗示股价在大幅向下跌落。%B 指标不断向下靠近，说明股价一直沿着布林线下轨运行，此时正是股价下跌最迅猛的时候。我们看该股从 3.60 元开始下跌，两个波段后股价就跌到 2.53 元，跌幅高达 30%，从中也能体会到布林通道扩张带来的高波动的市场变化。

综合来看，布林通道的扩张其实是一把双刃剑，既是机遇，也是风险。实战中大家在通道开口时一定要关注布林线中轨的方向，严格按照趋势操作，避免盲目入场遭受损失。

3.5.2 布林通道收缩

布林通道收缩意味着股价由原来的高波动向低波动转变，此时布林线上轨与下轨由原来的开口运行急速转向收口运行，上轨的方向是由上而下，下轨的方向是由下而上，布林线中轨也由当初的运行方向转向横向运行，有点类似于一个倒置的喇叭花形态。

与前面布林通道扩张带来的机遇或者风险不同，布林通道收缩起到的主要是提醒作用，即当股价来到高位，通道开始收缩时，预示着股价之前的高波动或许已经结束，后面将回到低波动的格局，在后市行情将重新开始酝酿，此时获利的投资者可以先卖出观望，等待后市行情的再次明朗。如果是股价由高位跌落到低位，此时布林通道的收缩或许意味着行情正通过低波动在筑底，反倒不是一个卖出的时机，而是需要耐心等待下一次机会。

图3-31为国际医学（000516）2019年4月至2019年10月的日线图。

图3-31　国际医学日线图

从图3-31中我们看到股价从高位跌落，在主图方框框定部分的前面行情中，布林通道还处在扩张状态，在进入到方框部分后，布林通道由扩张急速转为收缩，表明行情由高波动转为低波动，开始为后面的行情奠定基础。此时我们看到带宽指标一直在低位运行，也印证了布林通道的收缩。%B指标在高位活跃变化，但在这个地方不是说明股价在刺穿布林线上轨或下轨，而是表明布林通道已经非常狭窄，股价稍有变化就能到达上轨或下轨，这一切都是在为之后的行情进行铺垫。

图3-32为圣莱达（002473）2018年10月至2019年4月的日线图。

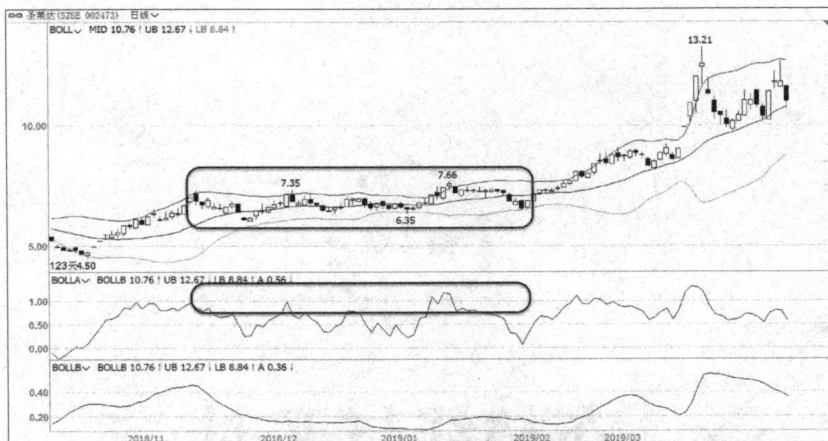

图 3-32　圣莱达日线图

由图 3-32 可知，股价在前面已经有过大幅上升，在主图中方框框定的位置，我们看到布林通道由之前的扩张改为收缩，这表明股价的波动性在降低，此时带宽指标长时间的低位运行也验证了这个现象。虽然 %B 指标很活跃，也有过刺破上轨的表现，但这不是说明股价强势，而是说明布林通道过于狭窄。布林通道收缩后会产生两种现象：一是股价继续上涨；二是股价见顶回落。具体是哪种现象关键还要看布林线中轨的方向。幸运的是，本例中股价在整理后继续上涨，最后创出了新高。

布林通道具有实战性，在其扩张与收缩的功能的基础上再结合两个衍生指标即可对股价产生提前预警的作用，结合中轨的方向更能揭示趋势的转变。如果说布林通道的扩张表明的是股价的动，那布林通道的收缩则意味着股价的静，而动静之间蕴含着证券投资的大道理，希望读者能好好体会。

本章要点

■ 通道理论是证券分析中较为成熟的理论，其中薛斯通道较为典型。

■ 布林通道对价格的长期趋势、中期趋势和短期趋势都能进行很好的研判。

■ %B 指标和带宽指标是布林线指标的衍生指标。

■ 布林通道的扩张与收缩是股价即将发生波动的警示信号。

第4章

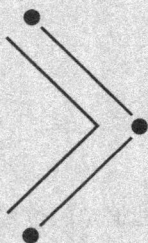

布林线与 K 线

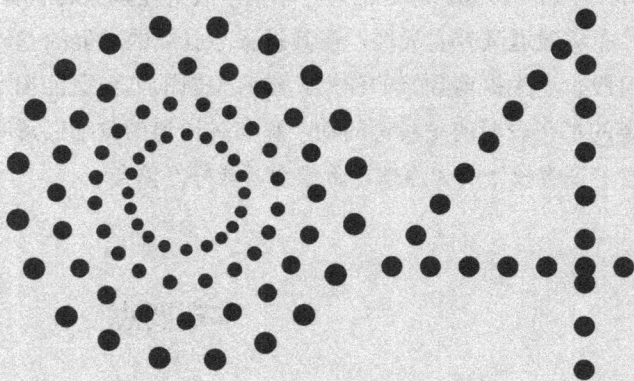

市场上的一切现象其实都来自杂乱无章的价格变化，而一切技术手段的产生也无非是想让价格的变化能够有迹可循。布林线指标也不例外，同其他指标相比，它只不过是从另外一个角度对价格的变化进行解读，但其本质与根源却没有改变。K线是市场价格变化的忠实记录者，要想深入了解布林线指标是如何解读市场价格的，K 线是绝不能绕过的。

4.1 K 线概述

K 线是自成体系的投资工具，起源于 18 世纪的日本江户，是由一个叫本间宗久的稻米商人发明的。K 线开始被用来记录江户稻米市场每天发生的价格变化，只是由于本间宗久的稻米生意做得很成功，所以他的这一套分析方法逐渐被大多数日本商人所接受、借鉴，最后逐渐演变成为日本现代投资者所使用的交易分析方法。

K 线的发展演变长达几个世纪，在这个漫长的过程中，K 线始终是特立独行的，与西方的投资体系没有任何的融合。日本人经过不断地归纳与整理，已经将 K 线这种投资工具上升到了一个理论的高度。其后美国人史蒂夫·尼森通过一个偶然的机会了解到了 K 线这种技术分析工具，认可 K 线的同时还将 K 线引入到西方金融市场并且全力推广，由此西方人才知道原来世界上竟然还有这样一种可以独立分析的技术理论，他们在使用时，又把西方独有的技术分析工具与 K 线结合起来，于是形成了现代金融技术投资理论。

日本人将 K 线称作"蜡烛图"，是因为它的外形与蜡烛非常相像。K 线是个译音，是以英文字母"K"直接音译过来的。在日文中，"K"并不写成"K"字，而是写成"罫"（中文通"卦"音），日文音读"kei"，而"K 线"是"罫线"的读音。K 线这种技术工具最早是由美国人在全球予以传播的，引入到国内时便被广大投资者所认可和接受，所以我们现在也将"蜡烛图"称为 K 线。

K 线是自成一派的技术体系，它能做到不借助其他任何技术工具，独立对市场进行分析，这是最让投资者感到神奇的地方。与西方投资者的线性思维不同，K 线这种技术体系具有典型东方人的思维，其所追求的也是那种"一叶落而知秋将至"的具有前瞻性的境界。之所以如此，归根结底还是因为 K 线只是记录价格变化的最基础的工具，在有限的信息内要想进行正确的交易决策，只有将这种工具发挥到极致才行。从这一点来说，我们要感谢史蒂夫·尼森，正是他的努力，才让 K 线走进投资世界，进而与其他技术分析工具进行了交汇与融合，使得 K 线理论迅速发展，从而极大地拓展了 K 线使用空间。经过系统地总结，K 线发展到今天已经形成了自己独特的投资理论体系。尽管如此，K 线的基础特征并没有变，依然需要 4 个价格的支撑。

如图 4-1 所示，这是 K 线示意图。

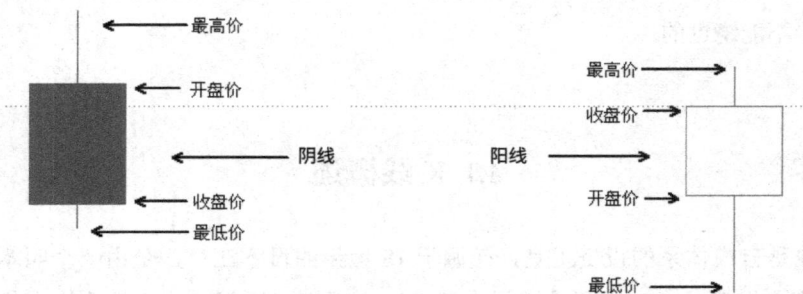

图 4-1　K 线示意图

1 条 K 线由 4 个基本要素构成，即开盘价、收盘价、最高价、最低价。图 4-1 中左侧的 K 线，收盘价低于开盘价，意味着当天的价格是回落的，这样的 K 线我们称为"阴线"；图 4-1 中右侧的 K 线，收盘价高于开盘价，意味着当天的价格是上涨的，这样的 K 线我们称为"阳线"。K 线中间较粗的部分叫"K 线实体"，上下两端较细的部分叫"影线"，上面的叫"上影线"，下面的叫"下影线"。有的 K 线没有上影线，最高价就是开盘价或收盘价，这样的形态我们叫"光头 K 线"，有的 K 线没有下影线，最低价就是开盘价或收盘价，这样的形态我们叫"光脚 K 线"。

这里对 K 线知识进行了简单的介绍，感兴趣的读者可以自行查阅相关资料进行学习。

4.2　K 线分类

按照不同的理解，K 线可以分成很多种类。从形态分类，K 线可以分为星线、吊线、孕线、包线；从用途分类，K 线可以分成反转 K 线和整理 K 线；从时间周期分类，K 线可以分为日线、周线、月线、年线等。

在不同的场合，不同种类的 K 线都有各自的作用，但如果从布林线指标的角度出发，我们只需将 K 线按幅度大小分类即可，因为这样的分类可以区分出 K 线上涨或下跌的力度，有助于我们更好地使用布林线指标。

K 线的幅度就是 K 线实体的大小，通常情况下，按幅度可以将 K 线分成如下几类。

■ 大阳线或大阴线，K 线实体幅度大于 4%。

■ 中阳线或中阴线，K 线实体幅度大于 1% 而小于 4%。

■ 小阳线或小阴线，K 线实体幅度小于 1%。

这些 K 线在技术上有着不同的意义，对投资者的心理也有不同的影响。

4.2.1　大阳线或大阴线

大阳线或大阴线说明主力当天积极参与，投入了大量的资金或筹码间接反映了主力对后市的态度。

大阳线或大阴线多出现在行情的底部或顶部，起到行情见顶或见底的作用。有时也会出现在行情的中段，对股价变化起到加速的作用。

图 4-2 为江海股份（002484）2019 年 4 月至 2019 年 9 月的日线图，里面包含了大阴线（左侧箭头）和大阳线（右侧箭头）的走势。

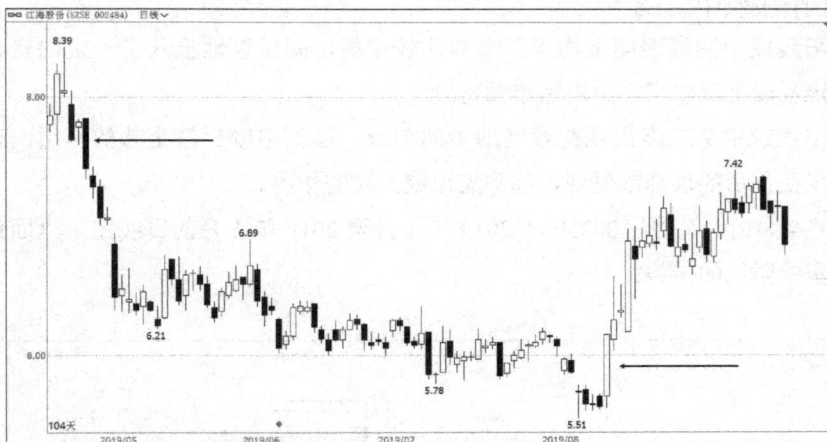

图 4-2　江海股份日线图

从图 4-2 中可以清晰地看到，在出现一条跌幅超过 4% 的大阴线后，后续的股价就一路下跌，表明大阴线对后市有非常消极的影响。一条涨停的大阳线出现后，意味着之前的股价下跌以及筑底行情已经结束，未来行情向好。通过图 4-2，我们能够感受到大阳线或大阴线给股价带来的影响。

图 4-3 为荣盛石化（002493）2019 年 3 月至 2019 年 6 月的日线图。

从图 4-3 中可以看到，该股的行情走势频繁出现大阳线（左侧箭头）和大阴线（右侧箭头），并且都出现在行情运行过程中的中段，起到的是加速行情的作用，从中也可以感觉到主力积极参与的态度。

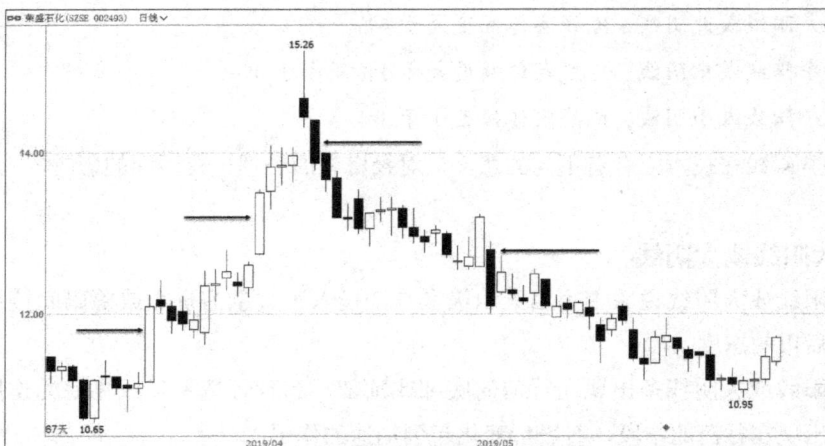

图 4-3 荣盛石化日线图

4.2.2 中阳线或中阴线

中阳线或中阴线表明主力当天参与比较积极，间歇性地投入了一定的资金或筹码在一定程度上反映了主力对后市的态度。

中阳线或中阴线多出现在行情的中间部分，起到串联行情走势的作用。有时候也会出现在行情的顶部或底部，起到见顶或见底的作用。

图 4-4 为山西证券（002500）2019 年 1 月至 2019 年 6 月的日线图，里面包含了中阳线和中阴线的走势。

图 4-4 山西证券日线图

在图 4-4 中，一段行情中最常见的就是这种中阴线或中阳线，它们起到的作用就是串联起整个行情，让一段行情既保持一定的速度，又保持一定的角度。有时候中阳线和中阴线也会充当见顶或见底的角色，但往往需要几条同样的 K 线共同作用才行。

图 4-5 为老板电器（002508）2019 年 6 月至 2019 年 10 月的日线图。

图 4-5　老板电器日线图

从图 4-5 中可以看到，该股价格的这一段下跌走势非常明显，顶部是用中阳线和中阴线混合而成的，待到行情的末端构筑底部时，是用中阴线混合中阳线来完成的，由此可以看出该股为同一个主力，其投资方式、习惯基本相同。

4.2.3　小阳线或小阴线

小阳线或小阴线表明主力当天投资比较消极，很少投入资金或筹码不能反映主力对后市的态度。

小阳线或小阴线多出现在行情的整理部分，起到行情过渡的作用，多数情况下意义不大。有时也会出现在行情的顶部或底部，这个时候就会形成常见的行情见顶或见底的 K 线形态组合。

图 4-6 为天汽模（002510）2019 年 4 月至 2019 年 8 月的日线图，里面包含了小阳线和小阴线的走势。

小阳线或小阴线多数情况下不能准确反映盘面的变化，它起到的就是一个过渡作用，为后面的大波动行情奠定基础。

图 4-6　天汽模日线图

图 4-7 为金正大（002470）2018 年 10 月至 2019 年 4 月的日线图。

图 4-7　金正大日线图

在图 4-7 中标注的位置，多条小阴线混合小阳线共同构成了旗形整理形态，起到的还是对原有行情进行整固的作用，利用其低波动性，为后续行情的启动打下了基础。

了解了这几类常见 K 线的作用后，再将其与布林线指标结合起来，我们就能够更准确地理解布林线指标向我们传递的意图，对提高我们的投资水平会有很好的帮助。

4.3 布林线与大 K 线

不同种类的 K 线在实战中有着不同的技术意义，如果我们将这些 K 线与布林线指标结合后再去观察，那么 K 线的作用会更加明显。一方面是 K 线理论的与生俱来的功能，另一方面，也在于布林线指标独具的技术作用。

4.3.1 布林线中轨与大 K 线

大 K 线指的就是 K 线实体超过 4% 的大阳线或大阴线。无论是大阴线还是大阳线，其本身都具有非常重要的技术意义，对行情后市的转变也有着一定的前瞻性和指导性，所以我们要格外重视。我们在第 3 章中曾谈到过布林线中轨，中轨本身就是一条简单移动平均线，由于均线具有辨别趋势的功能，所以当 K 线实体较大的大 K 线穿越布林线中轨，进而带动布林线中轨改变自身运行方向时，对股价中期趋势的研判有着重大的技术意义。

我们先来看看布林线中轨与大阳线结合会有怎样的反应。

图 4-8 为宝莫股份（002476）2018 年 12 月至 2019 年 4 月的日线图。

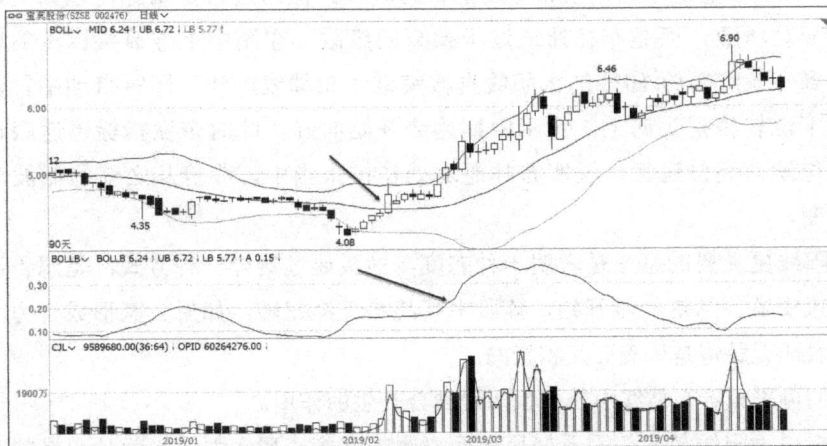

图 4-8　宝莫股份日线图

从图 4-8 中可以看到，左侧的股价稳定，布林通道的收缩还引发股价沿着布林线下轨小规模下跌。但在图中上方箭头标注的地方我们看到，股价以一条涨幅超过 6% 的大阳线一举突破了布林线中轨，几个交易日后带动布林线中轨改变方向向上运行。

此时我们看到副图中的带宽指标也摆脱以往的低迷，开始向上运行，这表明股价的波动在加大，布林通道正在扩张当中，此时我们有理由相信，该股的中期趋势开始向好。

图 4-9 为江海股份（002484）2019 年 6 月至 2019 年 9 月的日线图。

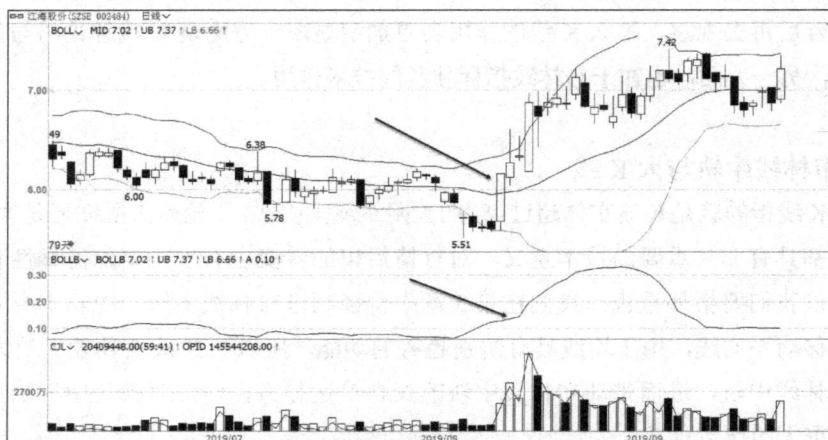

图 4-9　江海股份日线图

从图 4-9 中我们可以看到，股价前期的走势很沉闷，基本处在一个小幅波动的状态之中，股价曾有过小幅刺破布林线下轨的时候，但通过带宽指标可以知道，这不是股价异动所致，而是布林通道过于狭窄的缘故。在图中上方箭头标注的地方，我们看到一条涨幅约 10% 的大阳线直接突破了布林线中轨，同时带动中轨由前面的缓缓下沉转为拐头向上，预示中期趋势开始向好。此时带宽指标迅速跟进，由较低的位置向高位运行，说明布林通道处在扩张当中，股价从之前的低波动向高波动转变。

大阳线更重要的意义是表明一种态度，多头通过这样一种方式，是想告诉场内场外的投资者，从这一刻开始，该股中期趋势已经扭转，如果大家形成合力，该股后市的表现无疑将是乐观而又积极的。

我们再来看看布林线中轨与大阴线结合产生的作用。

如果说大阳线是多头因看好后市而表明的态度，那么大阴线就是明显的空头信号。空头之所以会通过这样一种方式来进行，一是前面累积了太多的利润，急需兑现离场；二是在一段时期内彻底不看好后市，因此不计后果地离开，并且明确无误地告诉其他投资者，自己不再继续投资。

图 4-10 为老板电器（002508）2019 年 3 月至 2019 年 8 月的日线图。

图 4-10　老板电器日线图

　　从图 4-10 中可以看到，股价前期走得平稳，没有任何走弱的迹象，但在图中上方箭头标注的地方，突然出现一条大阴线，直接击穿了布林线中轨，并且同时带动中轨开始拐头向下，股价中期趋势瞬间转变。此时带宽指标迅速上移，表明布林通道正在扩张，高波动性的行情即将开始。布林线中轨是股价中期趋势的航标，现在中期趋势不乐观，股价又呈现出高波动性，预示着一波快速下跌行情的来临。事实也确实如此，股价随后展开一轮急挫，由 35 元的高位一直跌到 21.67 元，跌幅高达 38%。

　　图 4-11 为南方轴承（002553）2019 年 4 月至 2019 年 9 月的日线图。

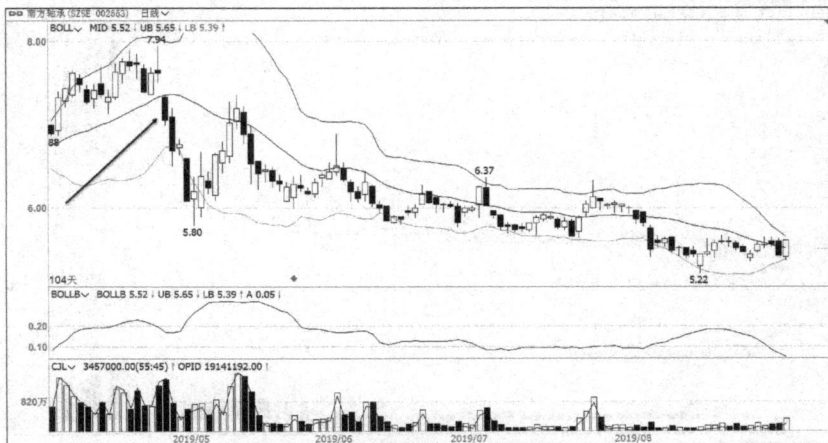

图 4-11　南方轴承日线图

从图 4-11 中箭头标注的地方我们能够看到，空头采用了非常规的方式，连续用大阴线引导股价下行，进而击穿布林线中轨并且带动中轨的方向逆转。由于布林通道此前已经处在扩张当中，说明高波动性在持续，空头想要快速离场的心理凸显。

相对而言，采用大阳线向上突破布林线中轨的多是流通盘偏大的中大盘股；而采用大阴线向下突破布林线中轨的则多是流通盘适宜或者偏小的中小盘股，这是因为这些股票体量小，在市场上的权重也小，往往能够迅速地行动，这是投资者要注意的地方。

无论是大阳线或是大阴线，当在实战中看到大 K 线突破布林线中轨并且带动中轨改变方向时，一旦布林通道同时扩张，往往预示着股价的中期趋势即将发生转变。投资者一定要顺势而为，酌情采取行动，以免错失投资良机或丧失离场机会。

4.3.2 布林线上轨与大 K 线

相对而言，在常态行情下，布林线上轨起到的主要是一个压力的作用，即使某只股票中期趋势或者长期趋势向好，股价大多数时间也只会在布林线中轨和上轨构成的上通道运行，很少会跨越上轨这条"高压线"。但有的时候，股价受到突发消息刺激或者自身业绩大幅提高的影响，在短期内会有一些异动，这个时候反而是投资短线的绝佳时机。如果这种异动是由实体较大的大 K 线引发的，则可信度会大幅提高，此时结合 %B 指标进行分析，投资者会得到一个良好的收益。

图 4-12 为唐人神（002567）2018 年 11 月至 2019 年 3 月的日线图。

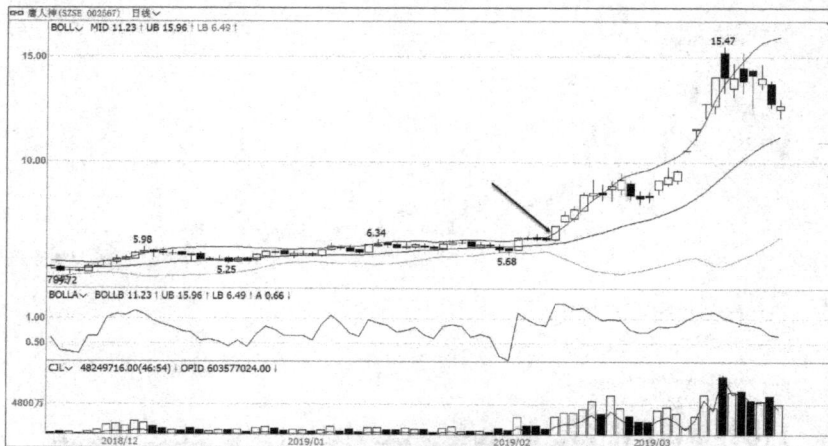

图 4-12　唐人神日线图

如图 4-12 中箭头所示，股价发生短线异动，用一条大阳线（涨停）刺穿了布林线上轨，预示短线上升动力充沛。我们看到股价随后接连拉升，其中副图中的 %B 指标已经突破上限，表明股价已经连续在布林线上轨外游走。此时 %B 指标可作为短线行情的监控器，一旦指标曲线跌落到上限之下，意味着股价短线动力消失，我们不妨将此作为短线投资结束的时机。

图 4-13 为百润股份（002568）2018 年 10 月至 2019 年 5 月的日线图。

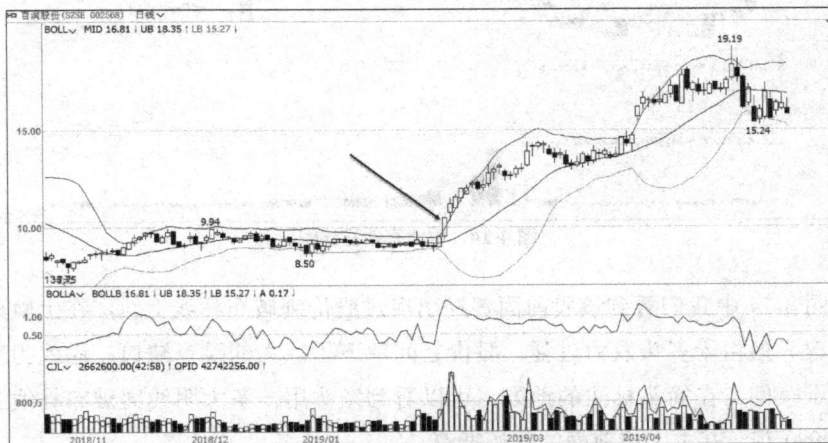

图 4-13　百润股份日线图

该股公布的 2018 年年报显示其净利润大增，并且主营业务也形成了良好的竞争格局。受利好刺激，该股积蓄的短线动力在箭头标注的地方得以充分发挥，股价用一条大阳线突破了布林线上轨，随后快速上行。此时，%B 指标也刺穿上线，我们可以用 %B 指标来监控股价的发展，一旦该指标回落到正常区间，我们可以认为该股的短线动力已经消失，可以考虑离场。

有的投资者或许觉得 %B 指标用得不是很顺手，或者想在副图中添加其他技术指标。这不要紧，我们在实战中也可以直接用布林线上轨对股价进行监控，效果其实是一样的，只是在时间上相对滞后一些，这一点投资者要注意。

下面我们再来看看大阴线在布林线上轨处是如何表现的。

一般而言，由于布林线上轨在布林通道的高处，都是用向上的阳线进行突破，因此大阴线很少。但有的时候，由于多头向上发力过猛，会给空头留下趁虚而入的时机，所以特殊条件下也会有大阴线突破布林线上轨的实例。此处的大阴线，主要的作用就是阻止多头进一步发力，让股价重新回到常态行情中。

图 4-14 为恒大高新（002591）2019 年 5 月至 2019 年 8 月的日线图。

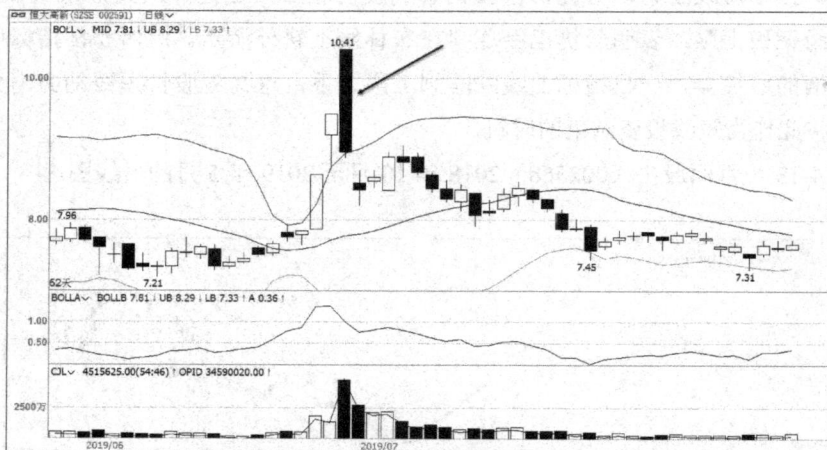

图 4-14　恒大高新日线图

　　从图 4-14 中我们看到该股前面曾经出现过股价刺破布林线上轨，在上轨外侧运行的状况。但由于多头发力过猛，股价之间留下了巨大的跳空缺口，这就为空头反击留下了空间。在箭头标注的地方，可以看到空头用一条大阴线突破布林线上轨，引导股价回落，基本上将前面的涨幅抵消。

　　图 4-15 为天铁股份（300587）2019 年 1 月至 2019 年 6 月的日线图。

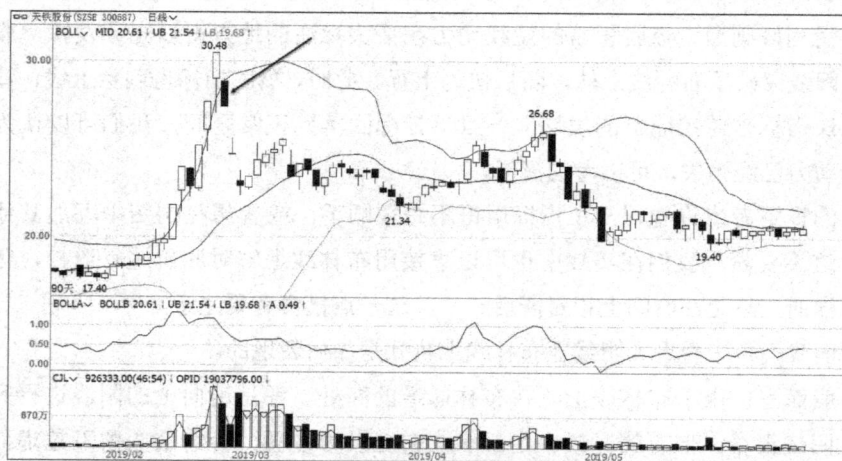

图 4-15　天铁股份日线图

　　从图 4-15 中可以看到，股价前期出现短线异动，有多个涨停板出现，游走在布林线上轨外侧，并且还有加速的趋势。但多头发力过于迅猛，巨大的跳空缺口为空头提供了机会，我们看图中箭头标注的地方，空头用一个跌停板直接在布林线上轨处对多头予以坚决反击，直接构成了一个岛形反转 K 线组合，空头的目的很明显，就是让股价回到布林通道内，恢复常态行情。其后的股价走势中虽然阳线多于阴线，但重心却是缓缓下沉的，意味着空头已经达成阶段性目的。

由于布林线上轨往往代表着股价的压力位，所以这个时候如果出现大阳线或者大阴线刺破上轨，那么意味着多空双方的目的很单一，就是想向上发展或者是向下发展，而大 K 线就代表了这样一种态度，实战中如果遇到类似情况，投资者顺势投资就好了。

4.3.3 布林线下轨与大 K 线

与布林线上轨相对应，布林线下轨在常态行情下往往意味着股价的一个支撑位。只是这个支撑位是一种相对的态势，有的时候，空头会反其道而行之，利用大 K 线击穿布林线下轨，形成短线暴跌的行情。

图 4-16 为万里马（300591）2019 年 1 月至 2019 年 5 月的日线图。

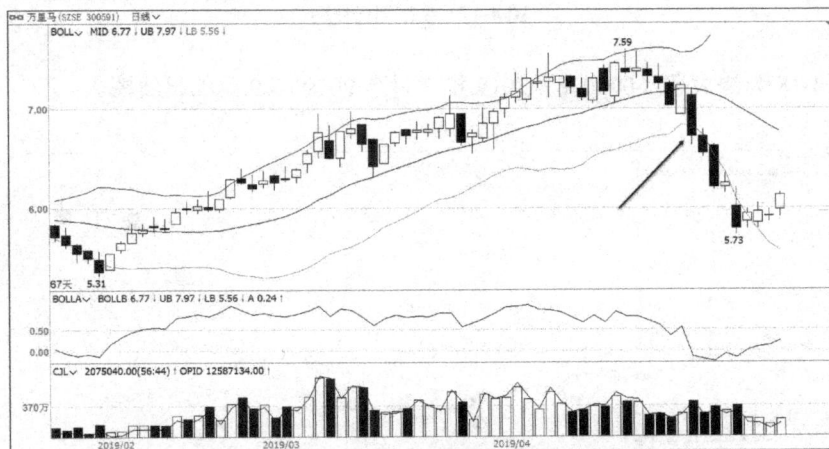

图 4-16 万里马日线图

在图 4-16 中我们看到股价自高位回落后一直在布林通道内运行，看起来布林线下轨支撑作用明显，但在图中箭头标注的地方，空头用一条大阴线击穿布林线下轨，股价随后更是开始连续的急挫，形成一波短线超跌行情。这种行情一直等到 %B 指标上穿指标下限时才告一段落。

图 4-17 为金银河（300619）2019 年 3 月至 2019 年 5 月的日线图。

在图 4-17 的左半部分，股价运行一直很平稳，此时布林线中轨没有明确的方向，因此谁也想不到股价会急促下跌。在图中箭头标注的地方，我们看到空头发力，用一条大阴线击穿了布林线下轨，同时带动中轨线向下运行，进而引发一轮短线急跌，K 线连续游走在布林线下轨外侧，直到收出连续孕线止跌，这段行情才宣告结束。

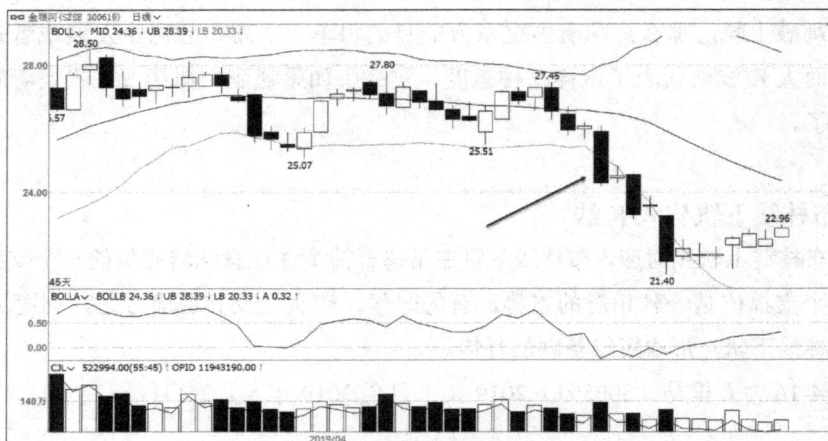

图 4-17　金银河日线图

图 4-18 为深大通（000038）2019 年 7 月至 2019 年 9 月的日线图。

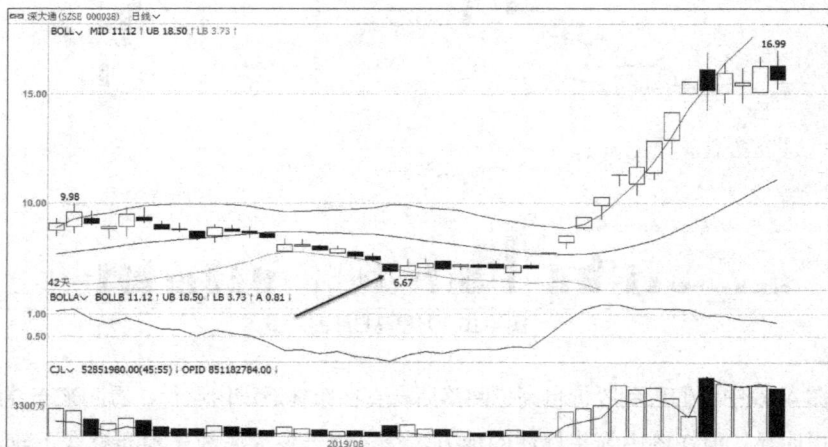

图 4-18　深大通日线图

股价震荡回落，在图 4-18 中箭头所示处又以一条阴线刺穿下轨，空头用这种方式宣示了想要进一步压低股价的态度。如果多头不作为，那么股价后续行情势必会

是新一轮短线急挫；如果此时多头利用布林线下轨的支撑力量，用阳线对空头开始
反击，那么会引发新一轮中级行情。

但不是每一次多头反击都会引发新一轮行情，有的时候，多头的这种表态只是
会延缓过快的下跌速度，或者是为后续的筑底做准备，这一点投资者要注意。

图 4-19 为振兴生化（000403）2019 年 5 月至 2019 年 10 月的日线图。

从图 4-19 中，我们看股价从高位回落，处于急速下跌过程中，此时如果多头再
没有作为，那么很可能引发更大幅度的下跌。在图中箭头标注的地方，我们看到多
头开始发力，利用下轨的支撑作用收出一条大阳线，一举扭转了之前的下跌颓势。
这一条大阳线也为后面的筑底行情奠定了基础。

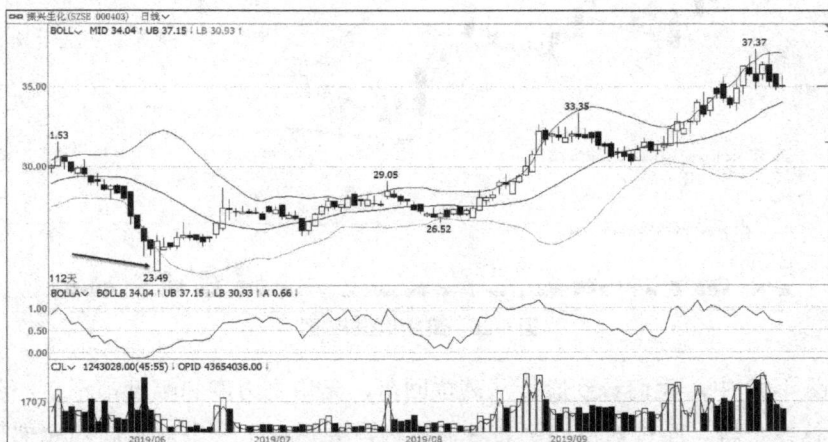

图 4-19 振兴生化日线图

布林线下轨处的大阳线或者是大阴线是主力对后市态度的表达，而且是非常明
确的表达，这种信号可信度很高。投资者今后如果在实战中遇到，同布林线上轨一样，
可参考这类信号进行投资。

4.4 布林线与中 K 线

中 K 线指的是 K 线实体大于 1% 而小于 4% 的中阳线或中阴线。一般而言，中
K 线的技术意义没有大 K 线那么重要，但是也不容小觑。特别是在实战中，当几条
中 K 线连续出现时，完全可以将其看成一条超大的大阳线或者大阴线，如此一来，
其技术意义就很明确了。

4.4.1　布林线中轨与中K线

中K线穿越布林线中轨的技术意义与大K线相似，只是由于中K线向上或向下的力度远远小于大K线，所以它对布林线中轨的带动力度也远远不及大K线。要想起到大K线的那种作用，就需要在之前的行情中有一个筑底的准备。

笔者通过走势图来说明一下。图4-20为英特集团（000411）2019年6月至2019年9月的日线图。

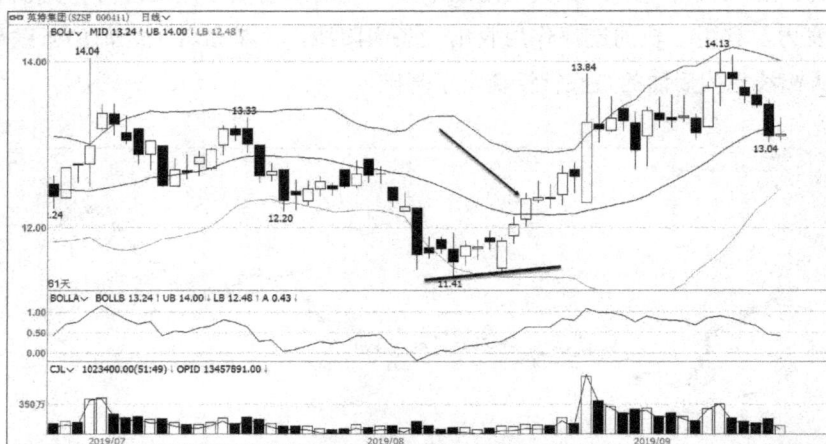

图4-20　英特集团日线图

从图4-20中，我们看到股价从高位回落，无论是力度和幅度都不小，还一度跌穿布林线下轨。股价随后回到布林通道内，并形成了一个双重底的底部形态，然后在箭头标注的地方用一条中阳线突破了布林线中轨。尽管只是一条中阳线，但我们如果把前后K线连起来看，当成一条K线的话，毫无疑问，这其实是一条实体很大的大阳线。有了前面底部形态的支撑，再有大阳线的技术特征，配合带宽指标的迅速上行，这3者结合的结果就是股价随后大幅拉升，短时间内就有很大的涨幅。

图4-21为广宇发展（000537）2019年5月至2019年10月的日线图。

从图4-21中，我们看到股价达到一个阻力位时便回落，形成了一个小型的双重底形态，进而在上方箭头标注的地方用中阳线对布林线中轨进行了突破。尽管有双重底形态的支撑，但突破后的阳线并没有顺势而上，相反却收出两条小阴线，这就极大地减小了股价突破阳线的力度，使得行情开始变得曲折。我们看到股价后面虽然还能继续向上，但力度与幅度都较小，行情走势也是一波三折。

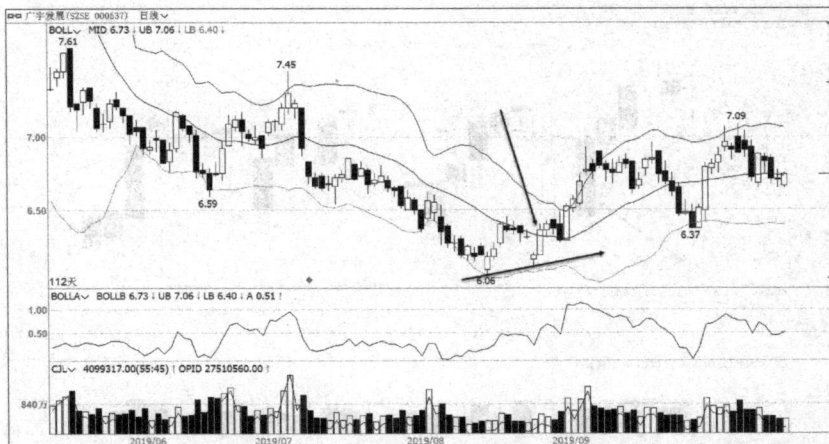

图 4-21 广宇发展日线图

不是每一次这种走势都会如此运行，我们所讲的都是常态行情下的相对走势，是大概率下的技术特征，那些特殊的情况是不包含在这里面的。毕竟布林线指标只涵盖 85% 的行情，剩下的那 15% 我们就不要过于追求了。

下面我们再看看中阴线与布林线中轨的结合与转变。

一般而言，在股价由布林线上轨向中轨回落的过程中，股价其实已经有过一波下跌了。这个时候如果空头用中阴线击穿布林线中轨，其技术意义就是引导股价向布林线下轨回落以寻求支撑，只是有一点需要注意，如果是以连续的中阴线运行，其力度会比较大，股价下跌的趋势比较明显，说不定还会击穿布林线下轨，造成短线的急挫。

图 4-22 为烽火电子（000561）2019 年 5 月至 2019 年 7 月的日线图。

这是一个常态行情下的实例，在图 4-22 中箭头标注的地方，我们看到空头用一条中阴线击穿了布林线中轨，只是由于中阴线力度较弱，所以对股价的影响不是很大，其目的就是引导股价向布林线下轨回落，进一步寻求支撑。

图 4-23 为粤宏远 A（000573）2019 年 3 月至 2019 年 10 月的日线图。

在图 4-23 中箭头标注的地方，我们看到股价以连续两条中阴线突破布林线中轨，并到达下轨。如果我们把两条中阴线合并，就可以将其看作是一条大阴线，这个时候完全可以参照大阴线的技术特征来进行分析。我们看到股价在后面以波段的形式继续下挫，直到寻找到相对支撑位才止住跌势。

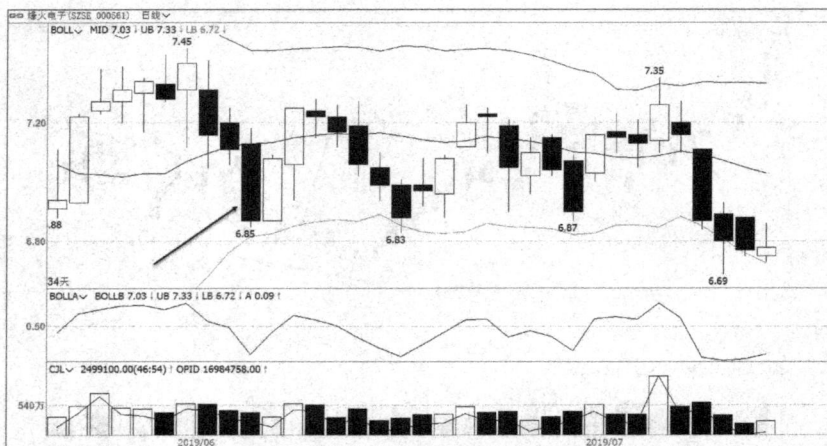

图 4-22　烽火电子日线图

中 K 线最大的特点就是不引人注目，如果投资者仔细观察，就会发现这样的 K 线在市场上会经常出现，只是我们在这种地方容易疏忽主力的投资意图而已。实战中倘若遇到中 K 线连续出现在布林线中轨附近时，投资者一定要有所警觉，避免错过好的投资或离场机会。

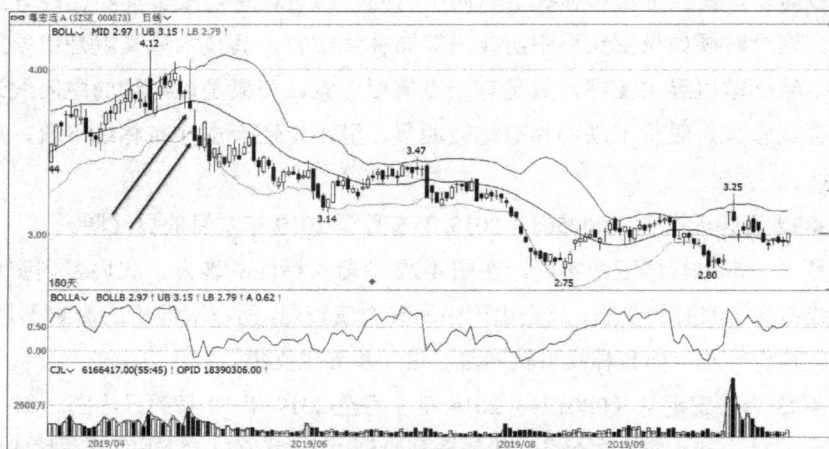

图 4-23　粤宏远 A 日线图

4.4.2　布林线上轨与中 K 线

中 K 线在布林线上轨的表现与大 K 线的技术意义差不多，但由于力度的不同，中 K 线突破布林线上轨后引发的短线行情持续时间不会很长。与中轨处的连续中

K 线不同，在布林线上轨处连续出现的中 K 线，一旦停顿，往往是短线行情的终结。

图 4-24 为渤海股份（000605）2019 年 5 月至 2019 年 7 月的日线图。

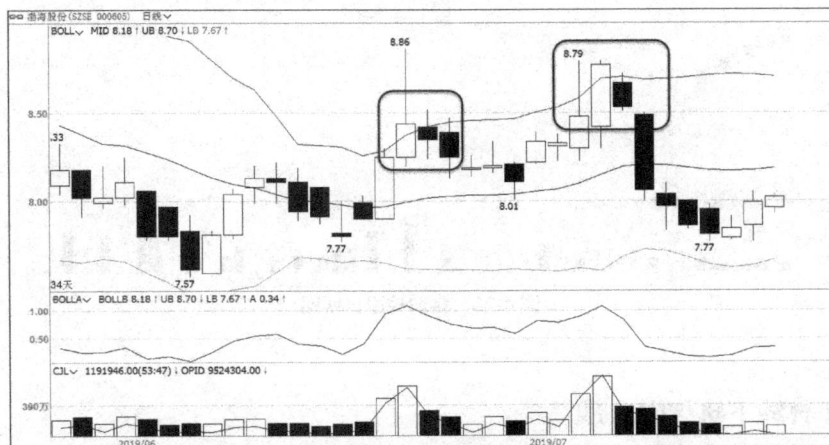

图 4-24　渤海股份日线图

我们先看图 4-24 中左侧方框框定的位置，股价收出一条中阳线刺穿上轨，尽管看起来很强势，但实际的涨幅并没有多少，其后我们看到两条阴线就让股价回到布林通道内，短线行情立刻停止。在右侧方框框定的位置，我们看到一条中阳线刺破了布林线上轨，但其后并没有引发预想的短线行情，反而是用了两条 K 线减小涨幅，股价很快返回布林通道以内。

通过这两个中阳线突破布林线上轨的实例，我们可以知道，相对于大阳线的"气势磅礴"，中阳线在布林线上轨处确实起不到引领股价的作用，只能串联股价形成波段的行情。相较于大阴线的快速下跌，中阴线的力度小了很多，特别是在布林通道的上轨处，中阴线起到的作用往往是预示一小段行情的结束，进而让股价回到布林线的中轨附近。

图 4-25 为金鸿控股（000669）2019 年 1 月至 2019 年 4 月的日线图。

从图 4-25 中可以看到，股价从 4.29 元开始上升，有过一波涨幅约 72% 的拉升行情，其中不乏涨停板。此时，布林通道已经开始扩张，预示股价的波动性在加大，股价也突破了布林线上轨，看起来有加速的趋势。这时候，空头利用股价停顿的空当在布林线上轨处拉出一条中阴线。空头拉出这条中阴线的意图很明确，就是阻止股价进一步上行。中阴线形成后，股价回落一个交易日，随后再次冲击上轨线，但又被一条阴线再次击回，随后股价被布林线中轨支撑并开始企稳。

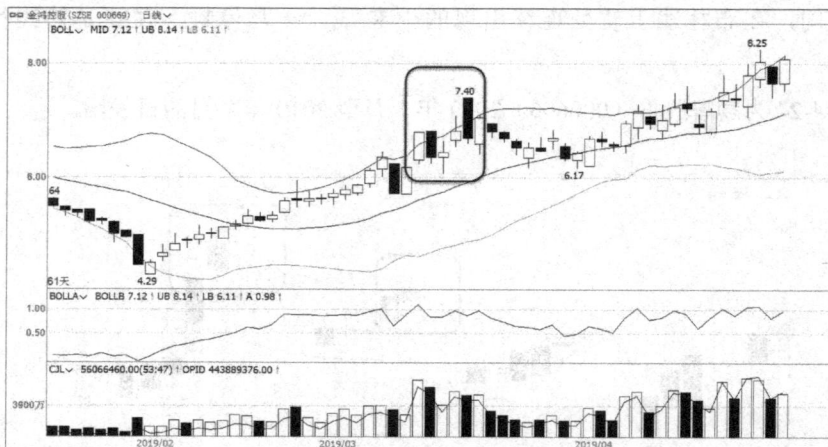

图 4-25　金鸿控股日线图

4.4.3 布林线下轨与中 K 线

由于中 K 线力度远远不及大 K 线，因此来到布林线下轨的中 K 线尽管有可能会击穿下轨，但已经不能开启一轮短线下跌行情，技术上体现的更多是前期下跌行情的延续，表现的是一种下跌的惯性。此时，布林线下轨的支撑作用得以显现，股价即使能够刺破布林线下轨，也会很快返回到布林通道内。

图 4-26 为模塑科技（000700）2019 年 6 月至 2019 年 10 月的日线图。

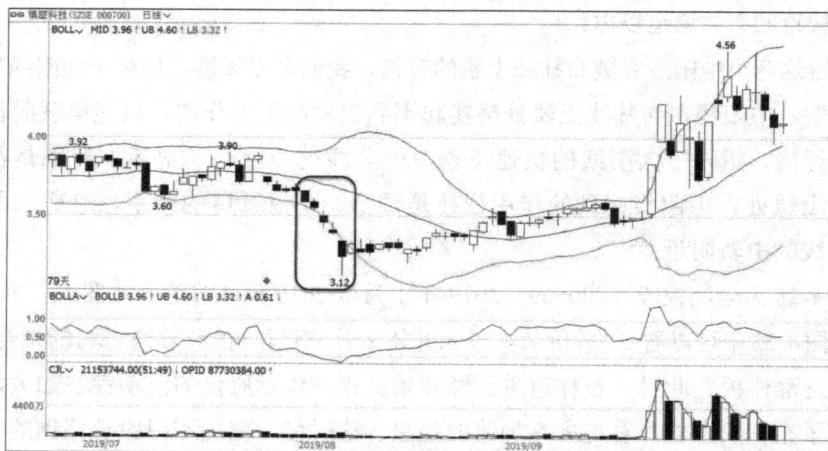

图 4-26　模塑科技日线图

从图 4-26 中可以看到，从在上轨遇到阻力开始，股价连续下行，连续阴线击穿了布林线下轨，看起来气势汹汹，但此时的下跌力量已经衰竭，不过是前期下跌惯性的延续。我们看到股价随后用小 K 线就地企稳，接着就展开了一波弱势反弹行情。

图 4-27 为山西路桥（000755）2019 年 4 月至 2019 年 10 月的日线图。

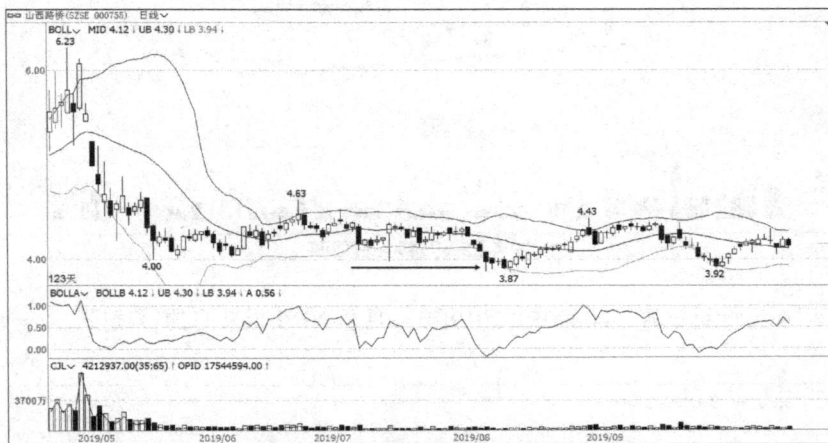

图 4-27　山西路桥日线图

从图 4-27 中可以看到，股价经过一轮快速下跌后震荡下行，在箭头标注的地方用一条中阴线击穿了布林线下轨，看起来是要启动一轮新的下跌行情，其实却是行情的最后一跌。此时布林线下轨的支撑作用得以体现，股价随后就进入震荡筑底的行情当中。

如果说中阴线让行情还有继续看跌的意味，那么在布林线下轨处出现的中阳线，其止跌的意味就更加强烈，也更能体现布林线下轨的支撑作用。只是有一点投资者需要注意，这种止跌作用不见得一次就会产生效果，股价随后有可能还会创出新低，但以布林线指标看来，这时候形成的两个低点已经进入到布林线的双重底模式了。

图 4-28 为万科 A（000002）2019 年 4 月至 2019 年 7 月的日线图。

从图 4-28 中可以看到，股价从高位跌落展开了一轮中级下跌行情，先是用一条中阴线刺破布林线下轨，多头随后收出一条阳线止住跌势。尽管股价后续并没有反弹，但下跌的总体态势得到了有效遏制，股价震荡筑底，构成了三重底的底部形态。从布林线指标看来，这其实是一个左倾的复合底构造。在底部完成后，股价随后展开了反弹。

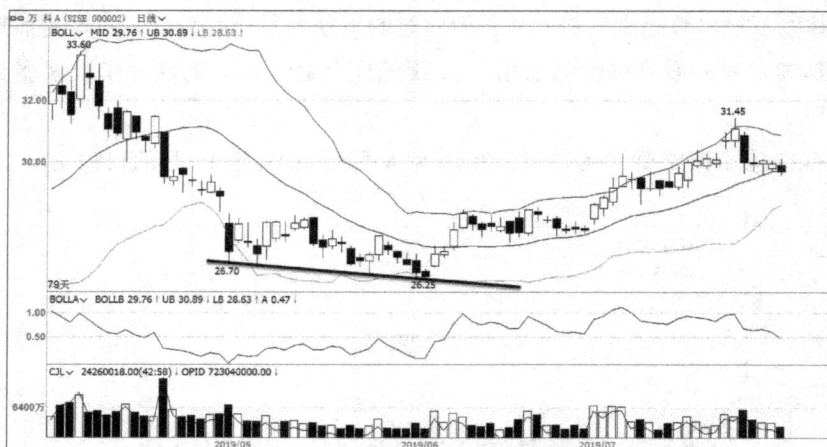

图 4-28　万科 A 日线图

图 4-29 为世纪星源（000005）2019 年 4 月至 2019 年 9 月的日线图。

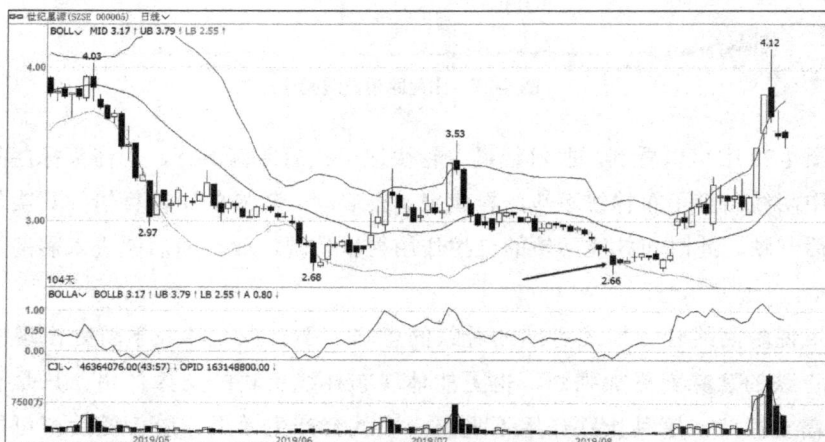

图 4-29　世纪星源日线图

从图 4-29 中可以看到，股价从高位回落，在箭头标注的地方先是一条中阴线击穿布林线下轨，收出下影线止住了前期的跌势，股价轻微反弹后又回落，进而形成了经典的布林线指标的左倾双重底形态，股价在布林通道内的相对位置却是逐渐转强。在底部形态构建完成后，股价展开了反弹。

中 K 线在布林线下轨处起到的作用主要是止跌，其中阳线的力度更强，阴线的力度稍弱。但不管是阳线还是阴线，其后能否形成某种底部形态才是关键，这也是股价后续能否展开反弹的重要基础。

4.5　布林线与小 K 线

小 K 线指的是 K 线实体小于 1% 的阳线或阴线。实战中，小 K 线的技术意义一般不大，即使它出现在布林通道的关键位置，更多的也只是起到串联行情的作用。

图 4-30 为全新好（000007）2019 年 6 月至 2019 年 8 月的日线图。

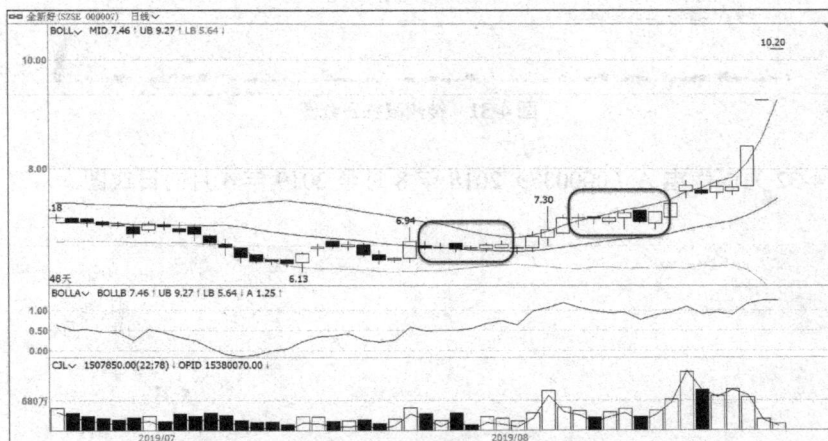

图 4-30　全新好日线图

图 4-30 中多次出现小 K 线，但关键的地方只有两处，我们分别用方框将其框定出来。在左侧方框处是几条小 K 线，它的作用就是对前面大阳线突破布林线中轨的行情进行整固，等待布林线中轨给出后市的明确方向。右侧方框中小 K 线出现的位置在布林线上轨处，本身的意义不大，主要的作用就是凸显了布林线上轨的压力。因为在股价成功完成对布林线中轨的突破后，需要对上轨的压力进行有效的测试，此时小 K 线就是最好的选择。

图 4-31 为神州高铁（000008）2019 年 7 月至 2019 年 9 月的日线图。

从图 4-31 中可以看到，在方框框定的位置出现几条小 K 线，小阴线和小阳线夹杂其中，它们沿着布林线下轨缓缓滑落，其目的就是利用布林线下轨的支撑作用反复寻求支撑，同时逐步化解上方的抛压，让股价一旦到了合理价位即可就地企稳。

除了串联行情和测试布林通道的支撑与压力外，小 K 线还有一个很重要的作用，就是利用自己振幅小的特点，减少市场的波动性，让布林通道逐渐收窄，为后面高波动性的行情做好铺垫和准备。

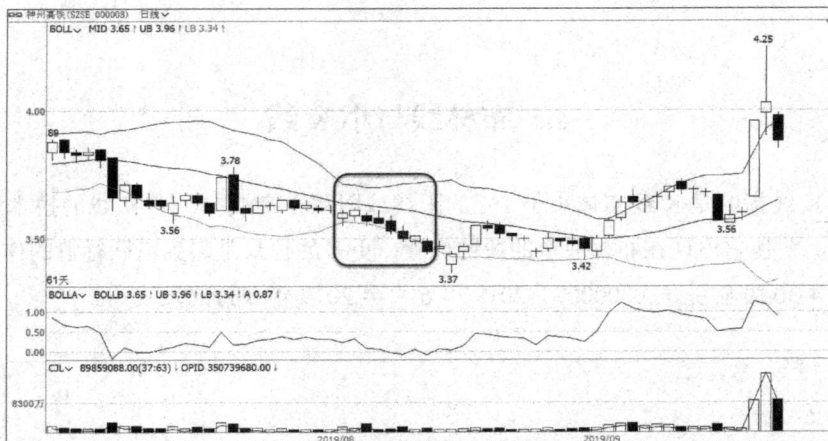

图 4-31　神州高铁日线图

图 4-32 为深南电 A（000037）2018 年 8 月至 2019 年 4 月的日线图。

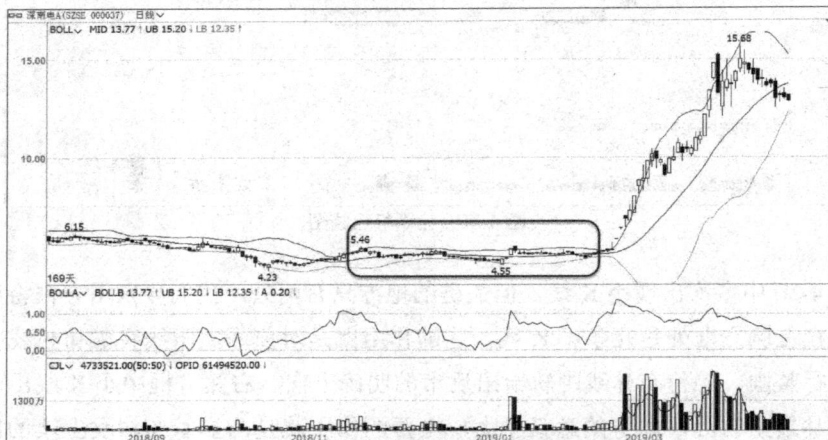

图 4-32　深南电 A 日线图

　　从图 4-32 中可以看到，左半部分几乎是一条直线的整固行情，鲜有较大的阳线或阴线，并且随着振幅逐渐减小，布林通道也快速收缩。在方框框定的地方，我们看到股价几乎没有变动，布林通道也收缩得极其狭窄，有一种让人窒息的感觉。这种小 K 线一般预示后续向好的行情。

　　K 线的大小表明了主力的一种态度，在布林线指标的重要位置出现的 K 线更能预示盘面即将出现某种变化。如果投资者能够将 K 线和布林线指标很好地结合，深刻理解其背后的精髓，那么相信看懂盘面，应该就不是什么难事。

本章要点

■ K 线按 K 线实体的大小分为大 K 线、中 K 线、小 K 线。

■ 大 K 线多出现在行情的底部或顶部，如果出现在行情的中段，对股价多起到加速的作用。

■ 中 K 线多出现在行情中间部分，起到串联行情的作用，有时候也会起到行情见顶或见底的作用。

■ 小 K 线多出现在行情的整理部分，起到过渡行情的作用。

第 5 章

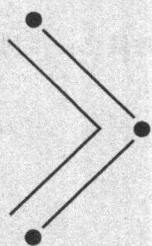

> 布林线与成交量

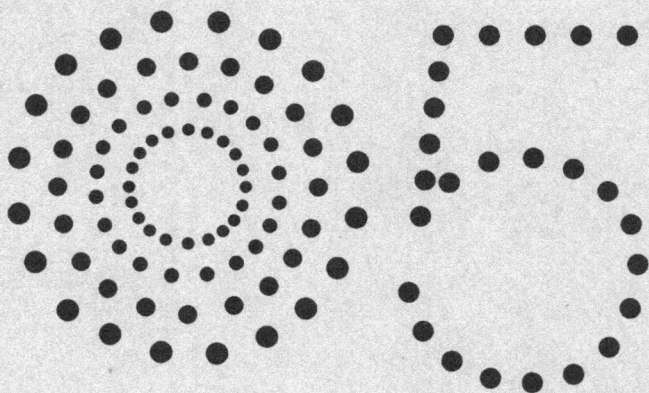

05

成交量是技术分析当中最重要的指标之一，因为它是与股价完全不同的一个独立的变量。观察成交量的变化，投资者可以间接了解市场当前的供求平衡关系，对股价的变化进行客观的验证。布林线指标的发明人约翰·布林格也尤为看重成交量指标，认为了解并利用量价关系的变化，是投资成功的关键。

5.1 成交量指标概述

在股票市场中，成交量非常重要，这是因为成交量代表了市场上真实的成交数据，反映了资金进出的状况，可以从另一个角度客观验证股价变化的情况。有的时候，成交量会提前反映股价的某种微妙变化，因此就算成交量不能直接带给投资者收益，但市场上绝大部分的投资者依然很看重成交量的变化，甚至有"量在价先"的说法。

5.1.1 成交量指标

成交量的英文全称是"Volume"，在证券软件系统中用 VOL 代表，指当天股票成交的总手数。成交量是验证股价变化的工具，依附于股价而存在。成交量与股价是一一对应的关系，这就决定了成交量既可以单独进行分析，也可以整体进行分析。成交量指标不能单独使用，需要结合股价进行综合研判，由此，投资者也把成交量和股价结合在一起的分析称为"量价分析"。

图 5-1 所示是上证指数日线图中成交量指标。

成交量是一个副图指标，以柱状体的形式呈现，并与主图上的股价一一对应。当股价上涨收出阳线时，成交量柱状体对应价格称"阳量"；当股价下跌收出阴线时，成交量柱状体对应价格称"阴量"。

除柱状体之外，我们可以看到成交量指标上面还有 2 条曲线，这就是成交量曲线。目前，各大券商为投资者提供的证券分析软件中都有成交量指标，并且系统自带 2 条指标线，默认时间周期是 5 日与 10 日。成交量曲线的计算方式非常简单，以 5 日曲线为例，就是选取任意 5 个交易日成交量的数值，用简单平均的方式计算，然后描绘在当天的成交量柱状体上。依此类推，将连续的数值相连，就是我们看到的成交量曲线。

目前的证券分析软件已经具备十分强大的功能，在为投资者提供默认参数的同时，也为其提供了参数调整的便利条件，以满足投资者个性化的需求。

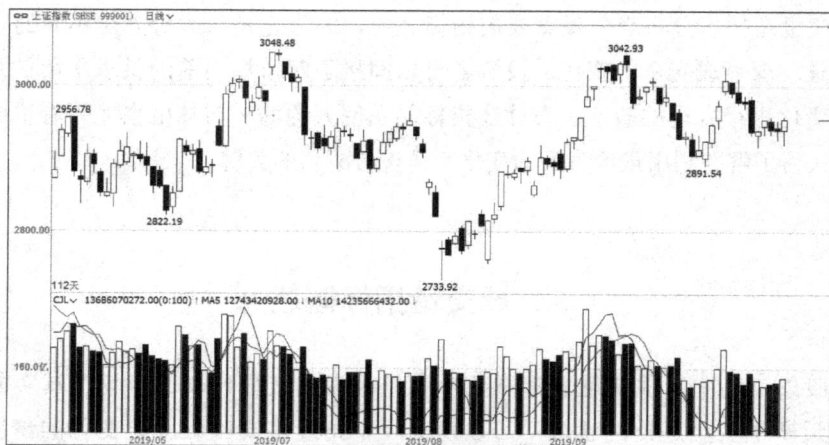

图 5-1　上证指数日线图中成交量指标

图 5-2 为成交量曲线参数调整图。

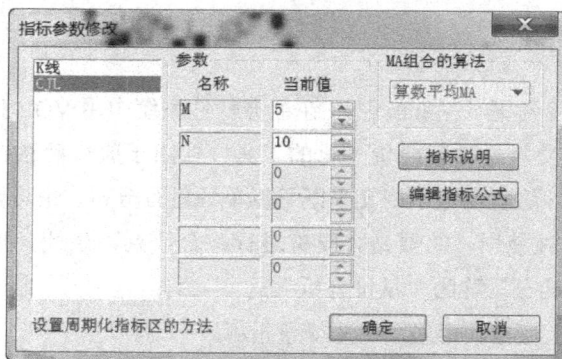

图 5-2　成交量曲线参数调整图

　　调整参数的具体方法：用鼠标先单击任意一条成交量曲线，然后单击鼠标右键，选择"指标参数修改"选项，在弹出的如图 5-2 所示的对话框中设置自己所需要的时间周期，最后单击"确定"按钮即可。

　　需要注意的是，修改后的成交量指标曲线只适用于你之前选定的时间周期图表，即你在日线图表下面修改成交量曲线参数，它只会在日线图表中产生作用，而不涉及其他时间周期的图表。

　　为什么要向读者介绍成交量曲线的修改方法，这是因为布林线指标的发明人约翰·布林格非常看重成交量指标，并且认为成交量曲线可以反映成交量基本趋势。只是在约翰·布林格眼中，系统提供的默认成交量曲线，即 5 日、10 日均量线并不能够很好地反映股价走势，因此也就不能满足他的需要。在他看来，只有 50 日均量线才能真正有效地反映某一阶段成交量变化。将 50 日均量线与布林线指标进行搭配，一个可以反映股价走势的基本框架，一个可以描述成交量走势的基本格局，二者相得益彰，相互补充，能够很好地对市场行情予以有效的解读。

既然指标发明人都如此选择，那么我们在学习布林线指标时当然要尽可能复原其本来的形态，所以我们要调整成交量曲线的参数，选择 50 日均量线作为我们观察成交量趋势的标尺。

5.1.2 成交量指标的种类

代表每天成交总手数的成交量其实是一个狭义的成交量指标，如果从广义上来说，成交金额、换手率等也算是成交量指标，只是在这当中成交量运用得最为普遍罢了。从某种角度来说，市场上所有的指标其实都可以简单地分成两类，一类是将价格作为计算依据的，叫作价格指标；另一类就是将成交量作为计算依据的，叫作成交量指标。

成交量指标的种类其实也很多，归纳起来基本有 4 类，具体如下。

■ 周期性价格变化指标，以 OBV（累积能量线）指标为代表。

■ 周期性成交量变化指标，以 PVI（正成交量）指标、NVI（负成交量）指标为代表。

■ 区间结构指标，以 MFI（现金流量）指标为代表。

■ 成交量权重指标，以 VMACD（成交量平滑异同移动平均线）指标为代表。

在这 4 类成交量指标中，目前最常用的是第 1 类、第 3 类和第 4 类，即周期性价格变化指标、区间结构指标和成交量权重指标。落实到具体的指标上，第 1 类中的 OBV 指标、第 4 类中 VMACD 指标在实战中应用较多，或许这与国内投资者比较注重波段操作有一定的关系。

考虑到篇幅的关系以及投资者的常用习惯，这里只对 OBV 指标进行介绍，对其他成交量指标感兴趣的读者，可以自行查找资料进行研究。

图 5-3 为归纳整理后的成交量指标分类图。

成交量指标分类

指标类型	指标代表	指标侧重点
周期性价格变化指标	OBV	通过计算分析各个时段上的价格变化来解析成交量的变化
周期性成交量变化指标	PVI、NVI	以成交量变化来解析价格的变化
区间结构指标	MFI	按单一时间周期内的数据计算分析指标
成交量权重指标	VMACD	以成交量为主要分析数据，强调成交量在指标分析中的权重作用

图 5-3 成交量指标分类图

5.1.3 重要指标简介

OBV 指标，也叫"能量潮"。

OBV 指标的英文全称是"On Balance Volume"，是由美国的投资分析家葛兰碧于 20 世纪 60 年代提出来的。该指标通过统计价格与成交量变动的情况来推测股价趋势。OBV 以 N 字型为波动单位，许许多多的 N 型波构成了 OBV 的曲线图，一浪高于一浪的 N 型波，被称为上升潮，至于上升潮中的下跌回落则称为下跌潮。

OBV 指标将成交量数量化，制成趋势线，配合股价趋势线，从价格的变动和成交量的增减的关系中推断市场情况。其主要理论基础是市场价格的变化必须有成交量的配合，股价的波动与成交量的变化有密切的联系。通常股价上升时，成交量总是较大；股价下跌时，成交量可能较大，也可能较小。如果价格升降而成交量没有相应升降，则市场价格的变动不会维持很久。

图 5-4 为长春燃气（600333）2019 年 8 月至 2019 年 10 月的日线图。

从图 5-3 中可以看到，左侧股价稳定，OBV 指标也一直处在横向运行当中，说明此时的成交量处在萎缩状态当中。股价站上布林线中轨，随后布林线中轨拐头向上，布林通道开始收缩，这些都预示该股后面会有大波动的行情。此时我们看到，OBV 指标也开始缓慢爬升，最终配合股价展开一波拉升行情。

同成交量曲线一样，OBV 指标的曲线也是可以调节的。对于喜欢中短期趋势的投资者而言，参数为 10 日的 OBV 指标完全可以适应投资的需要；对于喜欢中长期趋势的投资者而言，可以将 OBV 指标参数调整为 30 日，会有一个很好的效果。

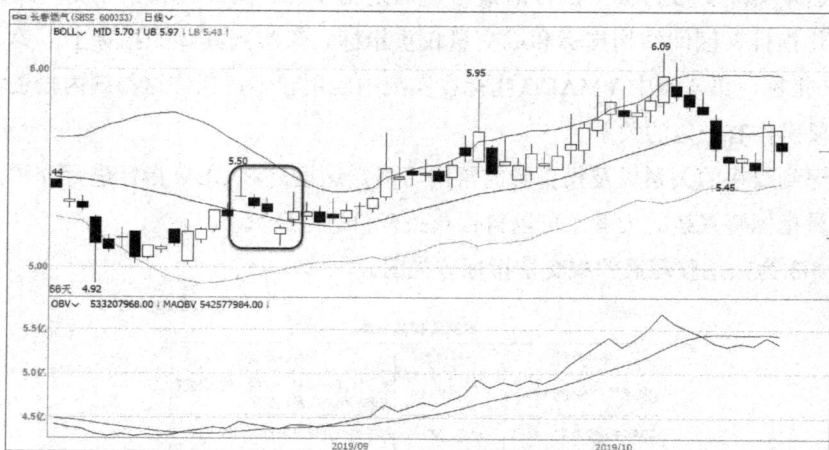

图 5-4　长春燃气日线图

5.1.4 成交量曲线

尽管成交量指标种类很多，并且许多指标也受到了投资者的喜爱，但在具体应用中，这些成交量指标或多或少都有某种局限性。因此较为普遍的做法，还是直接参考简单、原始的成交量以及反映成交量趋势的"均量线"。

"均量线"就是成交量曲线，约翰·布林格认可的均量线的参数是 50 日，并且均量线的使用方法也相对简单。按照约翰·布林格的说法，如果成交量超出了 50 日均量线，就表明此时成交量大于均量，意味着市场处于强势当中；如果成交量小于 50 日均量线，就表明此时成交量小于均量，意味着市场处于弱势当中。虽然说这种判断方法有其合理的一面，但并不完善。实战中我们固然可以据此判断市场的强弱，但对均量线的方向的判断也是不容忽视的一个方面。如同价格的均线一样，成交量的均量线也代表成交量的潜在趋势，当均量线向上运行时，一般认为成交量呈逐步放大的态势，这个时候对价格的判断作用相对较大；当均量线向下运行时，一般认为成交量呈逐步萎缩的态势，这个时候对价格的判断作用相对较小。

图 5-5 为航天动力（600343）2019 年 8 月至 2019 年 9 月的日线图。

从图 5-5 中可以看到，股价展开了一段上涨行情，其中在上涨最猛烈的几条大阳线处，成交量都突破了 50 日均量线，并且均量线的方向已经微微上扬，说明整体处于较强的发展趋势当中。

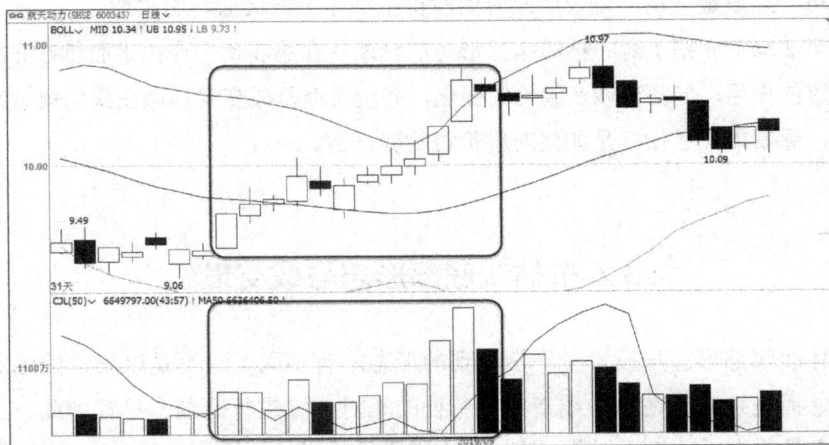

图 5-5　航天动力日线图

图 5-6 为首开股份（600376）2019 年 6 月至 2019 年 9 月的日线图。

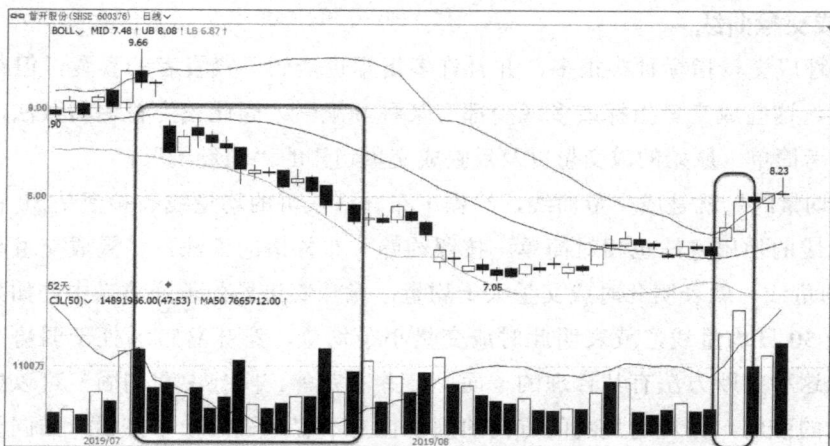

图 5-6　首开股份日线图

图 5-6 中左侧是一段下跌行情，空头集中放量，成交量连续跃过 50 日均量线，形成放量下跌的态势，表明空头力量异常强大。右侧两条长阳线突破布林线上轨，并且成交量跃过 50 日均量线，两者配合表明价格的突破是真实有效的。其后我们看到股价略微整理后又开始上涨。

成交量对股价的验证，尤其是对上涨的股价验证是具有绝对性的，缺乏了成交量的支撑，股价的上涨就如同空中楼阁，看起来虽然很美好，但是却很容易坍塌。大部分人认为。股价上涨时一定要有成交量的支撑，股价下跌时则不必过分看重成交量，可一旦放量下跌，则表明此时的股价正处在下跌最猛烈的时期。

在第 2 章中介绍了对布林线指标形态的判断，在第 3 章中介绍了股价在布林通道不同位置的作用，但都仅涉及股价的变化，并没有涉及成交量。现在我们就补充这部分内容，看看成交量指标是如何对股价进行验证的。

5.2　布林线底部形态与成交量

布林线底部形态与投资者平常提到的形态略有不同，它不是以股价的绝对高低来判断，而是以股价在布林线指标中所处的相对位置进行研判。尽管如此，当布林线与成交量结合后，其研判的方法还是大同小异的。

成交量说到底还是反映了投资者对当前市场的心理预期，也只有产生了某种心理预期，才会使投资者做出某种投资决策，而投资决策的交易行为则促成了成交量的变化，也就形成了特定形态下的成交量表现。

5.2.1　双重底的成交量

我们从最基本的双重底形态谈起,看看成交量是如何变化的。对于布林线指标来说,双重底有 3 种形态可以划分,但对于成交量而言,想要完成双重底形态,基本要素的标准是绝对统一的。一般而言,双重底形态的成交量的变化有 3 个要点需要我们掌握。

■ 股价形成第 2 个低点时,成交量往往以较轻的姿态试探前期的底部。

■ 股价突破双重底形态颈线时,往往伴有较重的成交量。

■ 股价回抽颈线确认突破有效时,成交量又缩减到较轻的水平。

这是基本的框架,实战中的量价关系会有某种程度的变化,但核心应该是上述的 3 点。

我们先来看双重底的走势图。图 5-7 为中润资源(000506)2018 年 11 月至 2019 年 5 月的日线图。

对比图 5-7 中该股两个价格低点,可以看到第 2 个底形成时成交量较低(第 1 个方框处),这表明在股价回落的时候,市场上的抛压已经减少,投资者对手中的筹码都有了惜售的心理,由此导致成交量相比第 1 个底时少了许多。股价突破颈线时的放量(第 2 个方框处)以及回抽颈线时(第 3 个方框处)的缩量完全符合技术规范。突破颈线时的放量意味着多头投资积极,同时消化了前面的套牢盘,其后的回抽缩量与第 2 个底部相同,都是投资者对后市看好进而惜售的结果。

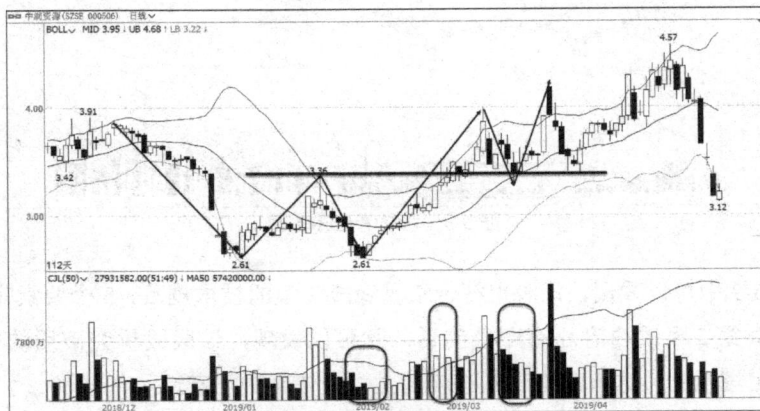

图 5-7　中润资源日线图

图 5-8 为海南海药(000566)2018 年 11 月至 2019 年 5 月的日线图。

我们看图 5-8 中双重底的位置,股价几乎处在同一水平线上,成交量也相差无几(第 1 个方框处),表明市场的抛压并没有随着第 2 次探底而有所增加。再看第 1 个方框右侧价格突破颈线,成交量在此时进行了放量(第 2 个方框处),说明这种突破是主力主动选择的结果。等到价格回抽颈线时,我们可以看到成交量又开始萎缩(第 3 个方框处)。

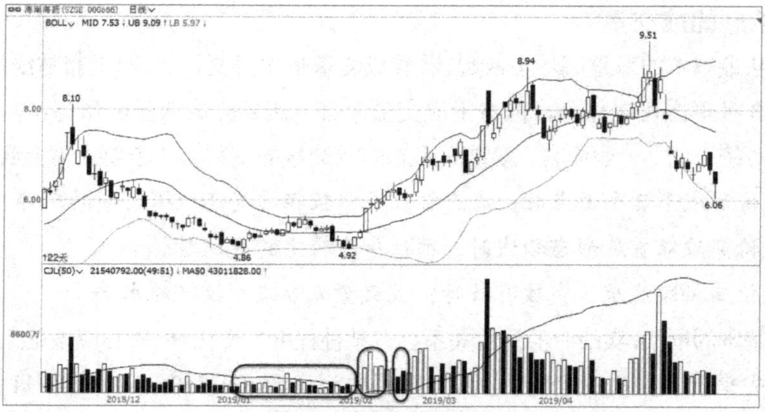

图 5-8　海南海药日线图

图 5-9 为北部湾港（000582）2018 年 11 月至 2019 年 5 月的日线图。

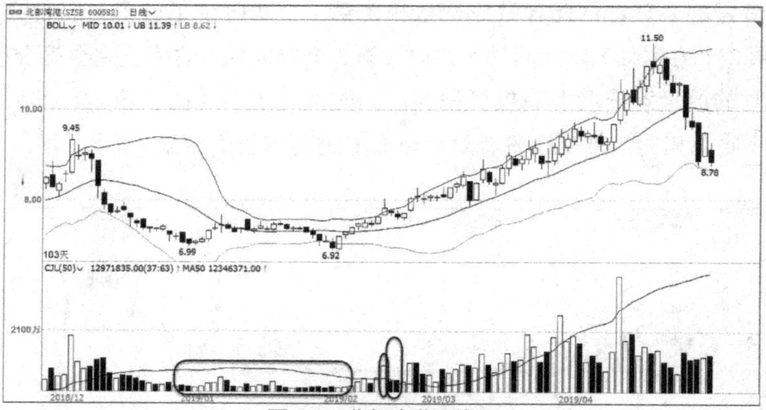

图 5-9　北部湾港日线图

从图 5-9 中可以看出，该股也符合双重底成交量的技术规范，3 个要素完全满足，如果读者对第 2 章的内容还有印象的话，就可以发现，该股股价突破后的空间距离是基本满足规范的，这一切都表明该股的主力投资经验丰富。

通过上述 3 个实例我们可以知道，不管价格形态怎样变化，成交量的 3 个要素基本上是不会改变的。只有在关键时刻符合成交量的规范，股价的变化才能得到成交量的确认，形态才完美。

5.2.2　头肩底的成交量

头肩底的成交量的分析比较复杂，这是因为它的构造相比双重底来说更加复杂。

在头肩底形态中,成交量最重要的地方在形态的后半部分,即当头部形成,构造第 2 个肩以及突破颈线和随后回抽的时候,前半部分相对来说不是很重要。一般而言,头肩底形态的成交量的变化有 4 个要点需要我们把握。

■ 构造左肩和头部时成交量可以忽略。

■ 构造右肩时上冲的动作要有适当的成交量放出。

■ 突破形态颈线时必须要有成交量的配合。

■ 如果有回抽,需要成交量萎缩确认;如果没有回抽,则无须确认。

图 5-10 为头肩底形态的成交量与价格配合的示意图。

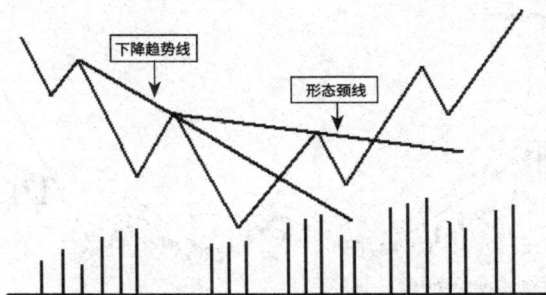

图 5-10　头肩底形态的量价配合示意图

图 5-10 是标准的头肩底形态的量价配合示意图,它满足了一切要素与要求。如果投资者能深刻理解这幅图,那么在实战中就能对头肩底形态进行很好的辨认。当然,实战中的头肩底形态绝不会如此规范,一定是与标准图有差异的。

我们看两个实例,感受一下实战中头肩底形态的量价关系。

图 5-11 为联创光电(600363)2018 年 4 月至 2019 年 8 月的日线图。

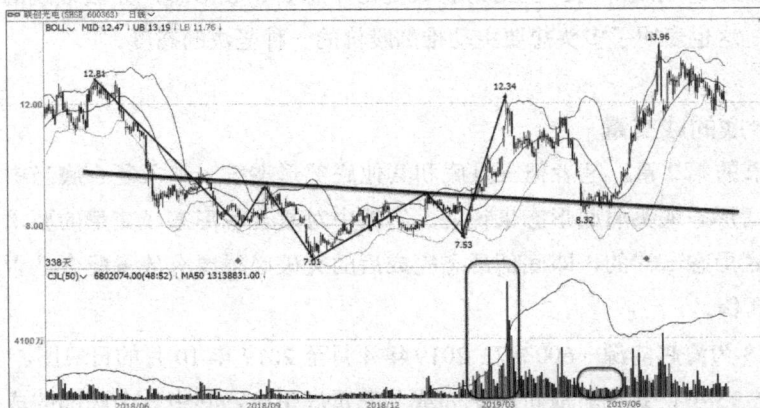

图 5-11　联创光电日线图

从图 5-11 中，我们看股价自触碰布林线上轨后一路下行，在底部构筑了一个头肩底形态，其中头部还触及了布林线下轨。在股价突破颈线时我们看到成交量的放大，表明这是多头主动进攻的结果，股价回抽颈线时产生了明显的缩量。得到颈线支撑后，股价再度放量大涨。

图 5-12 为神州数码（000034）2019 年 4 月至 2019 年 9 月的日线图。

从图 5-12 中，我们看股价自高位向下回落，形成了头肩底形态，最惹人注目的地方是股价在突破头肩底形态颈线时放出的巨大成交量。其后的缩量回抽是很正常的现象，但由于受到布林线中轨的支撑，股价回抽的幅度很小，随后再次放量展上攻。

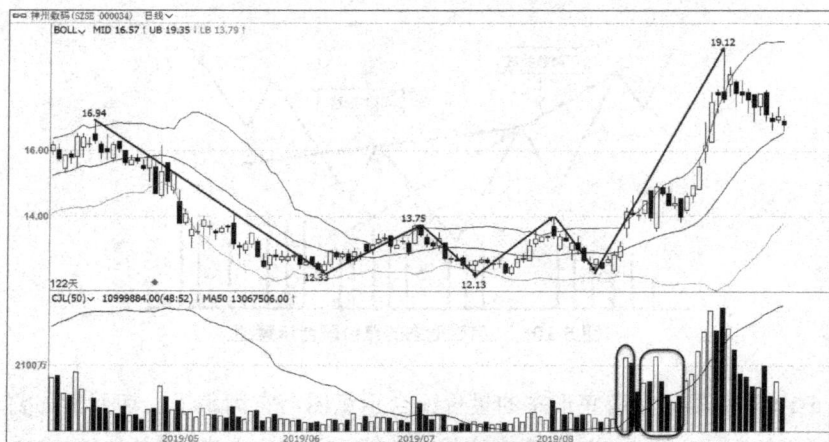

图 5-12 神州数码日线图

通过这两个实例我们看到，实战中完全符合技术要素的情况很少，这一方面说明市场容量在加大，另一方面也不排除主力有规避标准图形的可能性，为投资者正确辨识底部形态制造障碍。但无论怎么变化，想要完成形态，突破颈线的放量是必不可少的，这也表明了多头想要主动推高股价的一种坚决的态度。

5.2.3 复合底的成交量

在本书的第 2 章，笔者把三重底和其他底部形态统一纳入复合底当中，这是相对于双重底形态或头肩底形态来说的。实战中对复合底形态成交量的要求是与双重底或头肩底形态一样的，即底部形态完成后的突破必须要有放量配合，否则很难确定价格的真伪。

图 5-13 为海越能源（600387）2019 年 4 月至 2019 年 10 月的日线图。

从图 5-13 中，我们看股价构筑完成了三重底形态，其中 3 个底部的成交量大体上差不多。在形态构建完成，股价对颈线展开突破时，我们看到成交量有一定程度的放大，这是形态确认的必要条件，绝不能少。

图 5-14 为青松建化（600425）2018 年 7 月至 2019 年 1 月的日线图。

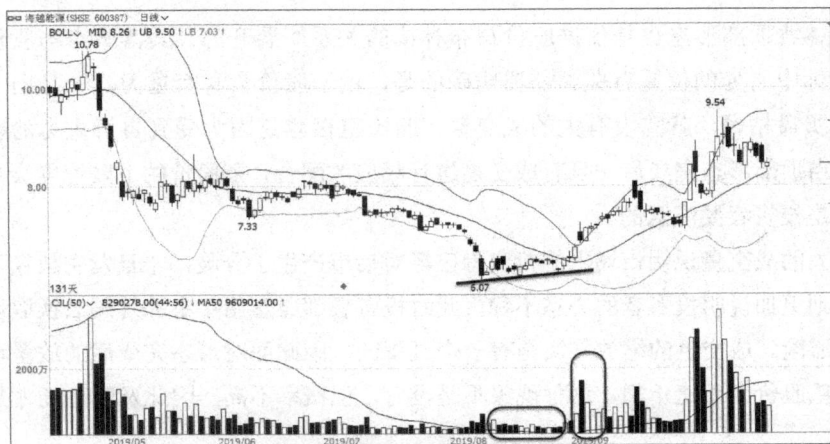

图 5-13　海越能源日线图

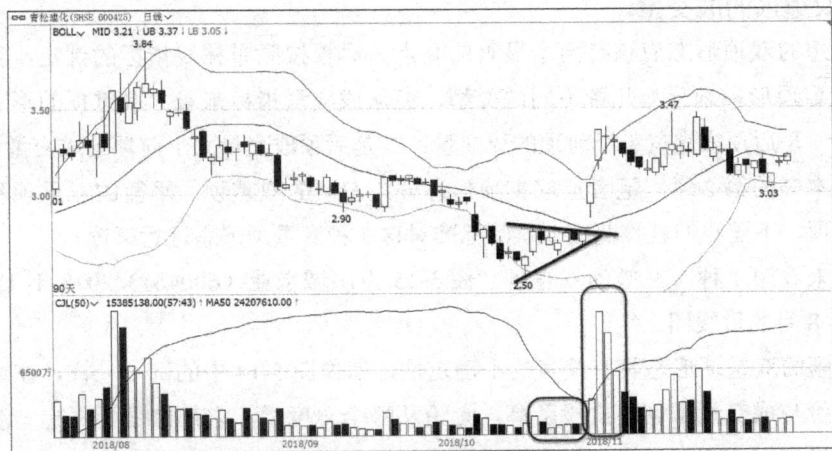

图 5-14　青松建化日线图

从图 5-14 中，我们看到股价形成一个三角形的复合底部，并且可以观察到，在底部构造的过程中成交量是逐渐萎缩的。等到形态构造完成股价放量启动的时候，在右侧方框框定的地方，我们看到相对前面的缩量，成交量在这个地方开始明显放大，这也预示着复合底形态的完成。

复合底形态对成交量的要求较少，但形态完成后的突破必须放量，这一点是不能有丝毫含糊的。实战中只要牢记这一点，就可以应付大部分的复合底的变化。

5.3 布林线顶部形态与成交量

布林线顶部形态也是依据股价与布林线的关系而展开的，其落脚点与股价在布林线指标中所处的位置有关。需要明确的是，由于股价自身有重力，一旦向上推升股价的买盘枯竭，就算没有大的成交量，股价也很容易因为受到自身重力的影响而下落。当顶部形态完成后一旦有成交量进行相应的配合，则股价的下跌速度会更快，这一点是投资者要注意的。

放大的成交量说明市场上的投资者已经对后市产生了分歧，一旦发生放量下跌的情况，则更加说明投资者的心态不稳，此时投资者都愿意用手中的筹码去换取现金，以此来避险。成交量的缩放其实是有一个过程的，因此面对形态完成后的放量动作，不要奢望股价会迅速止稳，这种现象不是没有，但概率不高，因此及时离场才是明智的选择。

5.3.1 双重顶的成交量

理想的双顶形态应该有两个显著的高点。尽管按照布林线指标的判定，我们可以把双重顶形态划分为几种不同的类型，但从成交量指标来看，双重顶的形态只有两种，一是后顶成交量小于前顶的成交量；二是后顶成交量大于前顶的成交量。

在本书的第2章，笔者把双重顶形态分为左倾的双重顶、平衡的双重顶和右倾的双重顶，下面我们就按照成交量的标准对这3种双重顶形态进行解读。

先来看第1种，左倾的双重顶。图5-15为洪城水业（600461）2018年12月至2019年8月的日线图。

左倾的双重顶形态具有很强的不确定性，就像图5-14中的例子一样，在运行过程中股价与成交量都创出阶段新高，无论从哪个角度看，它都像是要再起一波上升行情。但幸好还有布林线指标，通过股价与布林线的相对位置，我们还是能够对这种异常有所察觉。有的读者或许会问，如果没有布林线，那么遇到这种情况应该怎么办呢，难道就没有其他的辨别的方法了吗？

答案当然是"有"，如果没有布林线作为判断的依据，我们至少还可以使用两种方法对这种情况进行辨别。第1种方法是通过后续的成交量来判断。多头但凡展开一波行情，其对成交量的缩放一般都是有计划的，成交量的变化也比较有规律。如图5-15所示，股价在创出新高时成交量突然萎缩，给人一种后继乏力的感觉，这明显与前面想要拉升股价的目的不符，说明多头无力参与。由此可以反证，前面那两条阳线不是再起一波的信号，而是一条冲顶的阳线。

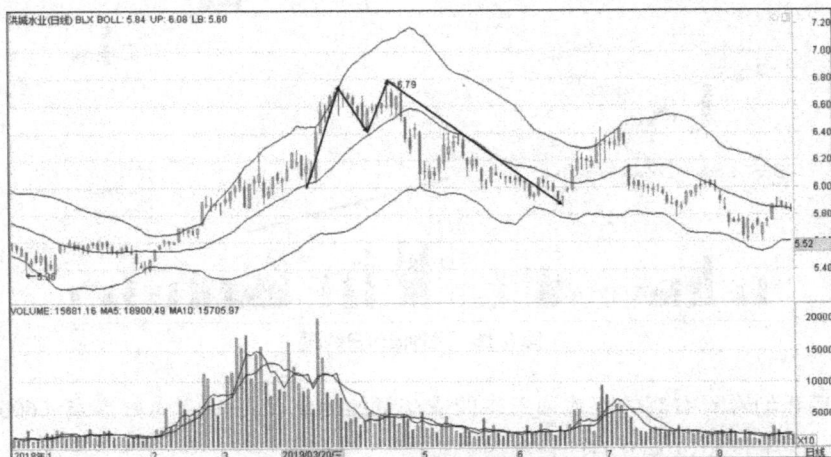

图 5-15　洪城水业日线图

第 2 种方法就是像布林线指标那样，通过某种技术手段对股价予以监测。这种技术手段就是美国投资大师维克多·斯波朗迪发明的 123 法则和 2B 法则，其中 2B 法则最适合这样的局面。

由于本书篇幅有限，我们在这里就不向大家详细介绍维克多·斯波朗迪的 123 法则和 2B 法则了。我们只给出 2B 法则的内容，相信读者看到后应该就会明白。

2B 法则是指在上升趋势中，如果股价已经穿越先前的高点但未能持续，稍后又跌破先前的高点，则趋势很可能发生反转；下降趋势也是如此，只是方向相反。

如果读者能够理解 2B 法则的内容，那么就会明白，当股价穿越先前的高点但无力站稳又跌破先前的高点时，表明股价方面已经出现异常，此时再配合突兀的高位的放量，答案已经显而易见。

对 123 法则和 2B 法则感兴趣的读者，可以自行查找资料进行学习，这里不再过多讲解。

我们再看平衡的双重顶形态的表现，图 5-16 为风神股份（600469）2018 年 9 月至 2019 年 1 月的日线图。

从图 5-16 中，我们看到该股的双重顶形态，绝对价格几乎差不多，但双重顶的成交量却有很大的差异，后顶的成交量明显少于前顶的成交量。一般而言，股价要想一浪高过一浪，一定要有成交量的配合，才符合"价升量增"的正常量价关系。但现在绝对价格几乎差不多，成交量却明显减少，这就表明上攻的动力已经匮乏，因此后面股价回落也是情理之中的事了。

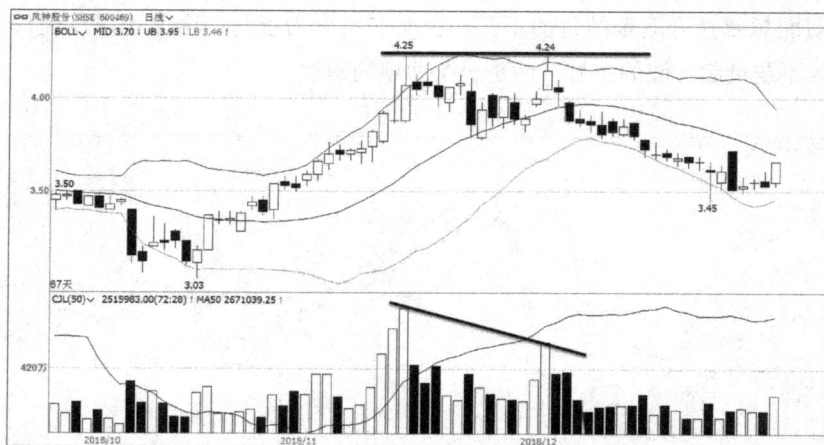

图 5-16　风神股份日线图

最后我们看看右倾的双重顶形态的成交量的变化。图 5-17 为好当家（600467）2018 年 10 月至 2019 年 9 月的日线图。

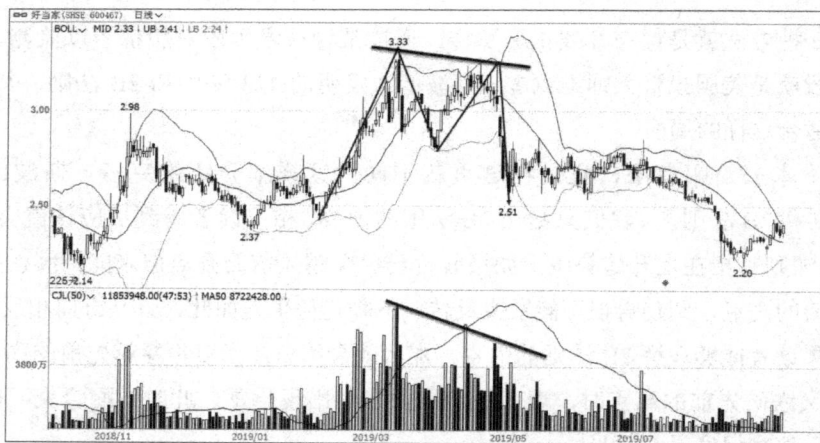

图 5-17　好当家日线图

右倾的双重顶形态的辨识就非常容易了，在图 5-17 中可以清楚地看到，后顶无论是股价还是成交量都远远不及前顶。量价方面的表现已经凸显出股价的弱势，再加上布林线指标的配合，股价后续的变化相信读者已经能自己预判了。

考虑到顶部形态的复杂以及成交量的变化，我们对上述实例的技术特点进行了总结，便于读者掌握。

■ 无论哪种顶部形态，如果后顶量不及前顶量，那么对后市不可盲目乐观。

■ 无论哪种顶部形态，如果后顶量超过前顶量，那么成交量在后面不可以出现大幅的萎缩。

■ 如果是左倾的双重顶形态，后顶量又超过前顶量，那么需要将 2B 法则与成交量结合起来进行判断。

掌握了这 3 点，相信读者对顶部形态的把握就能做到心中有数了。

5.3.2 头肩顶的成交量

与头肩底一样，头肩顶形态中成交量最重要的地方也是形态的后半部分，即从头部开始到右肩形成，成交量呈现出依次递减的趋势，更生动形象地反映出上攻乏力、股价摇摇欲坠的现象。一般而言，头肩顶形态的成交量的变化也有 4 个要点需要我们掌握。

■ 左肩的成交量一般而言是最大的。

■ 头部的成交量相比左肩已经有所减少。

■ 右肩的成交量已经明显减少。

■ 突破形态颈线时可以放量，也可以不放量。

图 5-18 为头肩顶形态的成交量与价格配合的示意图。

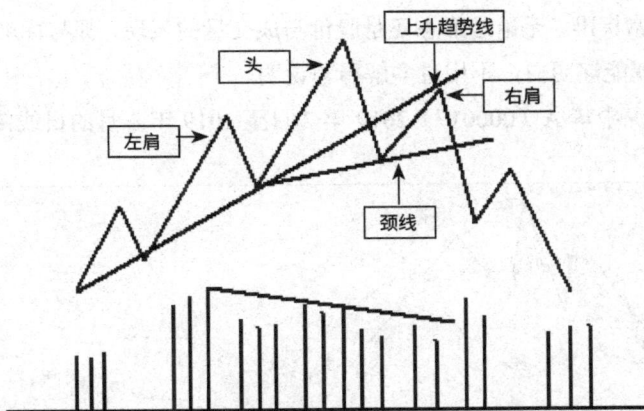

图 5-18　头肩顶形态的量价配合示意图

股价从低点起步，在形成左肩时一切都正常，放大的成交量、上涨的价格都预示着行情非常乐观。左肩后的缩量回落也是正常的，行情不可能永远向上，适当地回落整固是非常有必要的。问题出现在头部形成的时候，股价创出新高，此时成交量却没有同步创出新高，这其实就是我们前面谈到的股价是左倾的双重顶形态，但后顶量不及前顶量的现象。股价回落后再次启动时，我们发现股价也出现了衰弱的迹象，形成右肩的高点已经低于头部的高点，并且成交量进一步萎缩。其后股价放量跌破了头肩底形态的颈线，表示趋势已经完全扭转。

我们通过实例切实体会一下，图 5-19 为沙河股份（000014）2019 年 8 月至 2019 年 10 月的日线图。

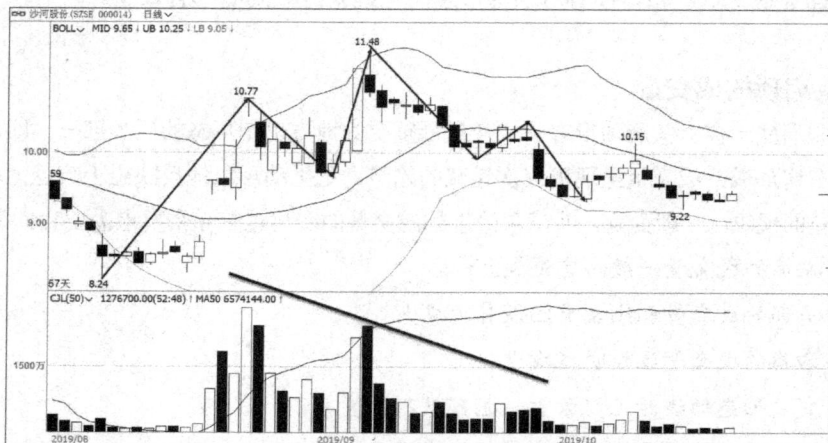

图 5-19　沙河股份日线图

图 5-19 非常标准，无论是形态还是股价与成交量的表现，都与标准图相差不大，相信读者一看就能够明白，不用过多解释与说明。

图 5-20 为深中华 A（000017）2019 年 2 月至 2019 年 8 月的日线图。

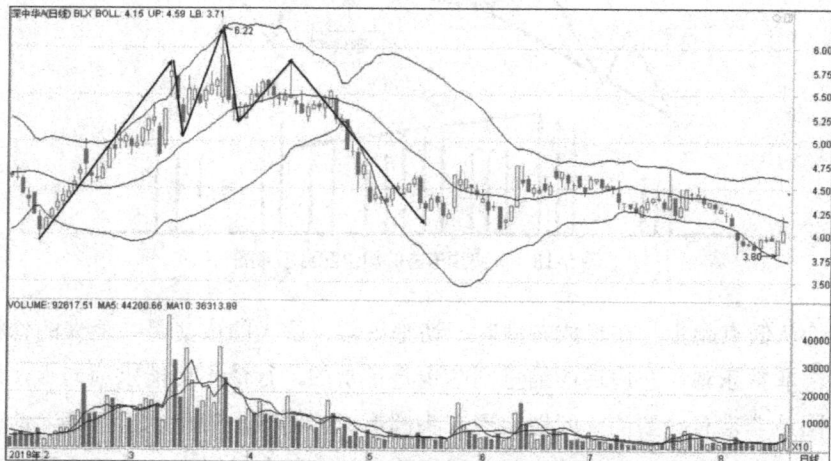

图 5-20　深中华 A 日线图

图 5-20 也比较规范，特别是成交量呈现出缩放有序、依次递减的格局，从中也

能感受到股价由强势爆发到努力向上，再到举步维艰的过程转变。

　　图 5-18、图 5-19 中的股价走势都很规范，是难得的标准实例，值得读者反复揣摩、好好体会。如果读者能够把股价在布林线上的变化与成交量的变化结合起来考虑，那么在实战中判断出这样的顶部应该不会很难。

5.3.3　复合顶的成交量

　　复合顶体现的是主力犹豫的心态，在股价上的表现是阴阳相间的 K 线走势，而在成交量上的表现最为明显，就是两个字——放量。放量，意味着多空双方在这个地方对后市的判断产生了分歧，不管未来结果如何，究竟是哪一方获胜，这个地方堆积的大量筹码注定是未来的强支撑或者强阻力。

　　图 5-21 为飞亚达 A（000026）2018 年 11 月至 2019 年 8 月的日线图。

图 5-21　飞亚达 A 日线图

　　从图 5-21 中我们可以看到，股价在高位围绕着布林线上轨构筑了一个不常见的菱形复合顶。股价在这个位置始终徘徊不前，但成交量却是密集连续地放出，表明在这个地方有大量的换手交易。多空双方注定有一方是错的，一旦后市证明了某一方是错的，这个区域就是日后看盘的重点。

　　图 5-22 为襄阳轴承（000678）2019 年 2 月至 2019 年 8 月的日线图。

　　图 5-22 中的股价构筑成了一个开放三角形的复合顶形态，随着股价的高低起伏，成交量却是连续地堆积，一旦这种堆积停止，行情就会做出方向性的选择。我们看到股价最后选择了向下运行，意味着这个复合顶在未来会承担强阻力的角色。

　　实战中遇到这种密集放量，股价又徘徊不前的局面，先行退出观望是较稳妥的选择。

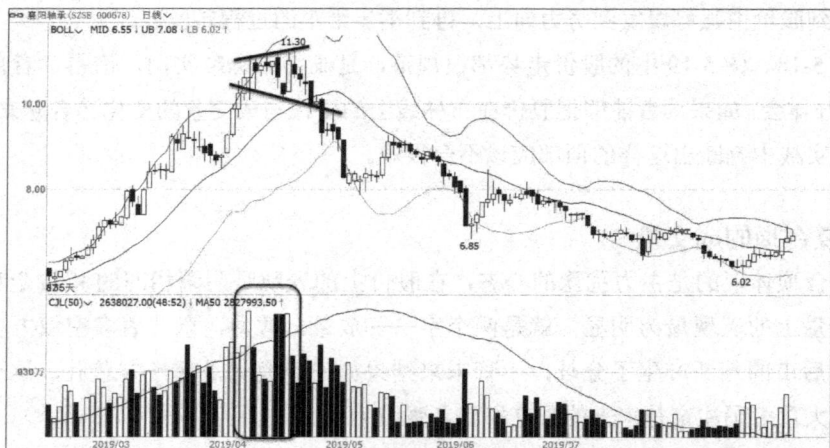

图 5-22　襄阳轴承日线图

5.4　布林通道与成交量

布林通道的作用有两个，第 1 个作用是根据股价在通道内的运行情况判断股价的强弱。假如股价运行在布林线上轨和中轨构成的上通道中，此时布林线中轨方向又向上运行，我们就说这只股价当前处于强势状态；反过来，假如股价运行在布林线中轨和下轨构成的下通道中，此时布林线中轨方向又向下运行，我们就说这只股价当前处于弱势状态。

布林通道的第 2 个作用，就是可以根据通道的收缩与扩张来预判股价即将出现的某种异动。如果布林通道之前处在收缩状态，我们可以说股价即将由小波动向大波动转变；反过来，如果布林通道之前处在扩张状态，我们可以说股价即将由大波动向小波动转变。

不管是哪一种作用，布林线的中轨都是变化的开端，因此成交量在这个地方也起着举足轻重的作用。

5.4.1　布林线中轨的成交量

股价由弱转强的标志，就是股价由下向上带量突破布林线中轨，进而带动布林线中轨改变原有方向。这种突破不管是怎样的 K 线都行，但其信号的有效性，都需要放大的成交量予以确认。

图 5-23 为东方电子（000682）2018 年 10 月至 2019 年 3 月的日线图。

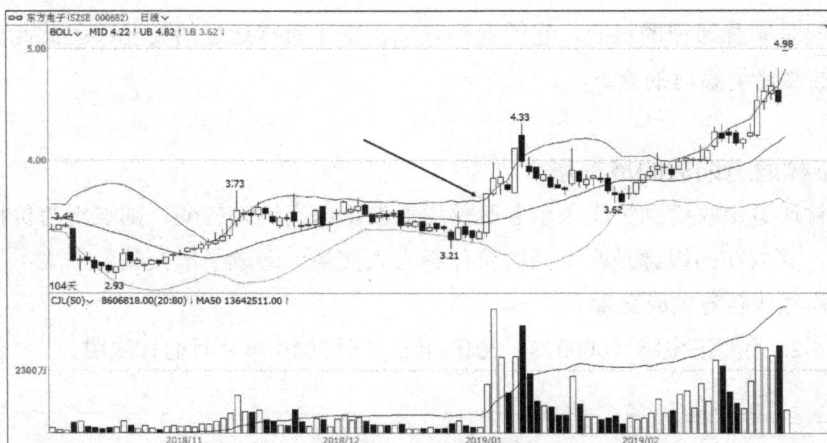

图 5-23　东方电子日线图

在图 5-23 中，我们看股价在箭头所指处用一条长阳线突破了布林线中轨，最主要的是，这样的突破得到了股价成交量的确认，表明这是多头主动参与的结果。我们看到随着这一次成功突破，布林线中轨也改变了运行方向，股价由此也开始在上通道运行，说明股价已经由弱转强。

图 5-24 为宝新能源（000690）2019 年 2 月至 2019 年 10 月的日线图。

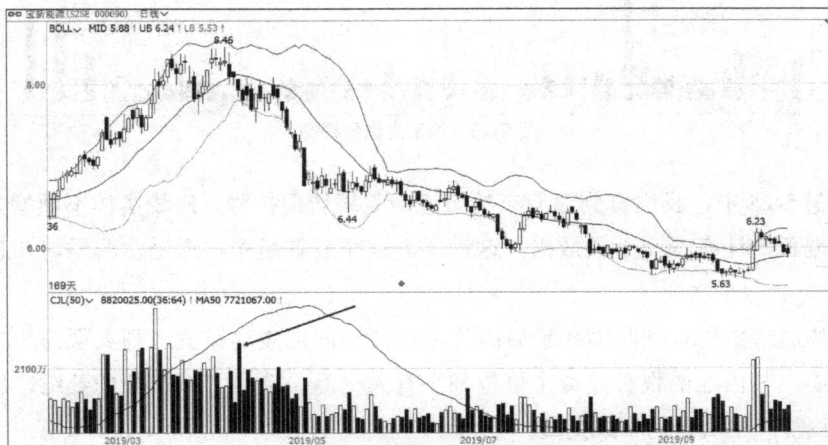

图 5-24　宝新能源日线图

在图 5-24 中，我们看到股价在没有刺穿中轨前，一直在上通道运行，显示出某种强势。但在箭头所指处，空头用一条单日放量的阴线刺穿了布林线中轨，进而影响布林线中轨改变运行方向。其后股价就由强转弱，运行在下通道，就算偶有反弹，但总体趋势已经看淡。

中轨是布林通道的核心，它的变化直接决定了布林通道的变化，因此此处的放量就是投资者看盘时的重点。

5.4.2 布林通道缩放的成交量

布林通道由收缩到扩张预示着股价由低波动向高波动转变，则表现为价格的振幅扩大，其内在的根源是在不同的价位都有人交易，造成了成交量的放大，所以高波动性往往伴随着大成交量。

图 5-25 为海王生物（000078）2019 年 5 月至 2019 年 8 月的日线图。

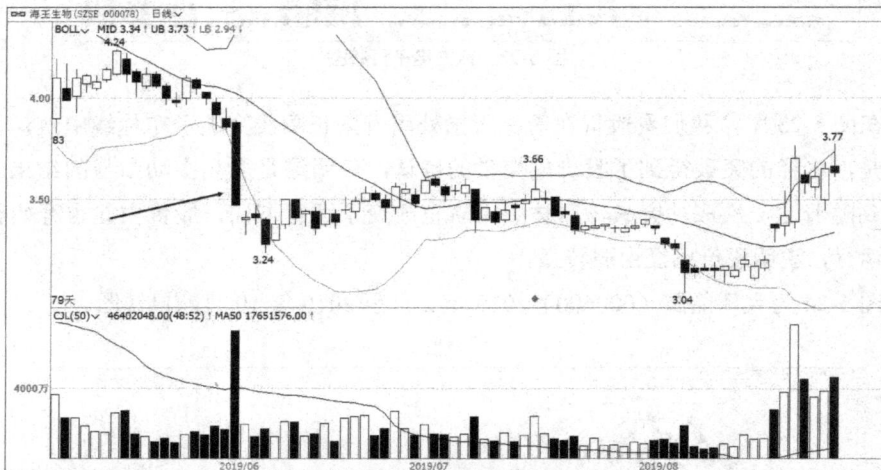

图 5-25　海王生物日线图

在图 5-25 中，我们看到随着布林通道由收缩转向扩张，K 线实体不断增大，伴随这种现象的还有成交量的放出，这说明大成交量就是布林通道由收缩转向扩张的动力。

布林通道由扩张到收缩预示着股价由高波动向低波动转变，则表现为价格振幅逐渐缩小，其内在的根源是每个价位都少有人交易，造成了成交量的萎缩，所以低波动性往往产生所谓的小成交量。

图 5-26 为深圳机场（000089）2018 年 10 月至 2019 年 4 月的日线图。

从图 5-26 中可以看到，布林通道由扩张急速转为收缩，其特征就是 K 线实体波动性变小，根源是买卖双方很少有人交易，而冷清的交易自然使得成交量呈现出小成交量状态，所以布林通道的收缩往往与小成交量同时出现。

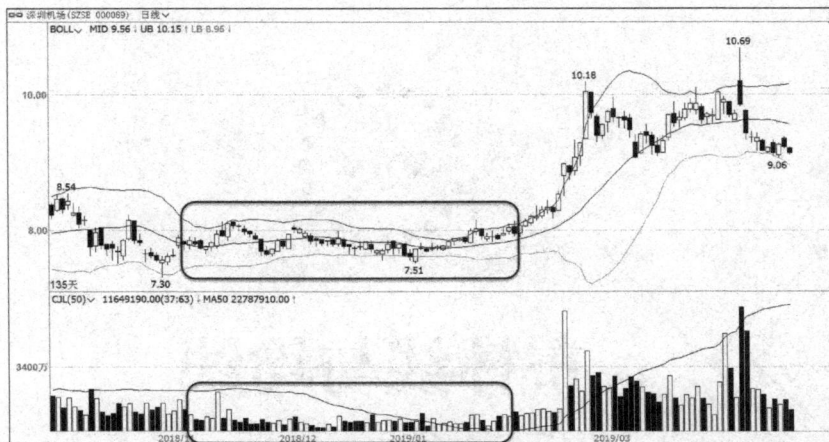

图 5-26　深圳机场日线图

　　成交量的缩放客观解释了股价形态在布林线指标中的种种变化，有了成交量作为依据，在判断各种形态时我们将更有信心。此外，布林通道的收缩与扩张也与成交量息息相关。当我们对股价的认识还模糊不清时，不妨从成交量入手，或许能提前找到答案。

本章要点

■　成交量是布林线指标发明人约翰·布林格看重的指标，50 日均量线是首选。

■　在 4 类成交量指标中，周期性价格变化指标和成交量权重指标应用较多。

■　成交量可以验证底部形态和顶部形态的真伪。

■　布林线中轨和布林通道的改变都与成交量密切相关。

第6章

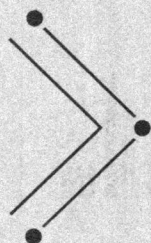

布林线与均线

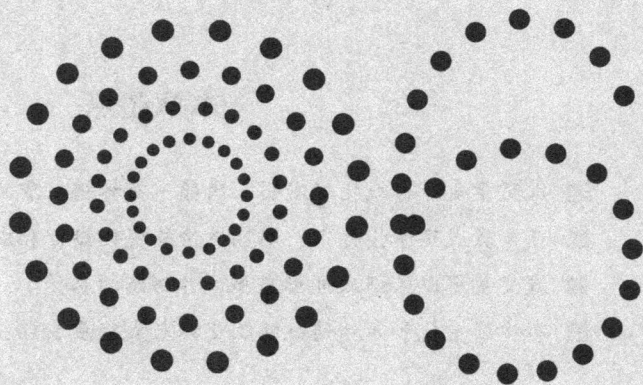

均线，全称叫"移动平均线"，英文为"Moving Average"。

均线是指在固定时间周期内，利用数理统计学的原理，通过平均数的概念，计算在某一设定时间内，所有持股者平均成本的价格曲线。均线是趋势类指标，并且是众多趋势类指标中，追随趋势并将其完整表达的最好的指标之一。均线的优点在于，均线数值虽然只有一个，但数据群组中每一个数字都会被采样，可以对变化较快的数字进行平滑处理；缺点是采集数据的群组中，少数特别大或特别小的数值会影响其整体的代表性。均线理论简单易学，在葛兰碧总结出"八大买卖法则"后，均线理论被投资者普遍接受，进而成为市场上的经典指标。

6.1 均线系统

提到均线理论，投资者立刻就会想到葛兰碧的"八大买卖法则"，这就会给投资者造成一种错觉，好像葛兰碧的"八大买卖法则"就代表了均线理论。这其实是不准确的，葛兰碧确实赋予了均线实用性，并提炼出了经典的交易信号，但不要忘记，葛兰碧所论述的其实只是股价与均线的关系，对其他方面的问题并没有明确说明。

葛兰碧在他的《每日股票市场获最大利益之战略》一书中明确提出，200 日均线是他整套理论的核心与框架，并且他的这套以均线为交易依据的均线买卖法则是根据波浪理论观察美国市场得出的。应该说，葛兰碧观察到的仅是市场当中的一个方面，因为与他同时代的好多投资家也从不同方面对股市提出了不同的见解，甚至在葛兰碧提出自己的论断之后就有人提出，不同周期的两条均线相互交叉所提供的交易信号其实比单纯的股价与均线之间的信号要准确得多。

其后美国投行美林证券对相关论述进行了实证测试。结果表明，相比葛兰碧的论点，不同时间周期均线提供的买卖点确实更胜一筹。正是有了这样的结论，此后"双均线系统"甚至"三均线系统"才如雨后春笋般纷纷面世，均线理论也由此进入到"百花齐放"的新阶段。

6.1.1 双均线系统

既然是系统，说明就不会是单一存在的，均线系统也是如此。随着时间周期理论的蓬勃发展，投资者发现，在选择均线周期参数时可以与时间周期结合起来，这样能更充分地反映股价的变动。随着研究的深入，投资者逐渐揭开了时间周期的面纱，这时大家才发现，原来时间周期不是单一存在的，而是多种周期相互作用、相互影响的，大周期里面包含着小周期、小周期又影响着大周期，二者之间存在着倍数的关系，既有共融交汇时的共振，又有独立的时间跨度。正是有了这样的发现并且受到启发，投资者才意识到，选择不同的时间周期并不妨碍对股价进行判断，相反可以从不同角度来观察价格的运行。结合当时的交易制度，投资者开始使用"双均线系统"来观察股价的变化，最有名的就是10日和30日"双均线系统"。

图6-1为上证指数（999001）2019年4月至2019年10月的日线图，图中搭配的就是10日和30日"双均线系统"。

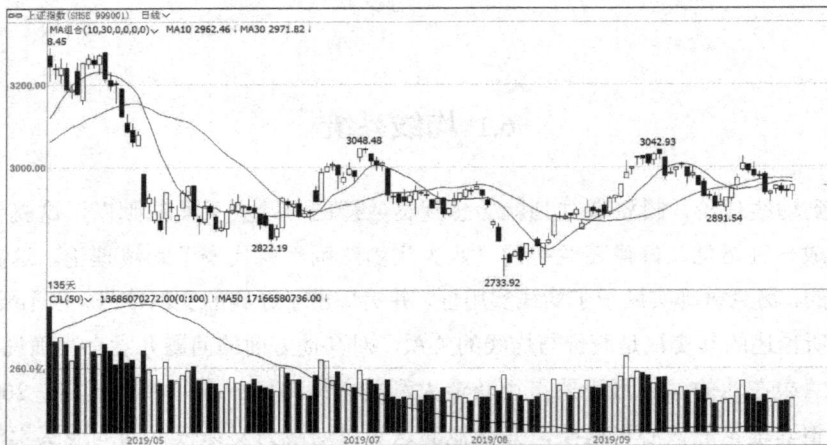

图6-1　上证指数日线图

当短期的10日均线由上向下穿过相对长期的30日均线时，股价就会产生一波下跌行情。当短期的10日均线由下而上穿过相对长期的30日均线时，股价就会产生一波上涨行情。人们发现，结合使用两条不同时间周期参数的均线，一是可以更加贴近股价的变化，二是能及时准确地反映股价的转折。

10日和30日"双均线系统"引入到国内时也曾风靡一时，被投资者奉为至宝，那么为什么"双均线系统"会选择这两条均线呢？这一方面与时间周期理论的研究有关，另一方面也与当时的交易制度有关。

与葛兰碧同一时代的还有一位伟大的投资者，他就是理查德·唐奇安。他借鉴了当时主流的时间周期理论成果，用20日时间周期为理论依据，创立了"四周交易法则"。随着研究的深入，投资者发现在20日时间周期之内还有跨度为10日的时间周期，这也给切斯特·凯尔特钠创立自己10日均线法则提供了理论依据。20世纪70年代，薛斯提出了通道理论，由此成为通道交易的奠基者，在薛斯通道中，小的通道采用的就是10日时间周期。

当时的美国市场执行的是每周 6 个交易日的交易制度，这样每月大概有 26 天可以交易，10 日时间周期由于接近于 2 周交易时间，人们可以接受。20 日时间周期与 26 日的交易时间相差较大，同时也与人们习惯的按月计算的普遍做法有分歧，大家担心时间相差太大会影响效果，因此采用了 30 日均线来替代 20 日均线，这就是"双均线系统"的由来。

图 6-2 为中集集团（000039）2016 年 8 月至 2019 年 10 月的周线图。

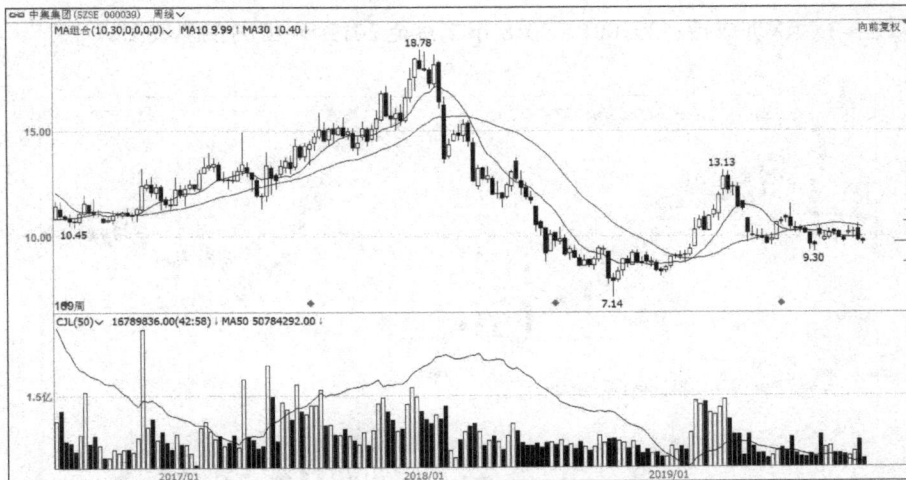

图 6-2　中集集团周线图

我们看到即使放在周线图上，"双均线系统"依然有着非常优异的表现。股价每一次大的转折变化，均线系统都能够很好地予以提示，这表明均线系统具有某种适应性，可以应用在不同时间周期的图表上。或许正是有这样的特点，均线系统在全球金融市场中受到投资者的普遍欢迎。

6.1.2 三均线系统

随着时代的发展和市场的需求，用于套期保值和防范风险的期货市场建立起来了。由于期货市场的特殊性，以 10 日和 30 日为基础的"双均线系统"逐渐不能满足市场的需求，投资者迫切需要新一代的投资工具。恰好在此时，时间周期理论的研究又取得了突破，人们发现在 10 日时间周期里面还能分解出更小的 5 日时间周期。此时，一个重要的制度开始施行了，美国国会批准法案，开始在全美推行每周 40 小时工作制度，也就是我们现在所说的"双休制"。

美国证监会也修订了交易制度，将每周的交易时间由原来的 6 日缩减到现在的 5

日。交易制度的重大改变，新研究理论的重大突破，加上投资者对新的投资工具的迫切需求，这 3 个因素迅速结合并产生巨大的推动力。华尔街的投资银行当然不会错过这样的商机，不久之后就开发出基于 5 日、10 日和 20 日时间周期的"三均线系统。"

"三均线系统"一面世就引发巨大的热潮，投资者也由此意识到，理查德·唐奇安当初提出的"四周交易法则"是多么具有前瞻性。一时间，"三均线系统"风靡全球。

图 6-3 为深圳成指（399001）2018 年 2 月至 2019 年 10 月的周线图。

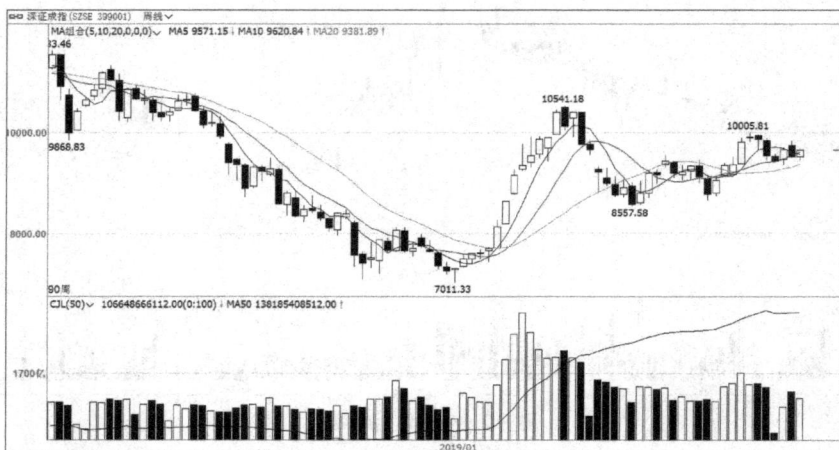

图 6-3　深圳成指周线图

"三均线系统"在使用过程中增加了交易信号的确定性，以图 6-3 中下跌波段为例，首先是 5 日均线下穿 10 日均线，这是第 1 个警示信号，当 5 日均线、10 日均线双双下穿 20 日均线时，第 1 个警示信号就得到了验证。上涨波段就是下跌波段的反向运用，大家反过来理解就可以。

"三均线系统"一面世就被引入期货市场。为了追求更高的效率，达到"先人一步"的目的，期货投资者又对"三均线系统"进行了改良，提出了 4 日、9 日、18 日时间周期的"三均线系统"。但由于与本书内容无关，关于期货市场的"三均线系统"我们就不展开了。

"三均线系统"后来被引入到国内，只是与国内 A 股市场整体环境不相适应，国内投资者的使用效果并不是很好，到后来投资者对"三均线系统"逐渐丧失了信心，"三均线系统"也被投资者"打入冷宫"。正是在这种情况下，国内一些投资者结合国内股市的实际情况，针对"三均线系统"开始了探索，其中投资者张卫星就是当中的佼佼者。在深刻总结国内股市现状的基础上，张卫星独创了实战性非常强并且具有国内股市特色的"三均线系统"，即基于 20 日均线、120 日均线和 250 日均线的"1250"均线系统。

图 6-4 为贵州茅台（600519）2013 年 5 月至 2019 年 10 月的周线图。

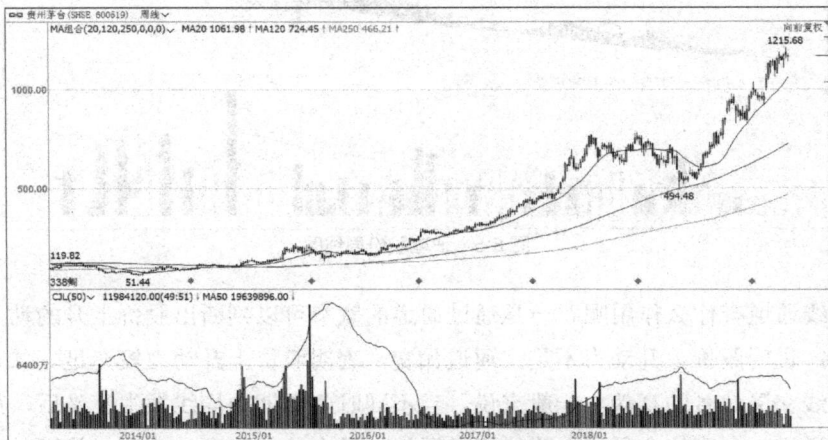

图 6-4　贵州茅台周线图

图 6-4 中 3 条均线就是 20 日均线、120 日均线和 250 日均线，它们共同构成了"1250"均线系统。在该系统中，张卫星总结出诸如"快马加鞭""回头望月""顺水推舟"等一系列方法，其中最有名的是"三线开花"。

张卫星的成功带动了国内研究均线系统的热潮，其后的诸如"五线开花"等系统基本都是以张卫星的均线系统为基础的。

6.1.3　均线通道

在均线系统的使用过程中，投资者往往把目光放在不同周期均线相互交叉所提供的交易信号上，而忽略了均线系统的另一个重要因素，那就是均线通道。

所谓均线通道，就是指两条均线之间的空白地带。例如 5 日与 20 日均线，当 5 日均线上穿 20 日均线后且继续上行时，在 5 日均线和 20 日均线之间就会留下一块空白地带，这个地带就是均线通道。

图 6-5 为沪电股份（002463）2018 年 7 月至 2019 年 10 月的周线图。

从图 6-5 中可以看到，在这段上升行情中有 3 个均线通道，其中前 2 个略显狭窄，而最后 1 个扩张得很快，通道空间很大。为了看得更清晰，我们将 2 条均线之间的部分涂满黑色。

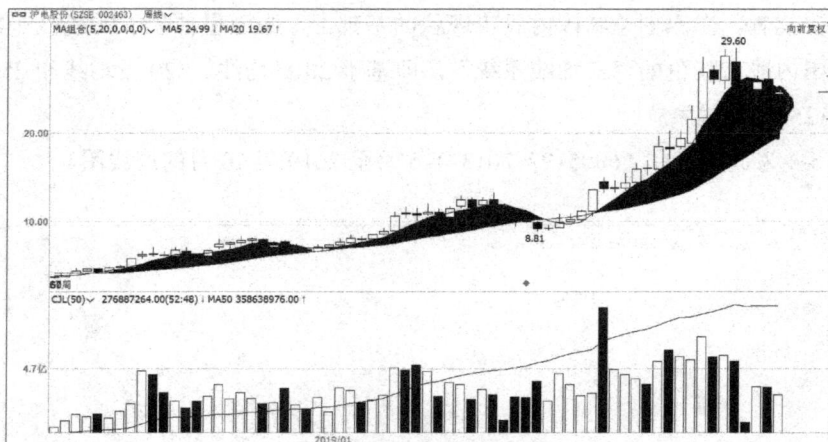

图6-5　沪电股份周线图

　　均线通道有什么作用呢？一是通过通道的宽窄可以判断出股价上升的动力。通道狭窄，说明股价上升动力不足；通道加宽，表明股价上升动力较充足。二是可以验证均线交叉信号的真伪。一般来说，当不同时间周期的均线发生交叉后，都会留下一个通道。观察这个通道在均线交叉后的3日内是加宽还是变窄，就可以验证均线交叉信号的真伪。三是可以判断股价是否转势。随着投资技术的普及，有很多普通投资者往往可以寻找到较好的买点，但关键的问题在于他们把握不住好的股票，只要股价震荡就会被清洗出局，而这个时候，均线通道就可以发挥作用。还是以5日和20日均线为例，当均线交叉形成买点进而形成均线通道后，股价一般会有一个拉升的过程，经过其后的震荡过程，股价会返回到均线通道中。只要股价没有跌破这个通道，表明当初你选定的均线系统还在发挥作用，这个时候可以坚定持股，等待下一个波段。

　　图6-6为双塔食品（002481）2019年1月至10月的周线图。

　　在这段上升行情中，我们看到图6-6中方框框定的地方，股价跌破5日均线，进而回落到均线通道内。一般而言，一段行情多半会以波浪的形式前进，即上涨一小段后要回落整固一下，然后再重新上路，这个时候均线通道起到的就是缓冲的作用。我们看到股价虽然两次跌回到均线通道内，但都没有跌破20日均线，表明当初投资者选定的均线系统还在发挥作用。既然当初我们选择相信均线系统，进场交易，现在均线系统并没有给出明确的卖出信号，我们又何必庸人自扰呢。所以只要不跌破通道下轨，我们就可以持股不动。我们看到股价在短暂整固后又恢复了上升的动力，再次启动了上升行情。

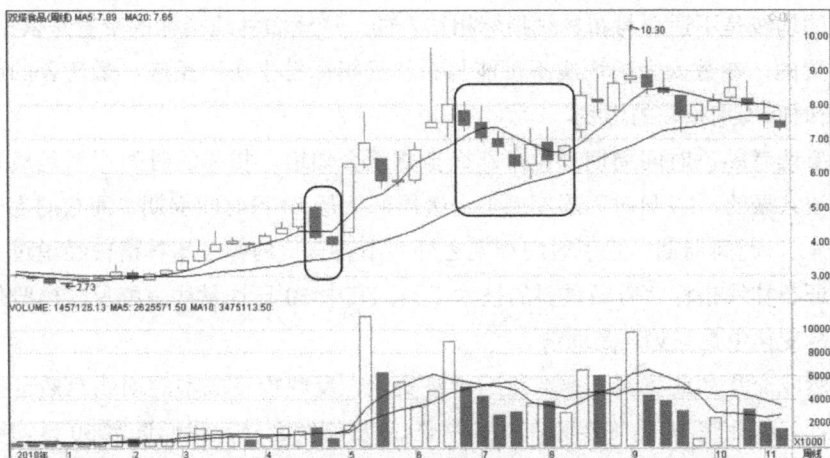

图 6-6　双塔食品周线图

　　其实不单是 5 日均线和 20 日均线，任意两条时间周期不同的均线都可以产生均线通道。投资者在设置均线的时候，往往都会按照短、中、长这样的时间周期来设置，对距离过于相近的均线不予考虑。

6.2　布林均线系统

　　布林线指标就是依托均线建立起来的，它的中轨线就是 1 条 20 日均线。我们现在已经无从考究，约翰·布林格当初在设计布林线指标的时候有没有考虑过均线系统。但从均线系统的发展看，有一点已经比较明确，那就是相比单一的均线，由时间周期不同的均线组成的均线系统的表现要优于单一的均线。

　　既然均线系统要好于单一的均线，那么我们可不可以将均线系统引入进来，与布林线指标相结合呢？如此一来，既可以发挥均线系统的优异作用，又有布林线指标的诸多优点，岂不是两全其美。

　　实际上，有许多投资者已经意识到这一点，并且已经在实战中应用，他们的实践为我们积累了许多宝贵的经验，值得我们学习与借鉴。

6.2.1　均线设置

　　想要将均线系统引入布林线指标，首要的一点是确定均线系统的时间周期参数，既要考虑到布林线指标的特点，也要考虑到二者的兼容性。可以明确的是，时间周期过长的均线是不适合与布林线指标相结合的，毕竟布林线指标的带宽是依据20日均线设置的，参数太大的均线不可能与布林线指标发生协同反应，最适合的应该是与20日时间周期相邻的均线。

如果读者熟悉时间周期理论，那么自然就会知道，相邻的时间周期是最有可能发生谐波共振的。20日时间周期的下一级周期就是10日时间周期，而它的上一级周期则是40日时间周期。除了时间周期之外，不要忘记约翰·布林格曾经说过，成交量是验证布林线指标信号最重要的技术工具，其中50日均量线更能反映出股价在布林线指标变化中是强势还是弱势。

既然成交量如此重要，那么跟踪价格变化，反映投资成本的均线自然也要与其配套才行，因此在10日均线和布林线中轨20日均线之外，我们选定50日均线作为均线系统的第3条均线。如此一来，就构成了"三均线系统"与布林线指标结合的一个新的指标，我们可以称为"布林均线系统"。

图6-7为天赐材料（002709）2019年1月至2019年10月的日线图。

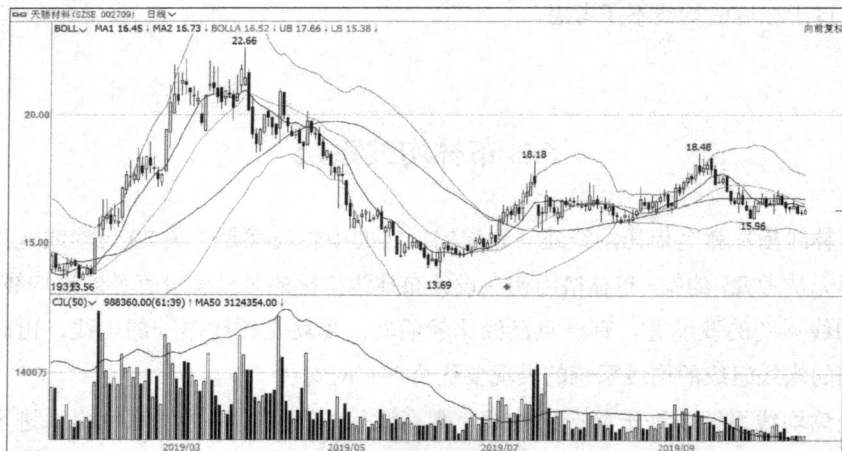

图6-7　天赐材料日线图

从图6-7中我们可以看到，除了布林线上轨和下轨之外，布林通道中还有3条均线，它们就是10日均线、20日均线（布林线中轨）和50日均线，2条轨道线和3条均线共同构成了"布林均线系统"。

6.2.2　指标创建

布林均线系统指标的创建方法非常简单。在本书的第1章，我们给出了布林线指标源码，只要在这个指标源码的基础上，添加10日均线和50日均线即可。至于指标公式的创建流程，我们在本书的第 3 章创建 %B 指标小节中有详细的介绍，大家只要对照相关内容进行操作即可。

为了方便读者使用，我们将编写好的指标源码列出来，供读者参考。

MA1:MA(C,10);

MA2:MA(C,50);

N:=20;

MIDA:=MA(C,N);

VART1:=POW((C-MIDA),2);

VART2:=MA(VART1,N);

VART3:=SQRT(VART2);

UPPERA:=MIDA+2*VART3;

LOWERA:=MIDA-2*VART3;

BOLLA:REF(MIDA,1);

UB:REF(UPPERA,1);

LB:REF(LOWERA,1);

以上就是"布林均线系统"公式指标的源码，有一点要提醒读者注意，源码中的布林线指标是证券分析软件中静态布林线公式。

图 6-8 为编写好的"布林均线系统"指标源码图。

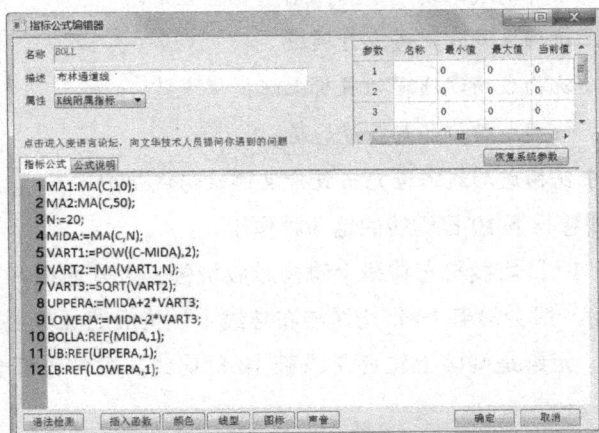

图 6-8 "布林均线系统"指标源码图

当完成了所有步骤后，我们就可以应用这个新指标了。

6.3 系统使用

布林线指标笔者在前面已经进行过详细介绍，这里就不再重复讲解，只重点说明一下均线系统。在使用一个新的技术指标前，首先要了解构成指标的各个元素，这样才能做到有的放矢，达到物尽其用的效果，否则只是"知其然而不知其所以然"，到最后还会陷入"指标无用论"的怪圈而不能自拔，这也是大多数投资者可能走的弯路。

6.3.1 10日均线

10日均线是很重要、很有名的均线。说它重要，是指10日时间周期是时间周期理论中连接长周期和短周期的一个桥梁。按照现行的交易制度，10日均线代表2个交易周的市场平均成本，基本能反映市场中短周期之间的筹码分布情况。说它有名，是因为在历史上，10日均线本身就是很重要的均线，切斯特·凯尔特纳还曾经创立了10日均线法则。即使在国内的A股市场，10日均线也很有名，曾经市场中还流行过10日均线操作法，只是这些人不知道，切斯特·凯尔特纳的10日均线法则其实是一个交易通道，而不是他们理解的简单的10日均线。

10日均线在"布林均线系统"中的作用主要有4个。

■ 与布林线上轨构成股价强势上升通道。

■ 与布林线中轨构成均线通道为股价上涨提供支撑。

■ 与布林线下轨构成股价弱势下降通道。

■ 与布林线中轨构成均线通道充当股价反弹时形成阻力。

下面我们分别看一下10日均线的这4种作用。

第1种作用，10日均线与布林线上轨构成股价强势上升通道。一只股票如果表现强势，那么股价一般会沿着10日均线与布林线上轨构成的强势上升通道运行，中间就算偶有反复，无论是刺破上轨还是跌破10日均线，股价也都会很快地返回通道内。

图6-9为全新好（000007）2019年7月至2019年8月的日线图。

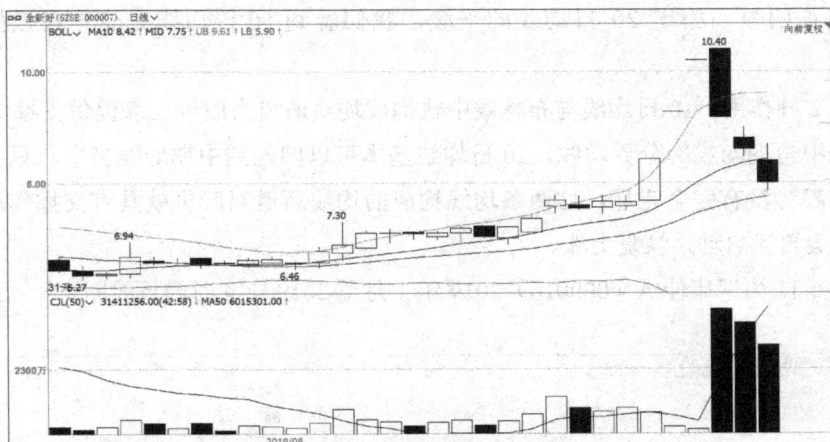

图 6-9　全新好日线图

　　为了让读者看得更加清晰，笔者用技术手段将 50 日均线暂时屏蔽，只保留 10 日均线和 20 日均线。从图 6-9 中可以看到，股价跳空上涨刺破布林线上轨，开始了一轮上升行情。除了在图 6-9 中个别处偶有反复之外，股价绝大部分时间都运行在 10 日均线与布林线上轨构成的强势上升通道内，走势非常规范，凸显强势特征。

　　再来看一个实例，图 6-10 为中国宝安（000009）2019 年 1 月至 2019 年 4 月的日线图。

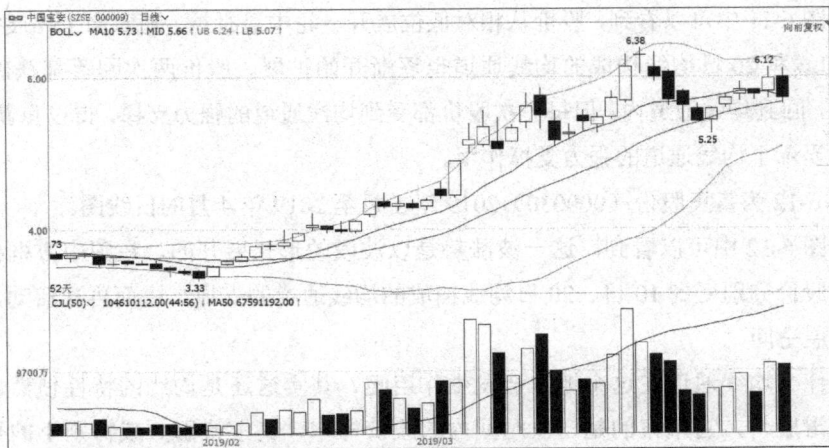

图 6-10　中国宝安日线图

　　从图 6-10 中，我们看到在这一段上升行情中，除了偶尔刺破布林线上轨之外，其余时间股价都运行在 10 日均线与布林线上轨构筑而成的强势通道之中，股价强势特征明显。相比 20 日均线的平缓，我们看到 10 日均线更能体现强势股的风范。

第 2 种作用，10 日均线与布林线中轨构成均线通道为股价上涨提供支撑。10 日均线是中短期均线的分界均线，20 日均线基本可以归入到中期均线当中。只要股价中短期趋势没有完全走坏，这两条均线构成的均线通道对股价就具有支撑作用，股价由此会再次启动，恢复上涨。

图 6-11 为深康佳 A（000016）2019 年 1 月至 2019 年 4 月的日线图。

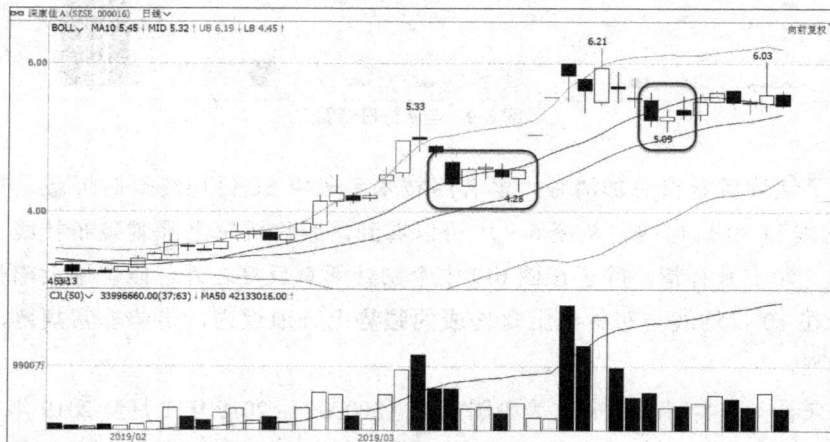

图 6-11 深康佳 A 日线图

从图 6-11 中可以看到，股价从相对低位展开一轮中级行情，随着向上拓展空间，10 日均线和 20 日均线构成的均线通道也逐渐开始扩展。股价两次回落都跌破了 10 日均线，回到均线通道内，但每一次股价都受到均线通道的强力支撑，得以重新启动，这充分显示了均线通道的强力支撑作用。

图 6-12 为富奥股份（000030）2019 年 1 月至 2019 年 4 月的日线图。

从图 6-12 中可以看到，这一波涨势是以波段的形式展开的，在图中方框框定的地方，股价分别受到 10 日、20 日均线构成的均线通道的支撑，进而再次启动，继续向上拓展空间。

为什么均线通道在这个地方会发生作用呢？其实这还是均线的特性使然。均线可以平滑股价，它采集的是一段时间内的股价样本，其中特别大或特别小的数据样本会对均线造成影响，但不会造成长时间的影响，因此不会改变均线的方向。当股价短时间内跌破 10 日均线时，10 日均线依然会按照它原有的方向行进，对股价形成牵引。此时 20 日均线还在上升，它反映的市场平均成本又对跌破 10 日均线的成本进行了包容，对股价形成支撑。可以说均线通道是短中期均线都在起作用的地方，在趋势没有完全走坏之前，它的支撑作用不会消失。

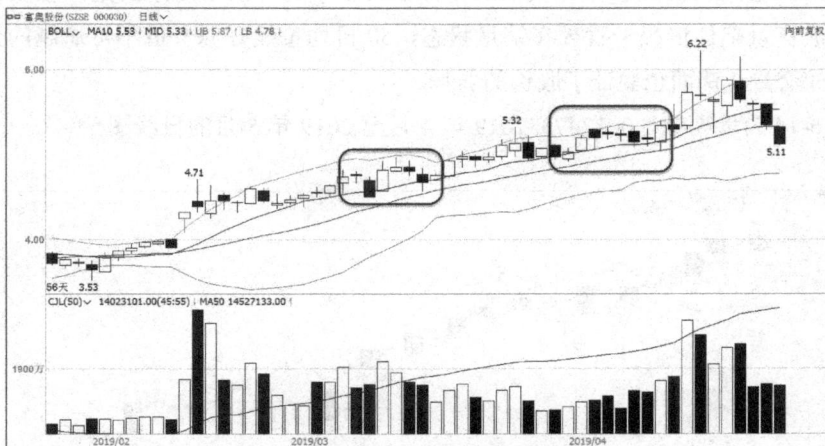

图 6-12 富奥股份日线图

第 3 种作用，10 日均线与布林线下轨构成股价弱势下降通道。一只股票如果表现弱势，最显著的一个特征，就是股价一般都会沿着布林线下轨运行。此时 10 日均线与布林线下轨构成的弱势下降通道会成为股价运行的主体空间，中间就算偶有反复，无论是刺破下轨或是冲破 10 日均线，股价也都会很快地返回通道内。

图 6-13 为东旭蓝天（000040）2019 年 4 月至 2019 年 6 月的日线图。

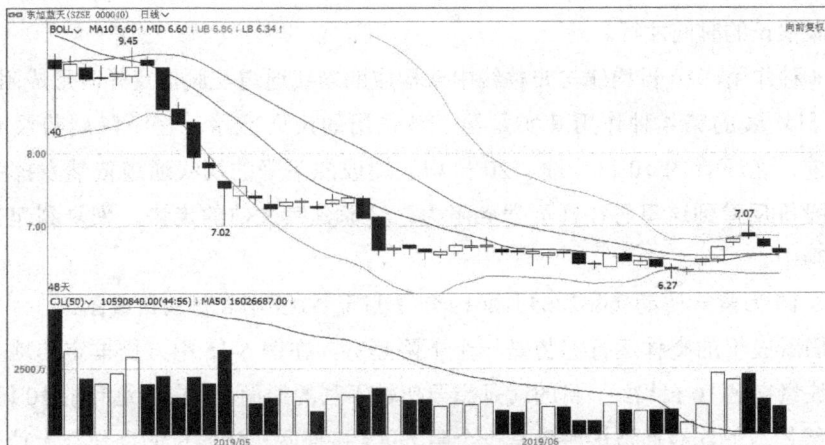

图 6-13 东旭蓝天日线图

从图 6-13 中可以看到，股价自高点滑落后便开始沿布林线下轨与 10 日均线构成的弱势通道滑行，这种弱势的趋势非常稳定，其间股价偶有反复也不足以影响整体运行方向，直到股价突破布林线中轨才算扭转了颓势。值得注意的是，在股价下跌期间，成交量整体情况一直处在缩量状态，50 日均量线好似一道不可逾越的天堑。低迷的成交量从侧面也验证了股价的弱势。

图 6-14 为埃斯顿（002747）2019 年 4 月至 2019 年 5 月的日线图。

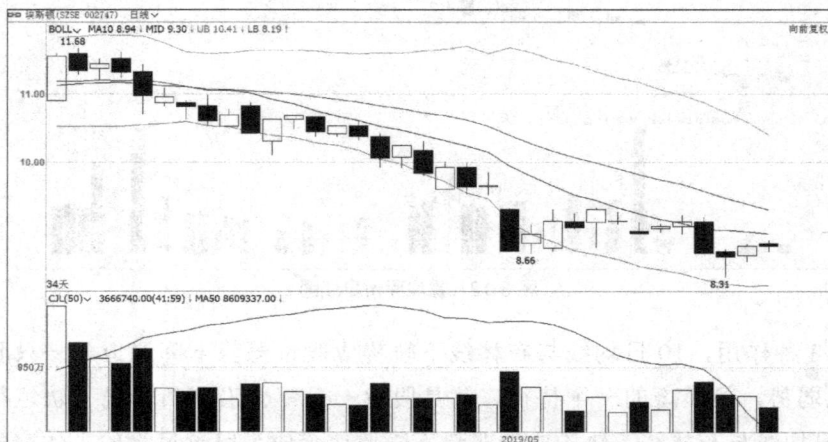

图 6-14　埃斯顿日线图

图 6-14 中的实例也很典型，我们看股价运行的整体空间就是 10 日均线与布林线下轨构成的通道。与图 6-13 中例子相同的是，该股成交量整体显得更加低迷，均量线的方向也不断下行，完全处在一个低量的状态当中。股价要想扭转不利局面，还需要酝酿很长的时间才行。

第 4 种作用，10 日均线与布林线中轨构成的均线通道在股价反弹时形成阻力。

10 日均线的第 4 种作用其实是第 2 种作用的反向应用。在下降趋势没有完全扭转之前，由下行的 10 日均线、20 日均线构成的下降的均线通道依然发挥着压制作用，股价反弹到这里时往往会遇到阻力，继而延续之前的走势，恢复到起初的下跌状态当中。

图 6-15 为蓝黛传动（002765）2019 年 7 月至 2019 年 8 月的日线图。

我们看股价的整体运行态势是一个下降趋势，在图 6-15 中方框框定的地方，股价也曾放量突破 10 日均线，目的就是想要扭转不利的局面。但向下运行的 10 日均线、20 日均线构成的均线通道很明显是一个阻力区，接连两次让股价的反弹都无功而返，进而使得股价展开更大的下跌。

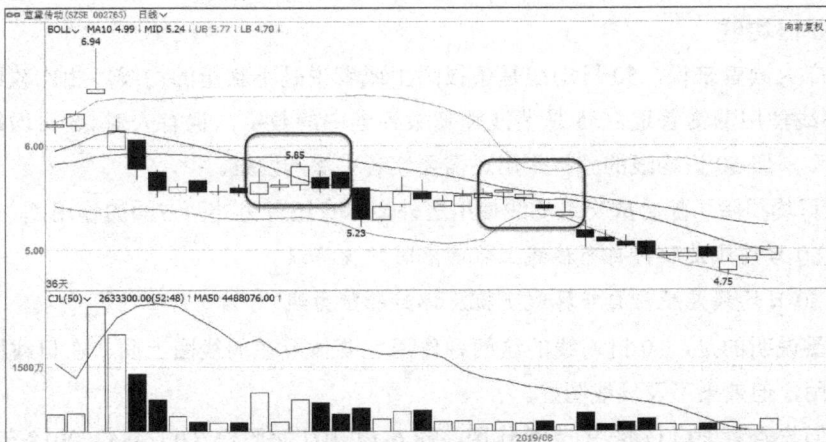

图 6-15　蓝黛传动日线图

图 6-16 为众兴菌业（002772）2019 年 6 月至 2019 年 8 月的日线图。

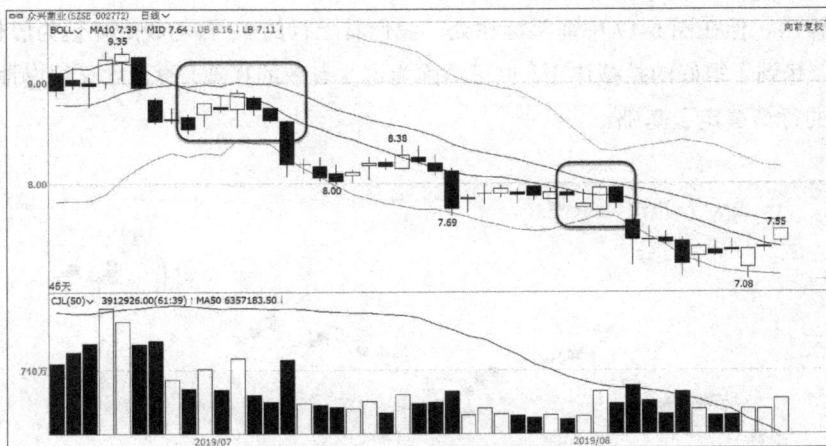

图 6-16　众兴菌业日线图

从图 6-16 中可以看出，股价虽也想努力上升，但均线通道的压力非常明显，股价每一次反弹反而换来更加快速的回落。

通过 10 日均线，我们更能观察出股价的强势与弱势，而均线通道的存在为我们选择继续持股或是清仓离场也提供了良好的帮助。最初使用时或许有些不适应，但只要多了解、多观察图表就会有更大的收获。

6.3.2 50日均线

对广大读者来说，50日均线是条很陌生或者说是不常用的均线。相比较而言，60日均线使用非常普遍，55是斐波那契数列当中的数字，也有人对55日均线"情有独钟"，但50日均线的独特作用还需要读者去深入发掘。

50日均线除了配合成交量均线使用之外，本身还有另外两方面的作用。

■ 50日均线是股价自布林线上轨回落时的支撑线。

■ 50日均线是股价自布林线下轨反弹时的阻力线。

需要说明的是，50日均线的这两种作用主要体现在周线图上面，在日线图中虽也能使用，但效果不及周线图好。

我们先看看50日均线的支撑作用。图6-17为江海股份（002484）2018年12月至2019年3月的日线图。

在图6-17中，为了让读者看得清楚，笔者用技术手段将10日均线屏蔽了起来。股价从布林线上轨见阻力回落，开始缓慢下沉，就连布林线中轨也被轻易击穿，没有丝毫作用。但在图6-17中箭头标注处，我们看上行的50日均线成功地为股价提供了支撑，起到了很好的拦截作用。也正是因为这次有效的拦截，股价才又缓慢地企稳，为后续的行情奠定了基础。

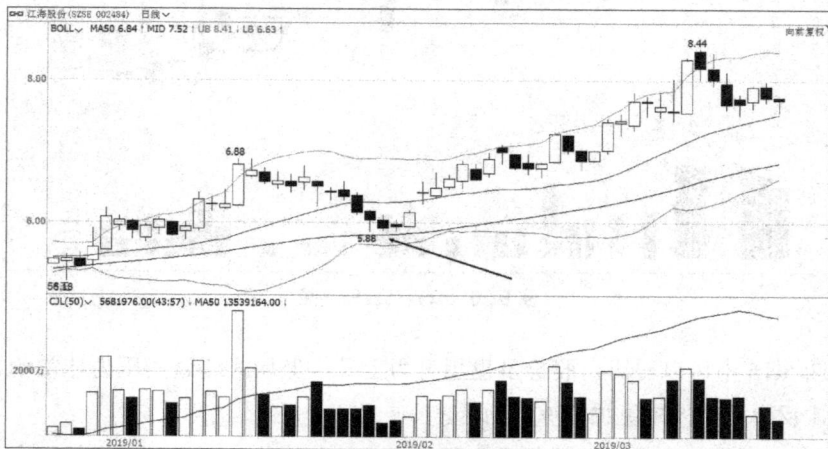

图6-17　江海股份周线图

图6-18为汉缆股份（002498）2018年12月至2019年5月的日线图。

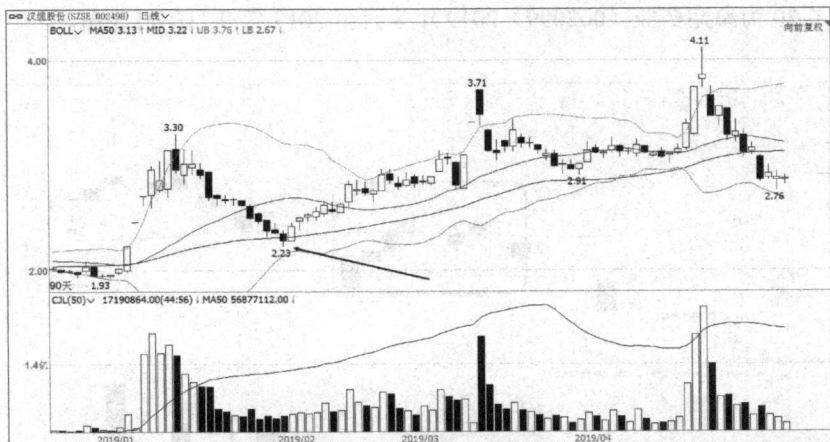

图 6-18 汉缆股份日线图

图 6-18 是一幅经典的利用 50 日均线充当支撑的图，我们看到在图 6-18 中箭头标注的地方，上升的 50 日均线刚好将自布林线上轨回落的股价撑住，进而放量发动了又一波行情。

我们再看看 50 日均线的阻力作用。图 6-19 所示是亿帆医药（002019）2019 年 4 月至 2019 年 8 月的日线图。

从图 6-19 中，我们看该股在布林线下轨 11.01 元处受到下轨支撑，探明了一个阶段性的底部，股价随后展开小幅度的反弹，成交量相应配合也有增长的趋势。但在 50 日均线处，股价被 50 日均线成功拦截，之后的成交量也再次萎缩，丧失了继续反弹的动力，股价又一次回落到布林线下轨处，甚至突破了下轨。

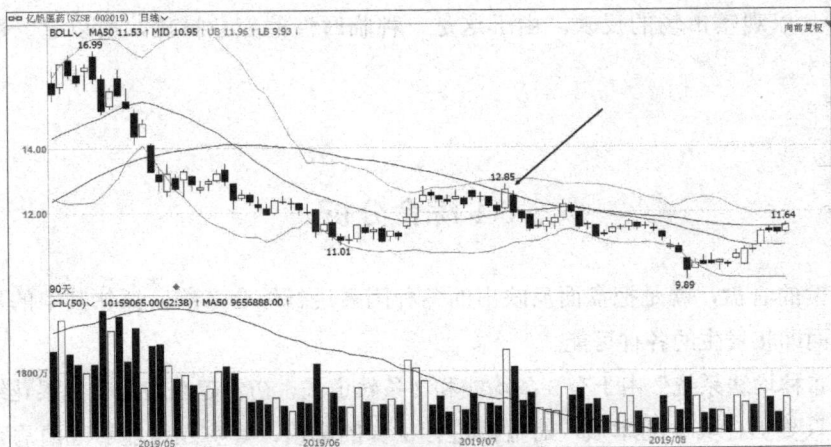

图 6-19 亿帆医药日线图

图 6-20 为海翔药业（002099）2019 年 8 月至 2019 年 9 月的日线图。

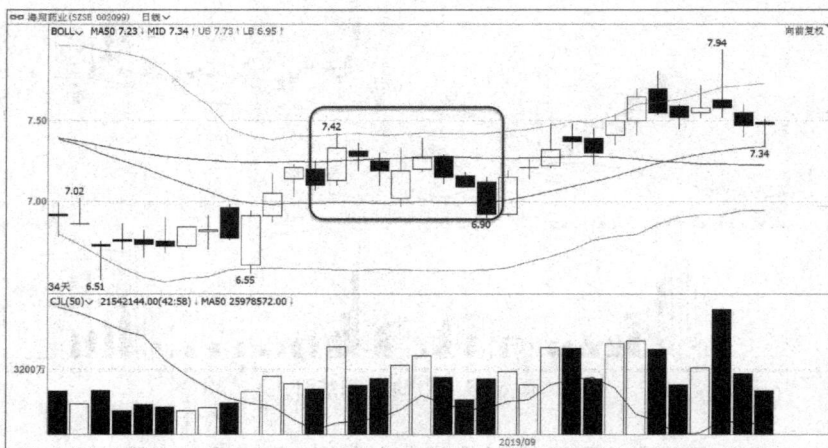

图 6-20　海翔药业日线图

　　图 6-20 中，下行的 50 日均线的阻力作用非常明显，股价的一波原本力度很大的反弹受 50 日均线压制被轻松化解。直到经过再次酝酿，股价才在成交量的配合下突破 50 日均线，启动另一波行情。

　　需要说明的是，50 日均线不管是在日线图还是在周线图中，这种支撑或者阻力作用第 1 次使用时非常有效，但随着时间的推移，这种效果就会递减，直至最终失效，这是读者需要注意的地方。为什么会有这种现象发生，主要是股价受到外在因素的影响，如大盘向好或向坏、个股有短暂的利好或利空等，让主力一时间很难参与股价的走势，在股价走上一段后，会试着借助 50 日均线对股价进行某种参与，以观察市场的反映。由于这是一种临时性的应急措施，所以它一般只能使用一次。

6.4　综合分析

　　所谓的看盘，就是把盘面反映出的各种因素进行综合考虑，抓住其中的重点，分析盘面即将发生的各种可能。

　　"布林均线系统"由于有 3 条均线和 2 条轨道线，初看起来难免让人眼花缭乱。但大家只要抓住其中的本质，对盘面进行认真的解读，其实还是能够理清思路，通过蛛丝马迹判断出大盘或者个股日后的走向的。

为了帮助读者解决问题，下面笔者通过对两个实例的分析，为大家提供思路上的帮助。

图 6-21 是上证指数（999001）2019 年 2 月至 2019 年 6 月的日线图。

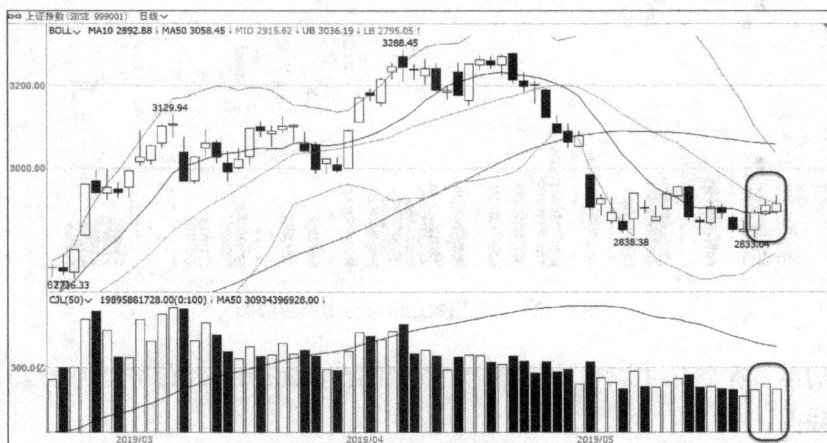

图 6-21　上证指数日线图

当我们看到图 6-21 时，一定要把"布林均线系统"相关的要点梳理一遍，这样或许就能理解盘面传递给我们的信息。具体说来有以下几点要引起注意：一是 10 日、20 日均线构成的下降通道对股价构成了阻力，现在股价处在即将突破这个阻力的过程中；二是图 6-21 最右侧连续产生 3 条阳线，但成交量并没有有效放出，依然还在 50 日均量线之下，表明后面即使有突破，未来股价也不会一帆风顺地上涨；三是 50 日均线正在均匀而缓慢地下行，这样一种结构对股价未来的运行会造成影响，说不定会产生一定的阻力。

通过几种信息的综合，读者或许就会得出某种结论，即股价或许会摆脱均线通道的影响，但如果没有成交量的配合，股价即使突破，在遇到 50 日均线后也会回落，继续震荡后才会选择最终方向，未来很有可能是一个筑底的震荡行情。

图 6-22 为上证指数后续部分走势日线图。

从图 6-22 中，我们看到上证指数后续的走势与我们分析得差不多，连续 3 条阳线只是将前面的均线下降通道化解，但并没能够引发新一轮行情，股价在后面依然被 50 日均线压制。随着行情的发展，尽管之后股价完成了突破，但成交量依然迟迟不能有效放出，说明后续的行情依然会一波三折。

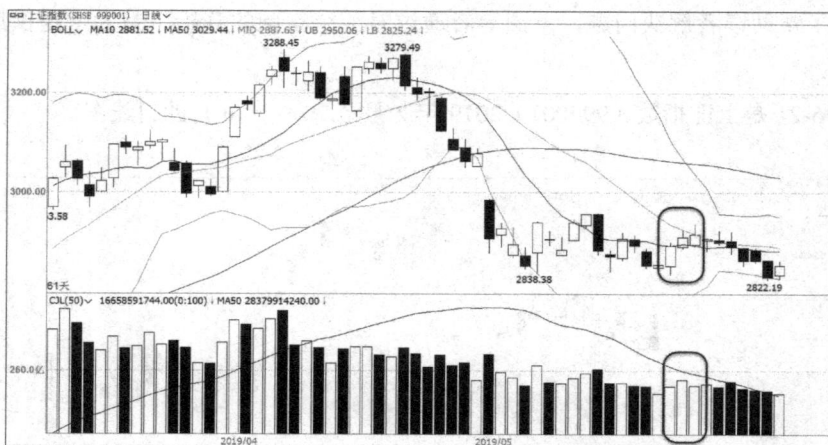

图 6-22　上证指数后续部分走势日线图

我们再来看个股的实例。图 6-23 为平安银行（000001）2019 年 7 月至 2019 年 8 月的日线图。

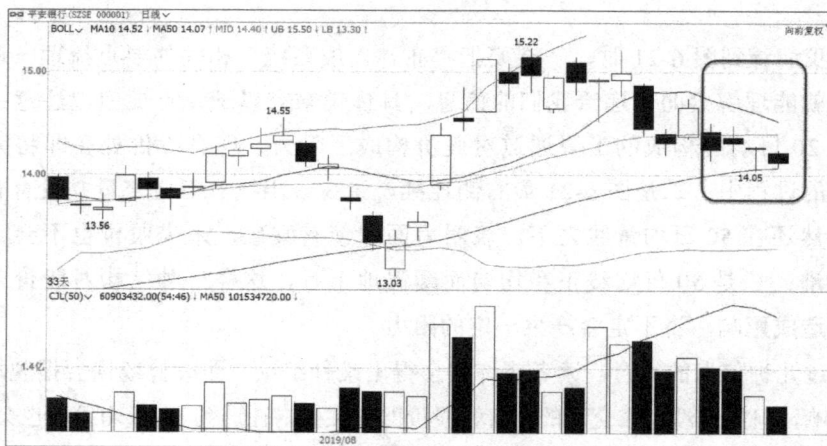

图 6-23　平安银行日线图

我们看到在图 6-23 的左侧，股价展开了一段上升行情，并在布林线上轨处开始回落。此时的看盘重点不是逐渐收缩的均线通道，而是已经转向的 10 日均线。在上升趋势中，均线通道之所以会产生支撑作用，关键在于 10 日均线和 20 日均线始终保持向上的运行态势，这是能够证明均线还在发生作用的关键因素。10 日均线既然已经转向，就表明中短期趋势已经遭到破坏，股价还有进一步回落的空间。可喜的是，此时 20 日均线还在上行，50 日均线尽管运行缓慢，但总体方向还是向上的。此时，我们完全可以把 20 日均线和 50 日均线看作是代表股价中长期运行趋势的均线通道。如此一来我们就能知道，该股中长期均线通道依然完好，股价走势并没有变坏。股价后面就极有可能受到中长期均线通道的支撑，再考虑到 50 日均线的特性，可以推测未来的支撑点很有可能就在 50 日均线上。

图 6-24 为平安银行后续部分走势日线图。

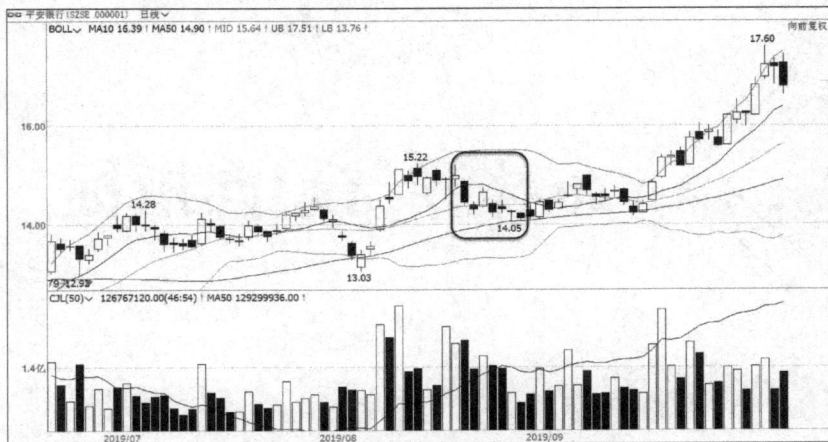

图 6-24　平安银行后续部分走势日线图

在图 6-24 中，我们看到股价后续的走势确实在 50 日均线处受到了支撑，随后该股开始放量，将股价又拉回到 10 日均线上方，引发了另一波行情。

均线系统简单易懂、上手极快，是投资者的好帮手。布林通道的轨道具有自适应性，与均线系统可以实现完美结合，构建另一种通道模式，如果读者能够把两种分析方法融会贯通，相信对投资会有一定的帮助。

本章要点

■ 均线系统是均线理论的升华。

■ 均线通道是投资者容易忽略的地方。

■ 均线可以同布林线结合，构成另一种均线通道。

■ 均线布林系统是另一种行之有效的投资方法。

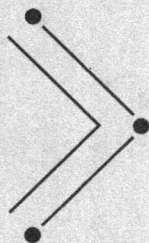

第 7 章

布林线与趋向指标

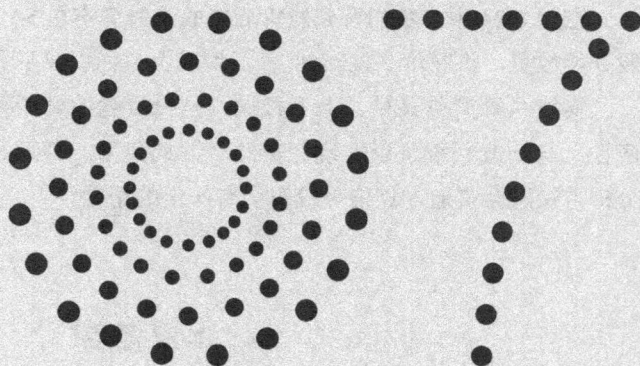

趋向指标又称动向指标，英文全称为"Directional Movement Index"，在证券分析软件系统中简称为"DMI 指标"。DMI 指标主要通过分析股票价格在涨跌过程中买卖双方力量均衡点的变化情况，即多空双方力量变化受股价波动影响而发生由均衡到失衡的循环过程，从而为判断股市趋势提供依据。DMI 指标是判断股市中长期趋势的一个技术分析指标，但在短线投资上也有很高的使用价值。

7.1 趋向指标概述

DMI 指标是由美国技术分析大师韦尔斯·王尔德发明的。提起韦尔斯·王尔德，读者或许会有些陌生，但如果提到著名的相对强弱指标，也就是 RSI 指标，相信大部分投资者都会知道，因为这个指标实在是太有名了。但大家或许不知道的是，RSI 指标其实也是韦尔斯·王尔德发明的。

综合来看，RSI 指标名声在外，几乎得到所有投资者的认可，但从实质与内涵上看，DMI 指标或许更具有价值。

7.1.1 趋向指标的原理

从时间角度来看，DMI 指标发明的时间在 RSI 指标之后。韦尔斯·王尔德为什么在发明了 RSI 指标并且亲身实践了之后，还要再发明 DMI 指标呢？想来是在实践中韦尔斯·王尔德已经发现 RSI 指标或许存在某些不足，不如自己想得那样完美，为了弥补或者改善 RSI 指标某些方面的不足，韦尔斯·王尔德才发明了 DMI 指标。

图 7-1 为上证指数（999001）2019 年 9 月至 2019 年 10 月的日线图，副图中搭配的就是 DMI 指标。

DMI 指标有 4 条指标曲线，初次接触的投资者或许会觉得有些复杂，其实这只是一种错觉而已。DMI 指标背后的基本原理是：寻找股票价格涨跌过程中，股价得以创出新高或新低的动力，通过研判多空双方的力量，寻求买卖双方的均衡点以及股价在双方互动下进行波动的循环过程。

市场上存在的指标很多，但绝大部分指标都是以每日收盘价的走势以及涨跌幅的累计数来计算出不同的分析数据，其不足之处在于忽略了每日的收盘价的波动幅度。例如，有这样一只股票，连续两日的收盘价维持在同一个价位，但其中的一天上下波动幅度不大，而另一天股价的波动幅度却在 10% 以上，那么这两日行情走势的分析意义就截然不同。这一点大多数指标都很难表现出来，RSI 指标同样也不能做到。但DMI指标却可以，因为它的原理就是把股价每日高低波动的幅度因素计算在内，从而能更加准确地反映行情走势以及更好地预测行情未来的发展。或许这一点也正是韦尔斯·王尔德发明DMI指标的原因。

图 7-1　上证指数日线图

7.1.2　趋向指标的构造

为了实现自己的交易目标，达到指标使用的理想状态，韦尔斯·王尔德在设计DMI指标的时候可谓绞尽脑汁。DMI指标包含两方面的技术特征：一个是多空指标，通过它可以辨识当前的行情是由哪一种力量在主导；另一个就是趋向指标，通过它可以判断当前的行情是否正行进在大趋势当中。可以这样说，韦尔斯·王尔德发明DMI指标的初衷是想解决交易中最重要的两个问题，第1个问题是当前的市场究竟是做多还是做空；第1个问题解决后，第2个问题是现在能否直接进行交易。

DMI指标共有+DI（即PDI，上升动向指标）、–DI（即MDI，下降动向指标）、ADX（平均动向指数）、ADXR（平均动向指数的缓动线）这4个参数值，其中PDI、MDI指标曲线组成多空指标，用来辨识方向；ADX、ADXR指标曲线组成趋向指标，用来判断趋势是否改变。除此之外，韦尔斯·王尔德还为DMI指标保留了用于判断行情是在相对高位还是相对低位的指标空间线。与KDJ指标和RSI指标一样，当指标曲线在20线以下时，说明指标处在相对低位；当指标曲线在80线以上时，说明指标处在相对高位。这种相对高低的观点，也是该指标能与布林线指标相匹配的重要原因之一。

抛开期货市场不谈，如果将 DMI 指标用在股票市场中，那我们可以这样理解，就是当 PDI 曲线在 MDI 曲线之上，并且指标曲线还在 20 线相对低位时，股票行情以上涨为主；当 PDI 曲线在 MDI 曲线之下，并且指标曲线还在 80 线相对高位时，股票行情以下跌为主。

图 7-2 为 DMI 指标公式的源码图，从中我们能详细看到指标的 4 条曲线的设置情况。

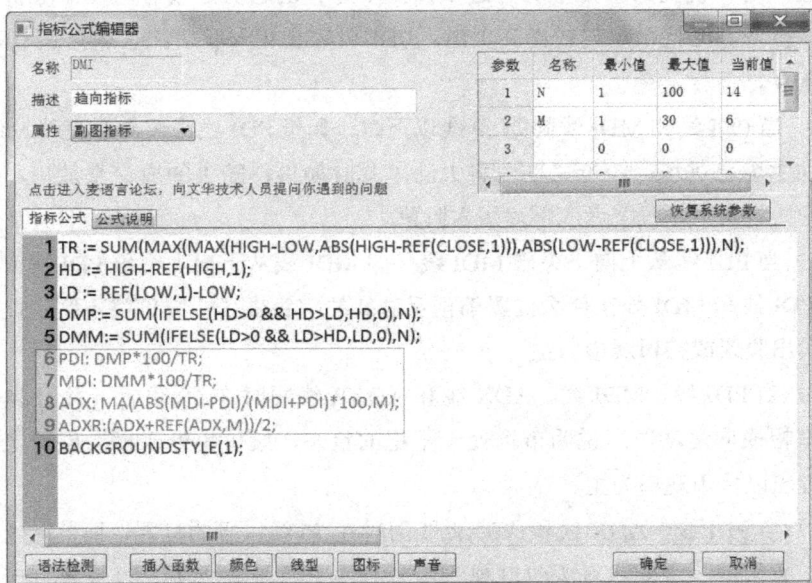

图 7-2 DMI 指标公式源码图

图 7-2 框选处 DMI 指标中 4 条指标线的公式源码。从中我们可以看到，代表多空方向的 PDI 曲线和 MDI 曲线，采用的是百分比的表现形式，这也是指标会有高低空间线的原因。在代表趋势的 ADX、ADXR 指标曲线中，ADX 曲线是指标计算的基础，而 ADXR 曲线其实是 ADX 曲线的指数平滑线，也可以称作信号线，它与 ADX 曲线一同构成趋势信号。

7.1.3 趋向指标的研判法则

从图 7-2 我们已经能够看出来，DMI 指标的计算方法和过程比较复杂，它涉及 PDI、MDI、ADX 和 ADXR 等几个指标的运算。好在随着股市软件分析技术的发展，这些复杂的计算过程投资者已经可以省略，只需交由证券分析软件进行计算即可。

投资者需要做的，就是掌握 DMI 指标的基本原理和计算方法，领会指标所揭示的真正含义，了解其研判行情的独到功能，进而准确研判股票行情。

按照计算时取值的不同，DMI 指标也分为不同时间周期的指标。同布林线指标一样，经常被用于进行股市研判的是日 DMI 指标和周 DMI 指标。下面我们就向大家介绍一下在股市中常用的 DMI 指标研判方法。

（1）当 PDI 线同时在 ADX 线、ADXR 线和 MDI 线以下（特别是在 50 线以下的位置）时，说明市场处于弱势之中，向下运行的趋势还没有改变，股价可能还要下跌，投资者应持币观望或逢高卖出，切不可轻易买入股票。这点也是 DMI 指标研判的重点。

（2）当 PDI 线和 MDI 线同处 50 线以下时，如果 PDI 线快速向上突破 MDI 线，预示新的主力已进场，股价短期内将大涨。此时如果伴随大的成交量放出，那么更能确定行情将向上，投资者应迅速买入股票。

（3）当 PDI 线从上向下突破 MDI 线（即 MDI 线从下向上突破 PDI 线）时，此时不论 PDI 线和 MDI 处在什么位置都预示着新的空头进场，股价将下跌，投资者应以短线卖出股票或持币观望为主。

（4）当 PDI 线、MDI 线、ADX 线和 ADXR 线同时在 50 线以下并且黏合在一起进行窄幅横向运动时，说明市场处于平稳的状态，股价也处于横向整理之中，此时投资者应以持币观望为主。

（5）当 PDI 线、ADX 线和 ADXR 线同时在 50 线以下的位置，而此时 3 条线都快速向上发散时，说明市场人气旺盛，股价处在上涨走势之中，投资者可逢低买入或持股待涨。

（6）对于牛股来说，ADX 在 50 线以上向下转折，回落到 40 线～ 60 线，随即再度掉头向上攀升，股价在此期间走出横盘整理的态势，随着 ADX 再度回升，股价向上再次大涨，这是股价拉升时的征兆。这种情况经常出现在一些大涨的牛股中，此时 DMI 指标只是提供了一个"向上的大趋势即将来临"的参考。在实际操作中，则必须结合均线系统、均量线以及其他指标共同进行研判。

应该说 DMI 指标具有实用性，兼顾到了方向与趋势两个重要方面，并且都给出了明确的信号，应该说是个非常优秀的指标。但具体操作中恰恰相反，投资者很少应用这个指标，甚至有好多投资者未曾听说过这个指标。归根结底，还是 DMI 指标的表现形式过于复杂，看上去给人一种晕头转向的感觉，因此要想让 DMI 指标发挥其应有的作用，还需要将其简化才行。

7.2 趋向指标改造

所谓简化有两方面的含义：一是 DMI 指标表现形式上的简化；二是使用规则的简化。由于二者是一体两用的关系，接下来笔者会结合走势图对其进行阐述。

DMI 指标表现形式上的简化不是说将指标的某些功能与作用删减掉，那样一来，恐怕 DMI 指标真的就无人再用了。我们所说的简化是针对指标曲线的外在表现，既然 DMI 指标原有的 4 条曲线让人晕头转向，而它的作用又是两两对应，那么我们就将它的两个作用区分开来，这样一来，简化后的指标让投资者使用起来更方便。

7.2.1 趋向指标的拆分

指标的拆分其实非常简单，在 7.1.2 小节的图 7-2 中，我们已经看到了 DMI 指标的公式源码，而我们要做的，就是利用证券分析软件中的函数功能，将不需要的指标曲线屏蔽掉，如此一来，就达到了指标拆分的目的。

我们先屏蔽掉 DMI 指标的 ADX 线和 ADXR 线，只保留 PDI 线、MDI 线，也就是保留辨识多空方向的指标。

图 7-3 为在证券分析软件中添加函数语句后的示意图，图中的函数语句"NODRAW"表示空线条，即不在图表上显示的意思。

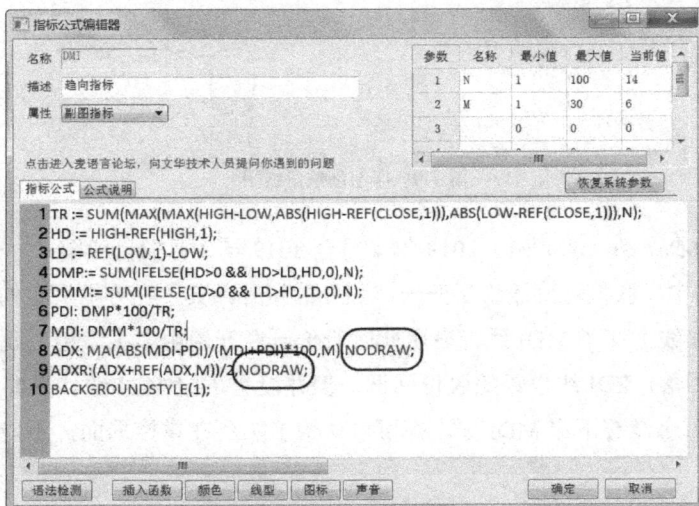

图 7-3 添加函数语句示意图

我们看到整体的指标公式源码并没有做任何改动，只是在输出 ADX 线和 ADXR 线函数语句的后面添加了"NODRAW"函数语句，这样就达到了我们的目的，让整体 DMI 指标只保留辨识多空方向的作用。

图 7-4 为华凯创意（300592）2019 年 8 月至 2019 年 11 月的日线图，副图指标就是简化后的 DMI 指标。

从图中可以清楚地看到，该股有两段上升的行情。将价格变化与副图中的 DMI 指标一起观察，可以发现第一段上升行情展开时，此时布林线中轨方向开始向上，预示中期趋势向好。我们看到 DMI 指标中的 PDI 线此时也快速向上，大角度上穿了 MDI 线，表明多头坚定有力、动能充足，支持股价展开一段行情。等到股价展开调整时，我们看到 PDI 线又下穿了 MDI 线，与股价完全同步。其后股价企稳展开二次上攻，PDI 线又再次上穿 MDI 线，对股价予以方向上的支持，指标的作用充分被显露。

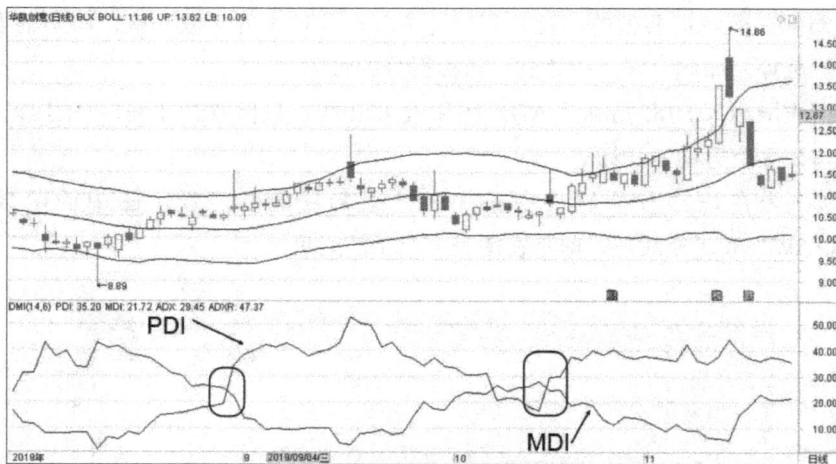

图 7-4　华凯创意日线图

图 7-5 为农产品（000061）2019 年 1 月至 2019 年 3 月的日线图。

从图 7-5 中，我们看到股价展开一波强劲的拉升，其中在方框框定的地方，DMI 指标中的 PDI 线上穿了 MDI 线，表明此时股价已经开始由多头掌控。我们看该股随后也有小幅回落，PDI 线也跟随股价回调，但并没有下穿 MDI 线。只要 PDI 线上穿 MDI 线后，后市没有下穿 MDI 线，都可以认为多头还在掌控局面，不能认为多空已经逆转。

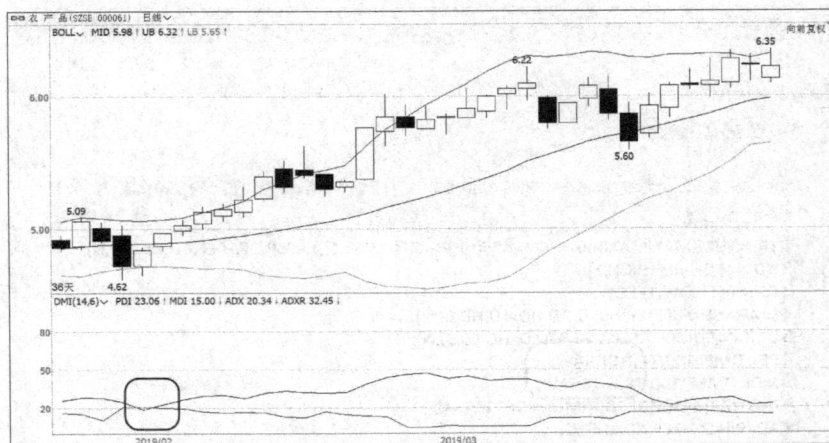

图 7-5 农产品日线图

　　了解了 DMI 指标中的多空功能，下面我们再来看 ADX 线和 ADXR 线组成的趋势功能是如何使用的。

　　我们还是先利用证券分析软件中的函数语言，将不需要的指标曲线屏蔽掉。这次我们屏蔽掉的是 DMI 指标中的 PDI 线和 MDI 线，保留 ADX 线和 ADXR 线，也就是保留辨识趋势的指标。

　　图 7-6 是在证券分析软件中添加 "NODRAW" 函数语句后的示意图。

　　大家可以看到，在图 7-6 方框框定的地方，我们在 PDI 线、MDI 线指标公式源码后面添加了 "NODRAW" 函数语句。由于在证券软件系统中 "NODRAW" 函数语句的作用是 "空线条"，由此就可以实现我们想要达到的屏蔽目的。

　　下面我们看一下 DMI 指标中的趋势功能是如何实现的。图 7-7 为中国宝安（000009）2018 年 12 月至 2019 年 8 月的日线图，副图指标就是简化后的 DMI 指标。

　　从图 7-7 中可以很清楚地看到方框内，股价的下跌速度比较快，此时 DMI 指标中的 ADX 线上穿了 ADXR 线。熟悉均线的读者对这个地方会觉得有些难以理解：指标线金叉不是好事吗？怎么指数会越跌越快呢？有这样的困惑很正常，主要是读者还不了解 DMI 指标。我们现在选用的指标线是 ADX 线与 ADXR 线，这两条指标线共同构成了 DMI 指标中的趋势作用，就是说它们只负责提示当前行情下趋势的强弱程度，至于多空的方向它们则不管。现在读者应该可以理解了，这里的 ADX 线上穿 ADXR 线形成金叉，其背后的含义是上升趋势或下降得到了加强或确认，而不是均线理论中支持股价上涨或下跌的金叉或死叉一类的东西。

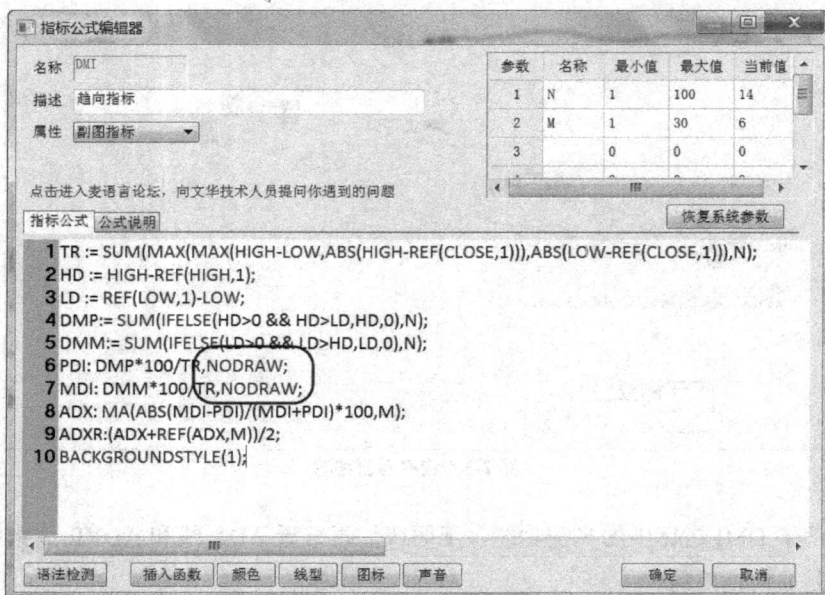

图 7-6　添加函数语句示意图

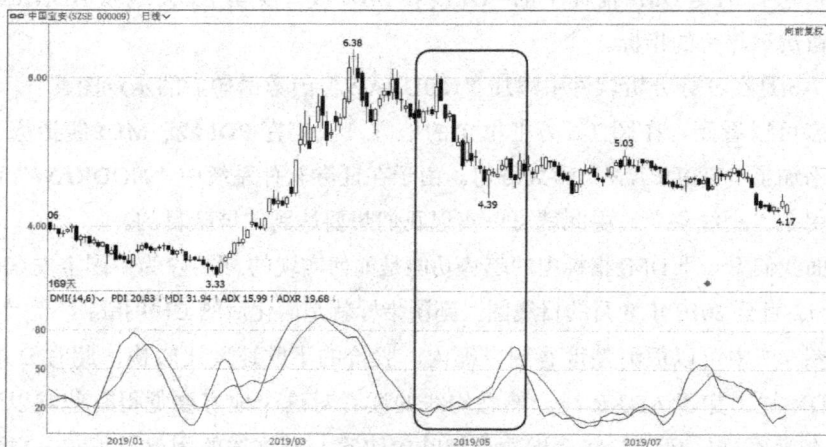

图 7-7　中国宝安日线图

我们再来看一个上涨的例子，便于读者从另一个方面来理解 DMI 指标的趋势作用。

图 7-8 为沪电股份（002463）2018 年 8 月至 2019 年 10 月的周线图。

我们看到在这段时间里，沪电股份有过多次上升行情，我们将这些明显的上升行情用方框框定。从图中可以看到，在每个方框框定的左侧，与股价同步的就是副图中的 DMI 指标，ADX 线与 ADXR 线每一次都发生了上穿的现象，表明股价的上涨得到了趋势的确认。不要忘记，这是代表中期趋势的周线图，周线图的趋势确认意味着行情更加深入与持久，这也是该股为什么能走牛两年的真正原因。

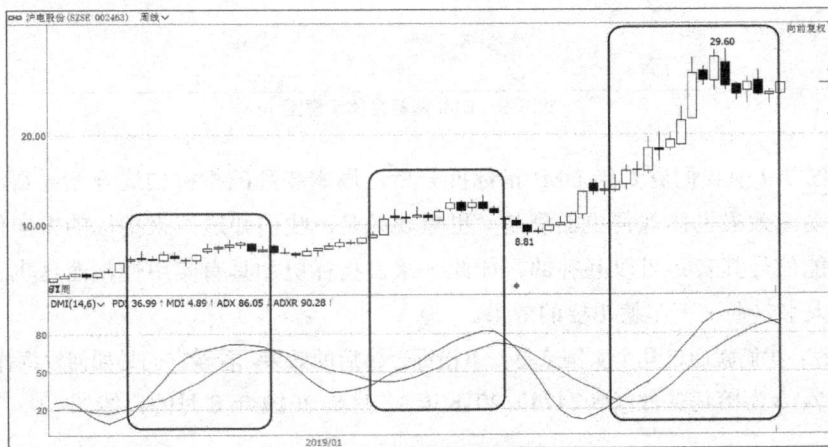

图 7-8　沪电股周线图

7.2.2　趋向指标的合体

拆分后，我们可以将 DMI 指标的两个作用看得一清二楚，但是不要忘记，只有将二者合在一起，才可以做到既能辨识多空方向，又能看清趋势走向，DMI 指标才算真正发挥了作用。鉴于此，我们在将 DMI 指标进行拆分后，还要让它们进行合体，如此才算真正学会了使用这个指标。如何将它们合体呢，方法很简单，就是将拆分后的 DMI 指标变成两个新指标，让它们同时以副图的形式出现，这样就达到了我们的目的。

这里我们需要提醒投资者一点，就是指标时间周期选择的问题。在证券分析软件中，系统给出的 DMI 指标默认参数设置是 14、6，之所以如此设置，还是与交易制度有关。最初的交易制度是 1 周交易 6 日，毫无疑问，指标中"6"这个参数就代表 1 周的交易时间。1 个月大约有 4 周，合起来应该是可以交易 24 日，再加上零散交易日，1 个月大概可以交易 28 日，而半个月恰好就是 14 日。如果按照现行的交易制度，我们其实应该将参数调整为 12、5，但这其实与 14、6 的时间参数相差不大，因此本书还是按照系统原有的参数予以技术上的说明。

图 7-9 所示是拆分后又在副图同时显示的 DMI 指标示意图，有辨识多空作用的我们用"DMIA"来命名，有趋势提示作用的我们用"DMIB"来表示，如此一来就实现了指标合体的效果。

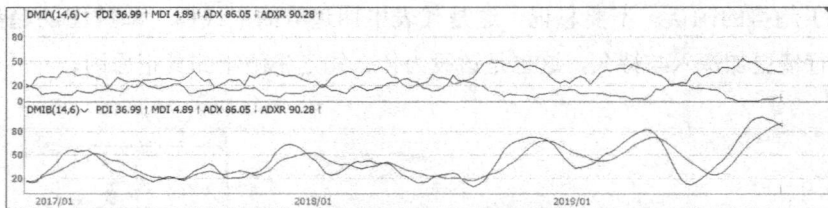

图 7-9　DMI 指标合体示意图

从图 7-9 中我们看到当 DMI 指标拆分后，原本凌乱的指标曲线开始显得清晰，独有的功能效果也体现得更加清楚。更重要的是，我们知道原来指标的方向信号和趋势功能信号其实是可以互补的，如此一来，指标更加具有实用性，而这也正是指标发明人韦尔斯·王尔德想要的效果。

现在，我们就通过几个实例来看一下指标合体后的效果，看看它们是如何发挥作用的。

图 7-10 为榕基软件（002474）2018 年 12 月至 2019 年 8 月的日线图。

图 7-10　榕基软件日线图

从图 7-10 中可以看到，箭头、圆圈标注的地方分为左右两组，左边是一段上升行情，右边是一段下跌行情。在 DMIA 指标副图的左边圆圈处，在上升行情中，DMIA 指标中的 PDI 线大角度上穿了 MDI 线，表明做多的动力在这一刻是十分充足的。但 PDI、MDI 金叉与 ADX、ADXR 金叉并不是同时给出的，通常情况下，PDI、MDI 先给出反转信号后，ADX、ADXR 才给出确认信号。

当多空双方分出胜负的时候，这种结果是真还是假呢？是否值得我们参与呢？此时就需要 DMIB 指标帮助我们进行明确的判断。我们看到在 DMIA 指标副图的左边圆圈处，ADX 线此时上穿了 ADXR 线，构成了趋势交易信号，对 DMIA 指标信号进行了验证，预示股价的上升趋势已经形成。

再次提醒读者，DMIB 指标在这里形成的金叉绝没有如均线般的那种技术意义，它只是针对 DMIA 指标而来的，只是单纯地对 DMIA 指标信号进行验证，这一点大家一定不要混淆。

理解了 DMIA 指标与 DMIB 指标之间的关系，右边的指标信号我们就很容易理解了。从图 7-10 中可以看到，当股价上升一段后开始徘徊不前，进而开始缓慢下沉，此时 DMIA 指标副图的右边圆圈中的 PDI 线下穿了 MDI 线，表明做多的动力已经耗尽，做空的动力正在悄然而成。此时我们看到 DMIB 指标副图的右边圆圈中的 ADX 线上穿了 ADXR 线，对做空信号进行了验证，意味着下跌的趋势已经形成，随后我们看到股价以波段的方式展开了下跌。

我们再看一个实例，图 7-11 为富春环保（002479）2017 年 9 月至 2019 年 10 月的周线图。

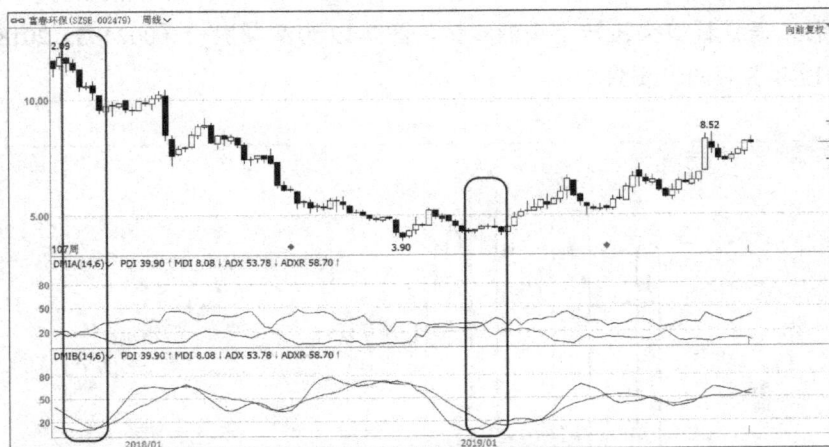

图 7-11　富春环保周线图

从图 7-11 中，我们看到该股经历了下跌与上涨行情，左侧方框处的下跌行情中 DMIA 指标 PDI 线下穿了 MDI 线，表明空头正在发力。这个时候，DMIB 指标配合地发出验证信号，表明做空动力有效，下跌趋势也已经形成，这个时候我们就能理解股价后续的下跌了。再看右侧方框处的上升行情，先是 PDI 与 MDI 给出金叉，随后一个交易日 ADX 与 ADXR 给出金叉，比较早地给出了确认。

通过两个实例的讲解，相信读者已经了解了 DMI 指标的使用方法，接下来我们也有必要对指标的使用规则进行一下总结，这样有利于我们今后实战的应用，这一点非常重要。

7.3 趋向指标法则

将 DMI 指标拆分又重新整合后，我们发现该指标有两大功能，即多空方向的判断与趋势的强化。既然它们已经发挥各自的作用，我们就应该彻底了解它们的使用技巧，便于在今后与布林线指标结合使用。

7.3.1 多空方向

股市中多空之所以能够转换成功，主要的原因是其背后潜在能量蓄积后的爆发。如果是多转空，自然是空头力量占上风；如果是空转多，自然是多头力量占上风。不管是哪一种力量，一旦某一方取得优势，一定会将力量完全释放出来才会罢休。这股力量反映在指标上，往往呈现出"一鼓作气，再而衰，三而竭"的波浪结构。

我们先来看看多头扭转空头的实例，图 7-12 为润邦股份（002483）2018 年 12 月至 2019 年 8 月的日线图。

图 7-12　润邦股份日线图

我们看图 7-12 中有一段明显的上升行情，多头在积蓄力量后一举扭转颓势，PDI 线以一个大角度上穿了 MDI 线，并产生了一个指标高点。我们看该股随后的进程，股价在稍作整理后又依次创出了两个高点，此时 MDIA 指标配合股价也出现了两个高点，只是高点的高度却低于第 1 个高点，给人一种"一鼓作气，再而衰，三而竭"的感觉，让指标与股价之间形成了所谓顶背离的走势。在指标形成第 3 个高点后，股价也来到了高点，随后应声而落。

图 7-13 为江海股份（002484）2018 年 9 月至 2019 年 8 月的日线图。

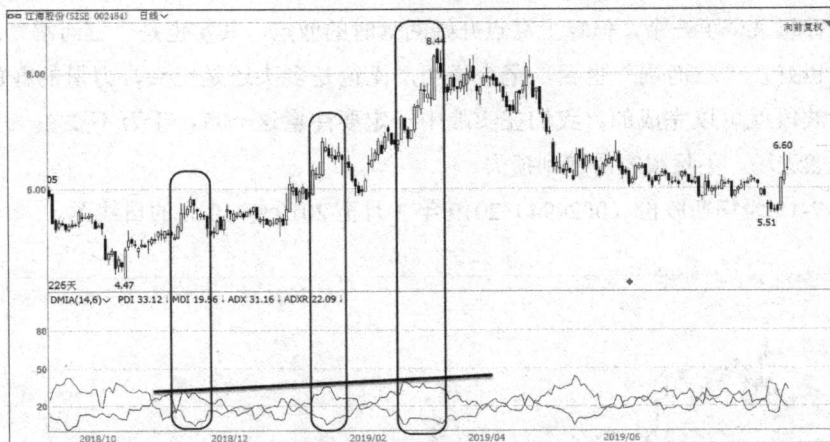

图 7-13　江海股份日线图

　　我们看图中江海股份这一段上升走势，可以看到自多头发力 PDI 线上穿了 MDI 线后，多头是气势如虹，股价连创新高的同时，MDIA 指标也是毫不示弱，接连有新高出现。尽管如此，我们发现在完成 3 个高点后，股价和指标依然延续"三而竭"的套路，走到了行情的尽头。这样的实例说明，这是一种规律，因为多头的力量不可能永远无穷尽，一般在第三次发力后就将衰竭。

　　下面我们看看空头扭转多头的实例，图 7-14 为恒基达鑫（002492）2019 年 4 月至 2019 年 10 月的日线图。

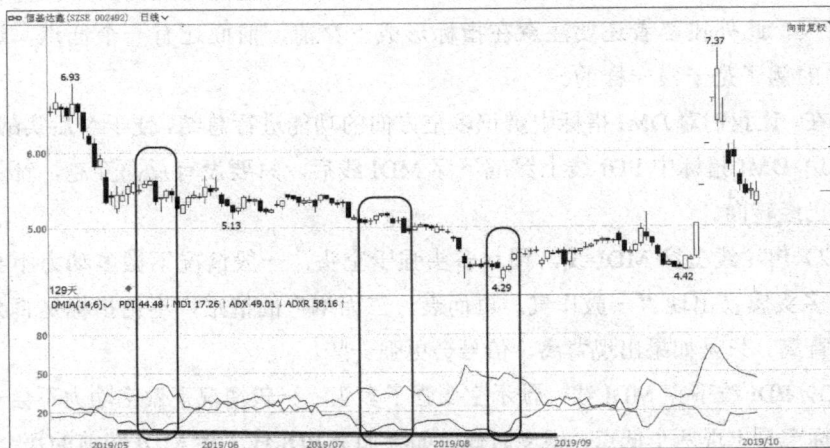

图 7-14　恒基达鑫日线图

从图 7-14 中，我们看到股价从高点回落，让 PDI 线下穿 MDI 线，预示着在多空的较量中空头已经占据优势。我们看到自 PDI 线下穿 MDI 线后，PDI 线产生了两个低点，看起来少了一个，但算上高点开始回落时的低点，其实也是"三而竭"。"再而衰"也好，"三而竭"也罢，至少说明，无论是多头还是空头，力量的释放都不是一个波段就可以完成的。我们在实战中一定要注意这一点，千万不要在一个波段后就贸然进场，不然很容易遭到损失。

图 7-15 为华斯股份（002494）2019 年 3 月至 2019 年 10 月的日线图。

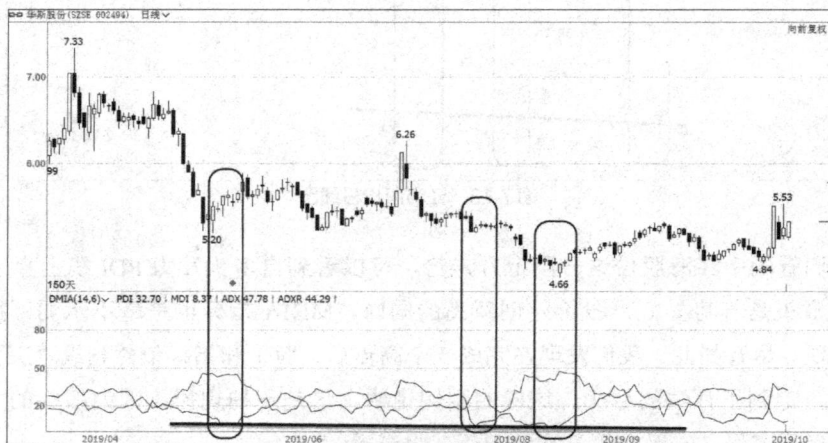
图 7-15　华斯股份日线图

在图 7-15 中，我们看到股价从高位滑落，DMI 指标在 PDI 线下穿 MDI 线之后依然形成了两个低点，说明做空的动力也不是一次就能释放完的，投资者不要轻易买入。此外投资者还要注意在指标形成下穿前，前面还有一个低点，这与图 7-14 中的例子是一模一样的。

现在，让我们对 DMI 指标中辨识多空方向的功能进行总结，便于今后实战应用。

（1）DMI 指标中 PDI 线上穿或下穿 MDI 线后，只要没有反向穿越，都不能认定多空已经转向。

（2）PDI 线上穿 MDI 线，预示多头强于空头，一般情况下做多动力不会一次耗尽，多头容易出现"一鼓作气，再而衰，三而竭"的情形，不论指标是否会与股价形成背离。只是如果出现背离，信号会更强一些。

（3）PDI 线下穿 MDI 线，预示空头强于多头，一般情况下做空动力不会一次耗尽，指标容易出现两个低点。很多时候，如果加上 PDI 线下穿 MDI 线前的那个低点，空头也会出现"一鼓作气，再而衰，三而竭"的情形。

7.3.2 趋势信号

DMI 指标中的趋势信号主要通过 ADX 线和 ADXR 线来表明。如果大家熟悉函数语句就会发现，其实 ADX 线就是 PDI 线与 MDI 线的差除以两条曲线的和，再乘以 100%，用以显示空间位置的高低。至于 ADXR 线，则是 ADX 线的 6 日平滑线。换句话说，ADX 线是依附于 PDI 线与 MDI 线而存在的，因此它发出的信号与多空信号密切相关。

当前的市场，主流交易手段就是趋势交易，而趋势交易的前提就是多空有明确的方向。至于 DMI 指标中的趋势信号，起到的作用就是告诉我们这种明确的多空信号能持续多长的时间。

我们还是通过两个实例来具体说明一下。图 7-16 为辉丰股份（002496）2019 年 1 月至 2019 年 4 月的日线图。

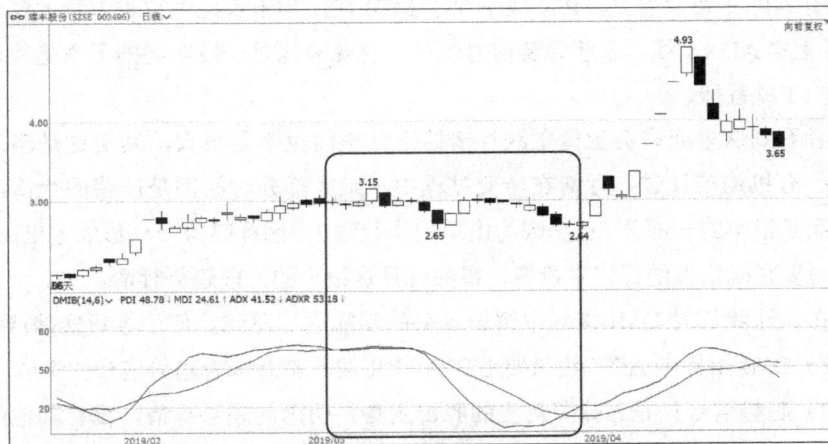

图 7-16　辉丰股份日线图

我们看在图 7-16 中是有一段明显的上升行情，副图中的 DMIB 指标也给出了明确的趋势信号。需要说明的是，DMIB 指标中的趋势信号与股价没有背离的关系，因此投资者在使用中也无须辨别指标与股价是否形成背离。DMIB 指标中的趋势信号在使用中只有一个要点，那就是正确判断与分析趋势信号的意义。图 7-16 中，在方框框定的地方我们看到，指标在这里形成了向下的死叉。这里的死叉技术意义与其他指标死叉的意义不同，如果多空信号没有明确的转向提示，那么它只能说明在这个地方，股价暂时失去了趋势行情，不构成趋势交易的特征。其后我们看到指标再次交叉，表明趋势行情得到了恢复。

图 7-17 为鼎龙文化（002502）2019 年 3 月至 2019 年 8 月的日线图。

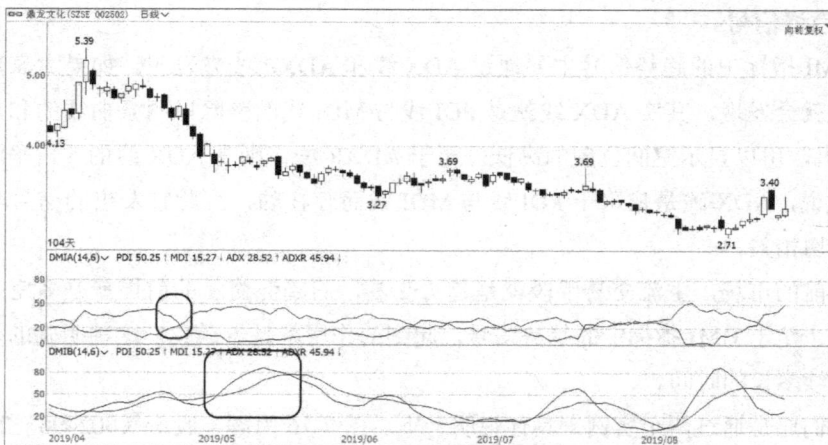

图 7-17　鼎龙文化日线图

从图 7-17 中可以看到，PDI 线下穿了 MDI 线，预示着此时空头力量占据上风，ADX 线上穿 ADXR 线，表明趋势信号生成，意味着这是一段明确的下跌趋势，也就是明显的主跌行情。

读者看到这里或许会觉得主跌行情的下跌空间也不是很大，其实这是陷入了一个误区。有机构统计过，行情在转变过程中，绝大部分时间都是震荡的行情，趋势行情反而是很小的一部分，也正因为出现的次数较少，因此趋势一旦形成才更加明确。我们常说要在确定性的行情中投资，指的就是这很少的一段趋势行情。

现在，让我们对 DMI 指标中辨识趋势的功能进行总结，便于今后实战应用。

（1）DMI 指标中 ADX 线只要上穿 ADXR 线，都意味着趋势信号的生成。

（2）趋势信号只是意味着对应的股价走势是明确的趋势行情，没有其他的技术含义。

（3）趋势信号与股价不存在背离关系。

7.3.3　空白地带

在多空方向与趋势信号两种作用之外，其实 DMI 指标还有一个指标盲区不被大多数投资者知晓，我们管这个指标盲区叫指标的"空白地带"。

"空白地带"说的是 DMI 指标在多头力竭而空头还未占据上风时的指标表现，也就是由多向空转换时多头的力量消减。大家不要小看这个地方，有的时候，正是这种不起眼的地方，容易给投资者带来较大的风险与损失。

图 7-18 为协鑫集成（002506）2019 年 1 月至 2019 年 6 月的日线图。

图 7-18　协鑫集成日线图

我们首先看图 7-18 的左半部分，当 PDI 线上穿 MDI 线，意味着多头开始占据优势，其后指标接连走出了 3 个高点，符合我们前面谈到的多头占优往往出现"一鼓作气，再而衰，三而竭"的技术特点。再看图 7-18 的右半部分，当多头力量"三而竭"后，指标开始回落，而此时代表空头力量的 MDI 曲线开始上行。此时，DMI 指标并没有发出多空转向信号，但已经发出趋势形成的死叉信号，给出了多头力量确实在衰败的验证结果，这个时候，就是 DMI 指标的空白地带。我们看指标此时尽管没有由多转空，但股价却是实实在在地在下跌，所以实战中要多注意像这种多空转换的风险。

我们再看一个实例。图 7-19 为银河电子（002519）2019 年 1 月至 2019 年 5 月的日线图。

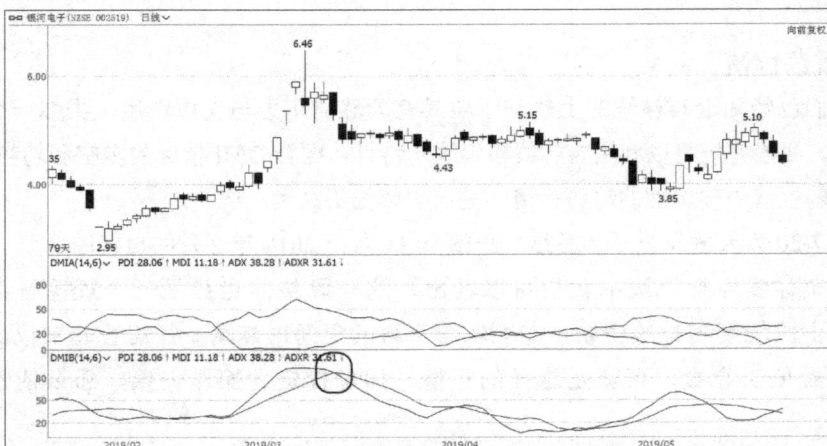

图 7-19　银河电子日线图

我们看该股与图 7-18 中的例子相似。在 DMIA 指标中，我们看到代表多头的 PDI 曲线正由高处回落，而代表空头力量的 MDI 曲线正在低位上升，预示多空力量在这个地方是此消彼长。此时我们看到，尽管多空方向还没有明确，但反映趋势的 DMIB 指标则给出了一个死叉信号，表示一段趋势行情正在形成。既然是明确的趋势行情，空头力量又有增强的趋势，股价率先展开了下跌，从侧面显示出空头确实在积蓄力量，为指标日后上穿 PDI 曲线做着准备。

如果我们不将 DMI 指标拆分又合体，那么像空白地带这种现象就很容易被忽略掉。现在我们既然发现了它，那就对这类现象进行总结。

（1）一旦发现 DMI 指标多空方向走出"三而竭"的态势，务必要留意后面指标的变化，若已获利也可先行退出。

（2）多空力量一旦此消彼长，趋势信号又给出验证结果，则一定要注意股价下跌的风险，这可能是多空即将转向的前兆。

（3）若指标走势难以辨识，也可参考其他技术指标辅助判断。

7.4 布林线与 DMI 指标

我们已经了解到布林线指标既有趋势功能也有震荡功能。趋势功能还好理解，毕竟趋势行情是明确的，投资者也比较有把握。但震荡功能却是投资者的"大敌"，有好多投资者想要在震荡行情中做到低买高卖，结果做成了高买低卖。如果能在震荡行情中辨清多空力道，或许投资者就会多一点把握。

7.4.1 震荡行情

我们已经知道布林线的上轨与下轨具有天然的压力与支撑作用，类似一个天然的管道。我们完全可以利用布林线指标这一特性，配合 DMI 指标的多空和趋势作用，辨识震荡行情中确定性的趋势行情，进而实现低买高卖。

图 7-20 为天桥起重（002523）2018 年 11 月至 2019 年 2 月的日线图。

从布林线运行轨迹中我们可以看出，这一段整体走势是一个震荡行情，股价基本上围绕着布林线中轨，在上轨与下轨的空间内震荡。行情看起来很简单，思路就是低买高卖，可就是这样的行情，如果投资者操作失误，那么依然会产生亏损。

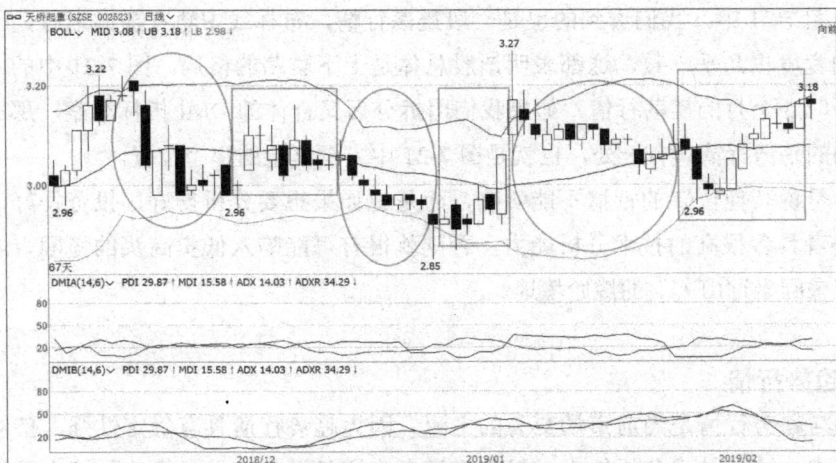

图 7-20 天桥起重日线图

如何避免这种现象呢？如果搭配上我们拆分后又合体的 DMIA 指标与 DMIB 指标，这样的困惑就可以得到有效解决。

按照这个思路我们再看图 7-20 中的这段震荡行情，发现能明确的多头趋势行情只有 3 处。从左至右我们仔细观察就能发现，它们基本符合同样的规律，即股价在布林线下轨或中轨处得到有效支撑，DMIA 指标中的 PDI 线此时上穿 MDI 线，给出多头占据优势的信号，DMIB 指标中的 ADX 线金叉 ADXR 线，证明这是一段明确的趋势行情。投资者如果在此时入场进行交易，那么应该可以获取一定的收益。

图 7-21 为丰原药业（000153）2019 年 3 月至 2019 年 10 月的日线图。

图 7-21 丰原药业日线图

从图 7-21 中，我们看到的也是一段震荡行情，布林线中轨在横向运行，上轨与下轨的宽度也几乎一致，这都表明该股总体是上下震荡的格局。图 7-21 中的中间部分是历时 5 个月的震荡行情，如果我们用拆分后又合体的 DMI 指标观察，那么发现能明确的趋势行情只有一处，也就是图 7-21 中方框框定的那个位置。

不是说其他位置的行情不能明确，而是说如果想要分析得好、投资得好，就需要投资者具备很高的技术分析能力，否则就很有可能陷入低卖高买的怪圈，或者是陷入"来回坐过山车"的尴尬境地。

7.4.2 趋势行情

参与趋势行情是当前市场交易的主流，因为趋势行情具有确定性强、持续时间长的特点，这对技术分析能力一般的投资者来说是福音。只是趋势行情也不是一条康庄大道，其中也有许多阻碍，特别是在所谓的慢牛行情中，最需要提防的就是急速下跌的情况，很容易让投资者半途下车。

图 7-22 为榕基软件（002474）2018 年 12 月至 2019 年 4 月的日线图。

从图 7-22 中，我们看该股布林线中轨向上运行，说明中线趋势向好。再看 DMIA 指标，PDI 线始终在 MDI 线上方运行，预示着多头始终占据优势，控制着局面。再看 DMIB 指标，ADX 线接连几次与 ADXR 线发生金叉，表明在多头控制下出现多次趋势行情信号。投资者只要参照布林线轨道，同时结合拆分后的DMI指标进行分析，则足以把握住这次明确的趋势行情。

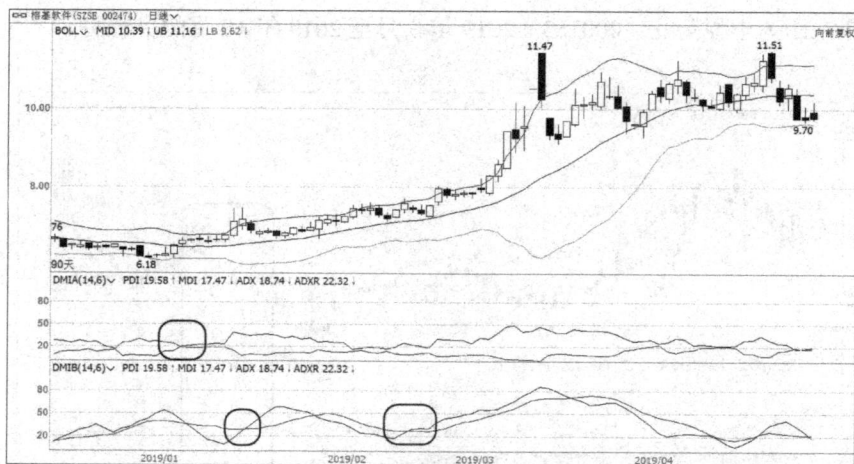

图 7-22　榕基软件日线图

图 7-23 为常宝股份（002478）2018 年 12 月至 2019 年 5 月的日线图。

图 7-23　常宝股份日线图

从图 7-23 中，我们看到在股价走势中出现了一个非常明显的指标空白地带信号，表现在布林线指标上，就是股价突破了布林线上轨，然后遇阻回落。大家如果能够将二者结合，就可以有效回避可能出现的下跌。其后我们看到股价出现明确的趋势行情，布林线中轨开始大角度上行，代表多头的 PDI 线始终压制着代表空头的 MDI 线，说明多头一直都在掌控局势，而 DMI 指标中的 ADX 线与 ADXR 线则连续出现趋势信号，预示着这一段行情是明确的趋势行情。如果大家能深刻理解 PDI，MDI 组合线与 ADX 和 ADXR 组合线的内涵，将二者结合起来，发挥各自的长处，对行情的把握应该会有一个质的提升。

在对行情的把握上布林线指标其实已经颇具独到之处了，如果再配合 DMI 指标明确的多空方向和趋势信号，那么无论是震荡行情还是趋势行情，我们也都能够很好地把握，而这样的结果或许也是投资者最想得到的。

本章要点

■ 趋向指标具有辨识多空方向、确认趋势信号的双重作用。

■ 将趋向指标拆分成两个指标，指标的作用能更好地发挥。

■ 留意指标的空白地带，有时候可以规避股价下跌的风险。

■ 趋向指标配合布林线指标，可以满足震荡和趋势等不同特征行情的需要。

第 8 章

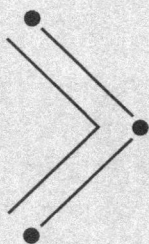

布林线与抛物线指标

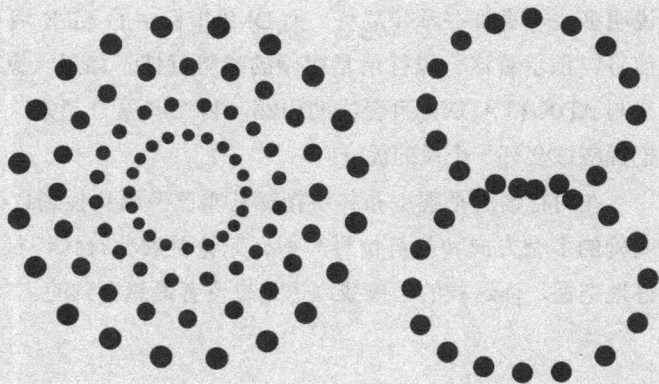

抛物线指标又叫"停损转向指标"，英文全称是"Stop and Reverse"，在证券分析系统中缩写为 SAR，所以投资者也称该指标为 SAR 指标。

SAR 指标是一种简单易学并且在实战中比较准确的中短期技术分析工具。发明人之所以称它为抛物线指标，是因为组成该指标的点是以弧形的方式移动的，其运行轨迹与移动平均线颇为相似。SAR 指标属于价格与时间并重的分析工具，可以说已经将影响股价最重要的两个方面都考虑进去了。有意思的是，这个指标的发明人还是韦尔斯·王尔德，由此可知为什么他会被称为"指标大师"。

8.1 抛物线指标概述

韦尔斯·王尔德一生发明了许多让后人受益良多的指标，DMI 指标如此，SAR 指标也是如此。SAR 指标与 DMI 指标一样，是一个神奇的指标。之所以说它神奇，是因为它解决了投资者最为头疼的两个问题，一是如何跟随股价的变动做到利润最大化；二是如何判断股价是否已经转向，自己又该在哪个合适的价位退出。这两个问题其实可以归结为一个问题，即投资者的买卖问题。

8.1.1 抛物线指标的含义

证券交易中一买一卖看似简单，实则蕴含着很深的道理，这一点想必指标的发明人韦尔斯·王尔德很有感触，否则他也不会研究设计出 SAR 指标。

我们首先来看一下 SAR 指标的示意图，对它有一个直观的了解，如图 8-1 所示。

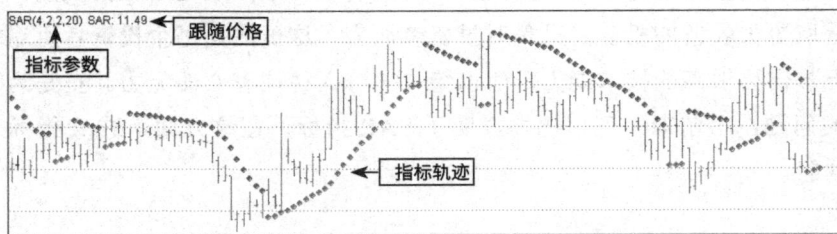

图 8-1 SAR 指标示意图

图 8-1 中有几个关注点需要向大家说明一下，一是在指标示意图左上角的数字是指标参数；二是指标参数右侧的数字，我们已经用文字予以说明，那是 SAR 指标跟随股票的股价；三是 SAR 指标的运行轨迹在实际运用中是用红绿两种颜色来加以

区分的，当股价上涨时，SAR 指标呈红色圆点，在股价下方运行，当股价下跌时，SAR 指标呈绿色圆点，在股价上方运行；四是在证券分析软件中，配合 SAR 指标的不是大家常用的 K 线，而是西方投资者经常使用的美国线。

对 SAR 指标有一个粗略了解后，我们来解读指标的含义。从指标英文全称就能看出，SAR 指标其实是有两层含义的。第 1 层含义即英文单词"Stop"。在英文中，"Stop"有停止的意思，应用到金融市场就有停损、止损的意思，就是要求投资者在买卖某只股票之前，先要根据股价过往的走势，提前设定一个止损价位，以减少投资风险。如何准确地设定止损价位是各种技术分析理论的难点，也是投资者的技术瓶颈。股市变幻莫测，不同的股票在不同时期的走势各不相同，如果投资者止损价位设定得过高，那么就有可能在股价正常调整回落时卖出，而卖出后股价却从此展开一轮新的升势，因此错失了赚取更大利润的机会，术语叫"卖飞"；反之，如果投资者止损价位设定得过低，或许根本起不到控制风险的作用。所以设定止损价位这个问题一直困扰着投资者。

SAR 指标的第 2 层含义是英文单词"Reverse"，即反转、反向之意，就是要求投资者在决定投资前先设定止损位，当股价达到设定的止损价位时，投资者不仅要对前期买入的品种进行平仓，而且在平仓的同时可以进行反向操作，以求得收益的最大化。但在实际中，投资者要想用好 SAR 指标只能采用以下两种方法：一是在股价向下跌破设定的止损价位时及时抛出股票，然后持币观望等待下一次机会；二是当股价向上突破 SAR 指标显示的股价压力位时，及时买入股票然后持股待涨。

在实战中，止损价位的设定是一个动态的过程，它应该随着股价的波动而不断地调整，而不应该是一直不变的，如此既可以有效控制住潜在的风险，又不会错失获取更大收益的机会。只是对投资者而言，这虽然是每个投资者所追求的目标，但却需要很高的技术能力，所以绝大部分人往往有心而无力。正是为了解决这样的问题，韦尔斯·王尔德才发明了 SAR 指标，在这方面，SAR 指标有其独到的功能。

8.1.2 抛物线指标的计算

和市场上常用的诸如 MACD、KDJ 等指标不同的是，SAR 指标的计算过程相当烦琐，这也是韦尔斯·王尔德发明的指标的一个特点。他发明的指标越到后期，其计算公式就越复杂，数学稍差的人已经不愿意去接触这一类指标了，或许这也是韦尔斯·王尔德的指标虽然好用，但市场上的投资者却用得少的原因。

SAR 指标的计算之所以烦琐并且晦涩难懂，主要因为该指标需要针对每个周期不断变化的 SAR 值，也就是止损价位的数值进行计算。在计算 SAR 之前，先要选定一段周期，比如 n 日或 n 周等，n 日或 n 周的参数一般为 4 日或 4 周，接着判断这个周期的股价是在上涨还是下跌，然后再按推理方法逐步计算 SAR 值。

我们以计算 Tn 周期的 SAR 值为例，向大家说明一下指标的计算过程。

SAR(Tn)=SAR(Tn−1)+AF(Tn)*[EP(Tn−1)−SAR(Tn−1)]，这是指标的计算公式，其中，SAR(Tn) 为第 Tn 周期的 SAR 值，SAR(Tn−1) 为第 Tn−1 周期的值，AF 为加速因子（或叫加速系数），EP 为极点价（最高价或最低价）。在计算 SAR 值时，要注意以下几项原则。

1. 初始值 SAR(T0) 的确定。若 T1 周期中 SAR(T1) 为上涨趋势，则 SAR(T0) 为 T0 周期的最低价；若 T1 周期为下跌趋势，则 SAR(T0) 为 T0 周期的最高价。

2. 极点价 EP 的确定。若 Tn 周期为上涨趋势，则 EP(Tn−1) 为 Tn−1 周期的最高价；若 Tn 周期为下跌趋势，则 EP(Tn−1) 为 Tn−1 周期的最低价。

3. 加速因子 AF 的确定。（1）加速因子的初始值为 0.02，即 AF(T0)=0.02。（2）若 Tn−1，Tn 周期都为上涨趋势时，当 Tn 周期的最高价 >Tn−1 周期的最高价时，则 AF(Tn)=AF(Tn−1)+0.02；当 Tn 周期的最高价 ≤ Tn−1 周期的最高价时，则 AF(Tn)=AF(Tn−1)，但加速因子 AF 最高不超过 0.2。（3）若 Tn−1、Tn 周期都为下跌趋势时，当 Tn 周期的最低价 <Tn−1 周期的最低价时，则 AF(Tn)=AF(Tn−1)+0.02；当 Tn 周期的最低价 ≥ Tn−1 周期的最低价时，则 AF(Tn)=AF(Tn−1)。（4）任何一次行情的转变，加速因子 AF 都必须重新由 0.02 开始算，比如，Tn−1 周期为上涨趋势，Tn 周期为下跌趋势（或者相反），AF(Tn) 需重新由 0.02 为基础进行计算，即 AF(Tn)=AF(T0)=0.02。（5）加速因子 AF 最高不超过 0.2，当 AF>0.2 时，AF 需重新由 0.02 起计算。

4. SAR 值的确定。（1）通过公式 SAR(Tn)=SAR(Tn−1)+AF(Tn)*[EP(Tn−1)−SAR(Tn−1)]，计算出 Tn 周期的值。（2）若 Tn 周期为上涨趋势，当 SAR(Tn)>Tn 周期的最低价（或 SAR(Tn)>Tn−1 周期的最低价）时，则 Tn 周期最终 SAR 值应为 Tn−1、Tn 周期的最低价中的最小值；当 SAR(Tn) ≤ Tn 周期的最低价并且 SAR(Tn) ≤ Tn−1 周期的最低价时，则 Tn 周期最终 SAR 值为 SAR(Tn)，即 SAR=SAR(Tn)。（3）若 Tn 周期为下跌趋势，当 SAR(Tn)<Tn 周期的最高价（或 SAR(Tn)<Tn−1 周期的最高价）时，则 Tn 周期最终 SAR 值应为 Tn−1、Tn 周期的最高价中的最大值；当 SAR(Tn) ≥ Tn 周期的最高价并且 SAR(Tn) ≥ Tn−1 周期的最高价时，则 Tn 周期最终 SAR 值为 SAR(Tn)，即 SAR=SAR(Tn)。

5.SAR 指标周期的计算基准周期的参数为 2，如 2 日、2 周、2 月等，其计算周期的参数变动范围为 2 ～ 8。

SAR 指标的计算方法和过程比较烦琐，对于喜欢钻研指标的投资者来说，深入学习该指标的计算方法对于了解指标构成、掌握指标内在机理还是很有帮助的。对绝大部分投资者来说，随着计算机技术的普及，各大券商都已经在证券分析软件中为投资者提供了 SAR 指标，在实际操作中已经不需要投资者自己计算 SAR 值了，大家只要了解指标的原理即可。

8.1.3 抛物线指标的源码

了解了 SAR 指标的计算过程，理论上我们就能编写出指标源码。考虑到一些投资者喜欢根据自己的投资风格对指标进行某种技术上的改造，如添加自己熟悉的均线等，于是笔者在这里提供 SAR 的指标源码，方便投资者使用。当然，掌握 SAR 指标的使用方法并且能在实战中灵活地加以运用，这才是最终的目的。

图 8-2 为 SAR 指标源码图。

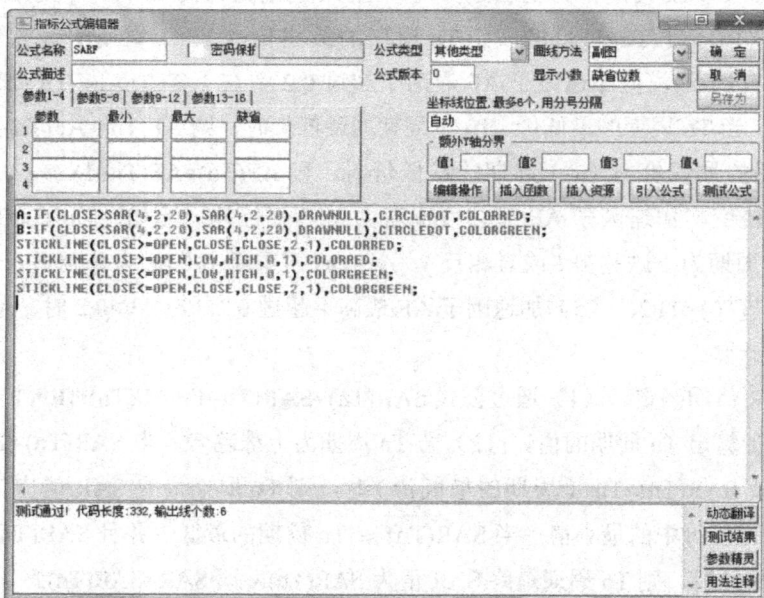

图 8-2　SAR 指标源码图

对于笔者提供的指标源码，有的读者或许会觉得有点不放心，其实这是一种心理作用。其表现形式与系统自带的指标基本没有什么不同。

　　图 8-3 为笔者提供的 SAR 指标与系统自带的 SAR 指标的对比图。

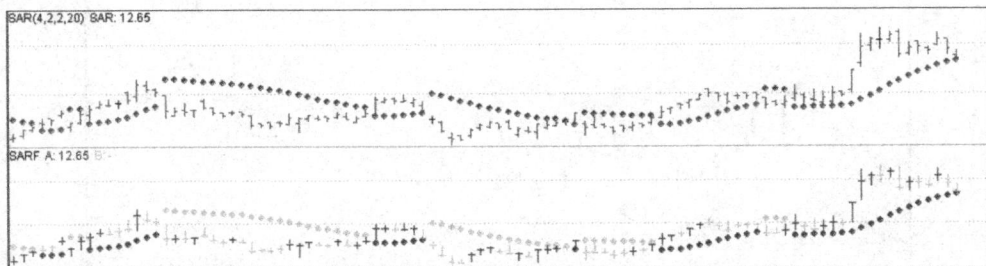

图 8-3　SAR 指标对比图

　　图 8-3 的下半部分是采用笔者提供的指标源码生成的 SAR 指标图，而上半部分则是证券分析软件系统自带的指标图，从外观上看，二者基本没有差异。

　　从图 8-3 中可以看到，无论是证券软件系统自带的指标，还是笔者提供的指标，其表现形式都是以美国线为背景的，习惯于使用 K 线的国内投资者使用起来很不适应，一些刚刚入市的投资者甚至还看不懂美国线，以致将 SAR 指标弃如敝屣，其实这是很可惜的。为了改变这种现状，国内有好多编程高手再次向这个难题发起挑战，并最终取得了进展，不但使 SAR 指标与大家习惯使用的 K 线相结合，而且还将指标应用在了主图上面，使得视觉效果更佳。

　　我们先给出指标源码，然后再看效果图。

SR1:=SAR(10,2,10);

IF(CLOSE>SR1,SR1,DRAWNULL),CIRCLEDOT,COLOR0000FF;

IF(CLOSE<SR1,SR1,DRAWNULL),CIRCLEDOT,COLORGREEN;

　　这就是改进后的 SAR 指标源码，相比之前包含众多函数语言的指标源码，这一版已经精简了不少。

　　图 8-4 为浦发银行（600000）2019 年 6 月至 2019 年 10 月的日线图，主图指标就是最新版的 SAR 指标。

　　从图 8-4 中可以看到，当我们把 SAR 指标应用到主图上时，视觉效果看起来更好，指标表现似乎也更加出色，而且同副图上系统自带的指标对比，基本没有差异，说明这种方法是可行的。并且这个指标源码也可以应用到副图上，读者只要在设置指标的时候选择"副图（叠加 K 线）"，指标就会自动与 K 线结合。

　　新入市的读者或许不知道如何设置新指标，这里我们简单说一下指标设置流程。图 8-5 为通达信软件的指标设置流程图。

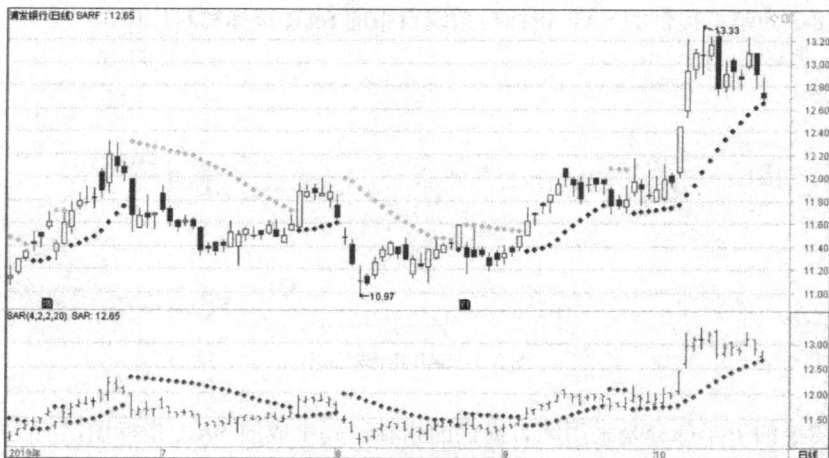

图 8-4　浦发银行日线图

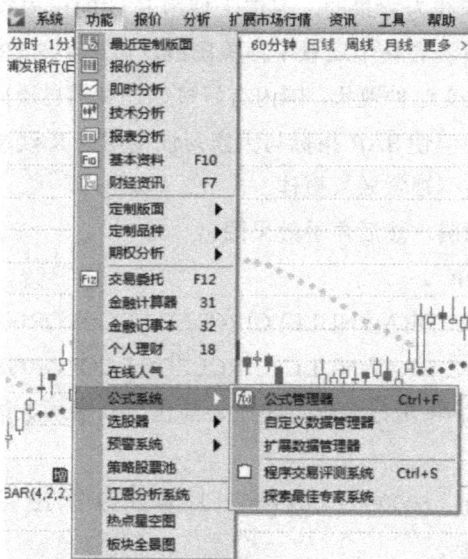

图 8-5　指标设置流程图

　　以通达信证券分析软件为例，首先在软件最上侧找到菜单栏，在子菜单栏选择"功能"子项，再从出现的子菜单栏中选择"公式系统"子项，最后选择"公式管理器"就可以了。进行到这一步时，系统会弹出一个如图 8-2 那样的公式编辑框，读者将指标源码复制到框内，为指标命名，然后选择"主图叠加"或者"副图（叠加 K 线）"，新的指标就设置完成了。

8.2 抛物线指标法则

SAR 指标的计算过程虽然复杂烦琐，但在具体的使用过程中却具有简单易行、稳健可靠、操作方便等诸多优点。从这一点来说，我们要感激韦尔斯·王尔德，若没有他的付出与努力，或许我们就看不到这样一个表现优异的指标了。

8.2.1 抛物线指标的优点

"工欲善其事，必先利其器"，我们既然要应用 SAR 指标，当然要对该指标的特点有透彻的了解，如此才能放心地使用。经过大量的案例统计，笔者总结出 SAR 指标的几个优点。

（1）操作简单，买卖点明确，出现买卖信号时即可进行操作，特别适合入市时间短、投资经验少、缺乏买卖技巧的中小投资者使用。

（2）适合于连续拉升的"牛股"，不会被股价上升途中的回落震荡出局。

（3）适合于连续阴跌的"熊股"，不会被股价下跌途中的短暂反弹所蒙骗。

（4）适合于任何时间周期的波段操作。

（5）符合趋势交易特征，长期使用 SAR 指标虽不能买在最低价，也不能卖在最高价，但可以避免长期套牢的风险，同时又能避免错失牛股行情的情况。

图 8-6 为荣盛石化（002493）2019 年 3 月至 2019 年 4 月的日线图。

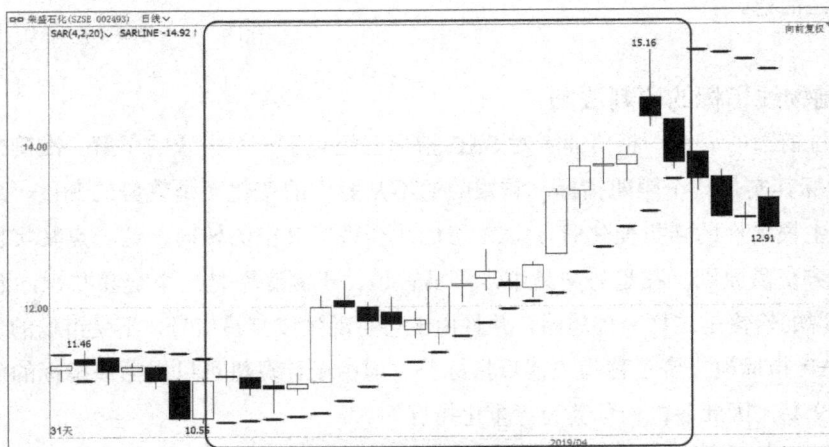

图 8-6 荣盛石化日线图

从图 8-6 中可以看到，股价自相对底部启动，展开一轮上冲行情，结局虽然完美但过程却并不是一帆风顺的，中间股价既有短暂的回落，也有横向的整理。但不管如何波动，跟随股价的 SAR 指标始终保持趋势的完整，不惧股价的种种变化，有十分出色的表现。

图 8-7 为佳隆股份（002495）2019 年 3 月至 2019 年 9 月的周线图。

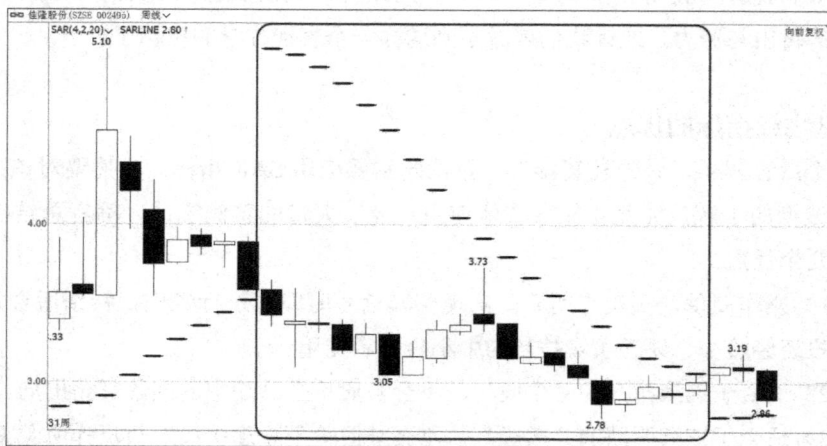

图 8-7　佳隆股份周线图

从图 8-7 中，我们看到该股从 5.1 元开始回落，一直跌到 2.78 元，跌幅高达45.5%。在如此巨大的下跌过程中，我们发现尽管股价出现过多次周阳线，但 SAR指标始终不改变走向说明整体下跌趋势没有任何变化，一切的反弹不过是下跌途中的障眼法而已。

8.2.2　抛物线指标的研判法则

通过前面的介绍，相信读者对 SAR 指标已经有了一个大致的了解。准确来说，SAR 指标其实是一个跟随指标，它跟随的不是股价的变化而是趋势的变化，只有当趋势发生根本性的转折变化时，SAR 指标才会进行多空的转向，这一点其实也非常符合趋势交易原则。在趋势交易中，"不言顶、不测底"是一个交易共识，而 SAR指标体现的恰恰是这样一种思路，并且由于它主动生成交易信号，不受市场的影响，因此 SAR 指标被投资者称为"傻瓜指标"。但由于计算机可以根据该指标的信号自动进行交易，因此各机构称其为"量化指标"。

可以量化的指标一般都具有两个特点，一是规则简单，便于计算机输入；二是信号明确，便于计算机执行。SAR 指标刚好满足这两个条件，其研判标准有以下 4

个方面。

（1）当股价从 SAR 曲线下方开始向上突破 SAR 曲线时，为买入信号，预示着一轮上升行情可能展开，投资者应迅速及时地买进股票。

（2）当股价向上突破 SAR 曲线后继续向上运动而 SAR 曲线也同时向上运动时，表明股价的上涨趋势已经形成，SAR 曲线对股价构成强劲的支撑，投资者应坚决持股待涨或逢低买进。

（3）当股价从 SAR 曲线上方开始向下回落，SAR 曲线在股价上方出现时，为卖出信号，预示着一轮下跌行情可能展开，投资者应迅速及时地卖出股票。

（4）当股价继续向下运动而 SAR 曲线也同时向下运动，表明股价的下跌趋势已经形成，SAR 曲线对股价构成巨大的压力，投资者应坚决持币观望或逢高减仓。

笔者用几个实例对 SAR 指标的研判法则进行具体说明。图 8-8 为老板电器（002508）2019 年 8 月至 2019 年 10 月的日线图。

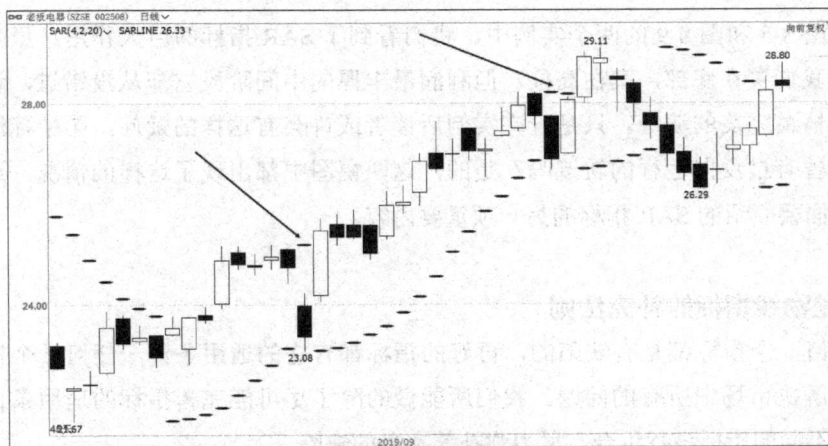

图 8-8　老板电器日线图

从图 8-8 中可以看到，这是一段明显的上升趋势行情，股价从低点启动，SAR 指标由绿翻红后始终在股价下方跟随股价运行，除了在箭头标注的地方出现短暂的翻绿之外，其余时间都保持了良好的态势，算是一段较好的趋势行情，也符合研判法则中第 1 点和第 2 点的内容。

图 8-9 为天广中茂（002509）2019 年 4 月至 2019 年 6 月的日线图。

从图 8-9 中可以看到，当股价趋势改变后，SAR 指标由红翻绿，原本具有支撑作用的指标抛物线开始在股价的上方形成压力。除去图中箭头标注的位置指标短暂翻红外，其余时间 SAR 指标一直扮演空头的角色，尽管股价有几次也想形成突破，但都是无功而返，随后再次形成下跌之势。

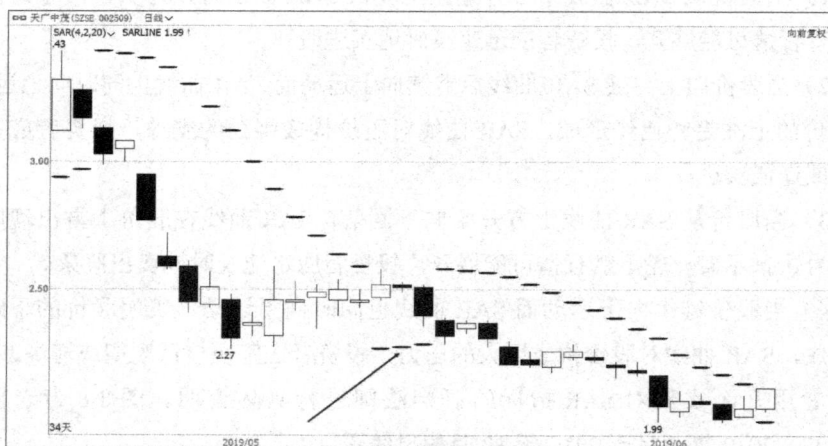

图8-9　天广中茂日线图

从图8-8和图8-9的两个实例中，我们看到了SAR指标的巨大作用。虽然它不可能让我们买在底部，卖在高位，但利润最丰厚的中间阶段它却从没错过，这就是趋势行情最完美的演绎。只是看完实例后读者或许会有这样的疑问，图中标注的位置不是曾有过反向运行的轨迹吗？是的，这两幅图中都出现了这样的情况，这也是笔者下面要介绍的SAR指标的另一项重要内容。

8.2.3 抛物线指标的补充法则

任何一个指标都是有缺陷的，再好的指标都有它的适用条件，任何一个指标都不可能解决市场中所有的问题。我们所能做的除了尽可能完善指标的适用条件外，就是将不同的指标进行组合，尽力弥补其本身的缺陷。

SAR指标也不例外，它的缺点就在于它是趋势跟随指标，一旦股价有可能形成震荡行情时，它就会频繁发出交易信号。这个问题如何解决呢，除了前面提到的研判法则之外，韦尔斯·王尔德针对SAR指标还提出了一个补充法则。补充法则有两点：一是当股价靠近SAR指标时，无论是上涨还是下跌，指标可能会出现与原来方向相反的信号，如果这种信号在3个SAR数值以下，就不能认为这是反向开仓信号，此时要结合其他技术指标辅助判断；二是SAR指标对于成交量较大的当前市场上反复活跃的股票的判断较为准确。

韦尔斯·王尔德针对SAR指标的补充法则有非常重要的作用，一是解决了图8-8、图8-9的两个实例中暴露出的问题，避免了我们在买进好股后遭遇提前下车的尴尬，因为趋势行情最大的"敌人"就是震荡;二是为我们指明了选股方向,即选股就要选成交量大的市场热门股。

何谓市场热门股?成交量大的股票又在哪里?其实我们每天使用的证券系统早就给了我们答案。

图 8-10 所示是证券分析系统价格行情表,其中的"总金额""量比""振幅"这 3 个排行榜展示的就是当前的热门股。

	代码	名称	总金额↓	量比	振幅%
1	300059	东方财富	59.36亿	3.19	5.50
2	601318	中国平安	57.52亿	1.31	1.14
3	600570	恒生电子	50.36亿	7.39	3.96
4	000066	中国长城	34.86亿	1.30	3.35
5	000858	五粮液	30.65亿	1.15	2.75
6	000063	中兴通讯	29.75亿	1.57	3.14
7	002714	牧原股份	27.96亿	1.40	7.12
8	600703	三安光电	27.66亿	2.18	10.19
9	600519	贵州茅台	26.45亿	0.94	1.37
10	300033	同花顺	24.83亿	2.57	5.30
11	600536	中国软件	23.91亿	2.21	5.65
12	002458	益生股份	23.03亿	1.29	8.29
13	600276	恒瑞医药	22.60亿	1.32	4.50
14	002157	正邦科技	21.61亿	1.21	5.95
15	002463	沪电股份	21.47亿	1.54	5.31
16	000876	新希望	20.78亿	1.57	11.53
17	600048	保利地产	20.16亿	2.25	3.16
18	002797	第一创业	19.09亿	3.67	5.95
19	002475	立讯精密	18.82亿	0.90	3.07
20	000001	平安银行	17.81亿	0.96	3.32

图 8-10 热门选股图

图 8-10 中我们用降序的方式将截至 2019 年 10 月 28 日收盘后沪深两市全部股票的"总金额"进行排名,并且选择了排名前 20 的股票。当然,投资者也可以选择"量比"或者"振幅"这两个子项进行排名。无论是哪一项,都说明该股当天有资金进出,而有资金进出的股票一定是成交量大的股票,其波动的范围也比较大,这些都从不同侧面满足了 SAR 指标补充法则中第 2 条的内容,为我们后面运用 SAR 指标奠定了基础。

8.3 布林线与 SAR 指标

SAR 指标是有缺陷的,尽管韦尔斯·王尔德针对 SAR 指标添加了补充法则,但也只是弥补了趋势行情的不足,而震荡行情的缺陷依然难以弥补。也就是说,SAR 指标仅适用于趋势行情,而不适用于震荡行情。但 SAR 指标毕竟是比较有价值的,只要找到一个指标与其搭配,补上这块短板,该指标还是有广阔的使用空间的。

布林线的上轨与下轨具有天然的支撑作用，如果能借助 SAR 指标的准确性，以布林线上轨与下轨作为震荡行情的压力位与支撑位，那么分析震荡行情应该不在话下。不要忘记，约翰·布林格曾经说过，布林线可以涵盖 85% 的市场行情走势。

8.3.1 布林线下轨与 SAR 指标

震荡行情中 SAR 指标依然可以发出交易信号，只是这种信号相对而言发出得比较频繁，会让投资者感到无所适从。SAR 指标的设计初衷是让指标跟随股价的运动而运动，只有当股价向相反方向运行出一段空间距离时，SAR 指标才能发出转向信号。趋势行情还好，但震荡行情的空间距离相对狭小，实战中往往会出现这种情况：当 SAR 指标刚开始发出转向信号时，股价已经距离波段顶部不远了，投资者如果按此操作，当然是买进就被套，卖出就涨。可如果有布林线轨道的配合，这种局面就可以改变，当 SAR 指标在布林线下轨附近发出信号时我们可以认为是二者的共振，信号值得信赖；如果 SAR 指标信号出现在距离布林线上轨不远的地方，我们认为上涨空间狭小，这种信号可以忽略。

乍一看，好像是布林线指标帮了 SAR 指标的忙，其实 SAR 指标反过来也间接确认了布林线轨道的信号。我们知道布林线下轨具有支撑作用，但这种作用以往并没有什么实证，投资者只能依靠复杂多变的 K 线进行判断，有的时候很不准确。此时如果加上 SAR 指标，这种准确性会大大提高。

一图胜千言，笔者还是通过几个实例为读者详细说明一下 SAR 指标结合布林线下轨的操作。

图 8-11 为东风汽车（600006）2019 年 7 月至 2019 年 10 月的日线图。

从图 8-11 中可以看到，该股整体呈现出一种震荡的态势，此时方框内的底部构造其实是一个双重底。第 1 个价格底部停留在布林线下轨之下，而第 2 个价格底部则远离布林线下轨，表明股价内在的动力增强。再看 SAR 指标，两个底部出现时 SAR 还是绿色卖出信号，当股价上穿双底颈线后，SAR 指标发出了趋势买入信号。一个是布林线的平衡的双重底结构，一个是指标的趋势买入信号，二者的结合让我们有理由相信，在这个地方投资者至少可以进场参与一下。其后我们看到股价开始反弹，在接近布林线中轨的地方开始盘桓不前，此时 SAR 指标也出现了一个绿点，意味着指标靠近股价，容易发生震荡行情。此时，SAR 指标的补充法则发挥了作用，我们看到指标轨迹只是出现了一个绿点，随后又恢复了上涨的红色轨迹，这告诉我们，这个地方不是一个反向操作的信号。此后股价恢复上涨，一直到布林线上轨遇到真正的阻力，反弹才告一段落。

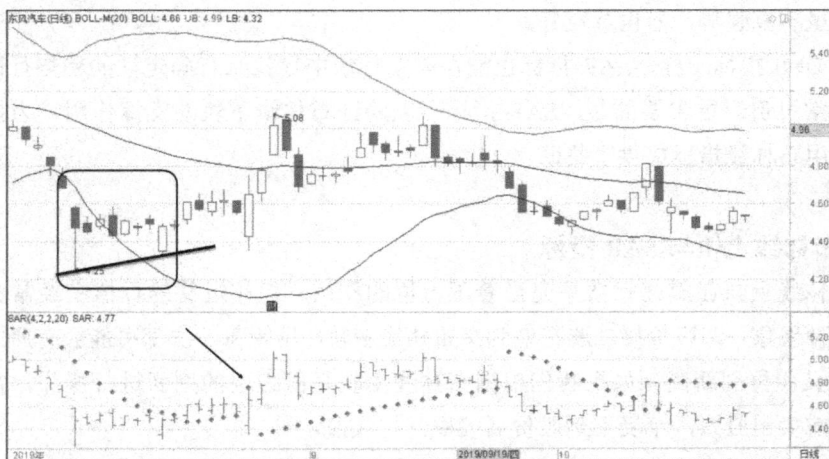

图 8-11　东风汽车日线图

图 8-12 为华夏银行（600015）2019 年 7 月至 2019 年 10 月的日线图。

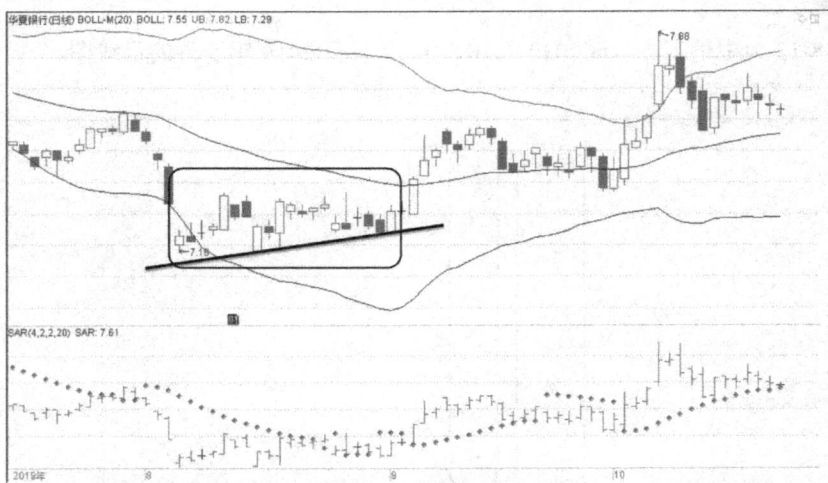

图 8-12　华夏银行日线图

从图 8-12 中可以看到，该股的震荡行情表现得中规中矩，指标的配合也堪称完美。单纯从股价与布林线指标的关系看，该股的底部构造有点类似于一个复合的三重底形态。之所以底部形态还不能完成股价的反转，是因为 SAR 指标依然呈现出绿色下行的轨迹。其后我们看到股价低点远离布林线下轨，表明股价的内生动力在增强。在股价完成三重底底部构造的同时，SAR 指标恰好完成由绿转红的反向转变，发出了进场信号，布林线指标与 SAR 指标完美地结合。其后我们看到股价展开反弹，总体表现虽不算强势，但也算较好。

与 DMI 指标一样，SAR 指标也能在震荡行情中寻找到有确定性的趋势行情，这一点非常可贵。更主要的是，SAR 指标可以验证布林线下轨的支撑作用，为投资者坚定使用布林线指标提供了帮助。

8.3.2 布林线上轨与 SAR 指标

布林线上轨在震荡行情中充当着压力位的作用。但在过往的行情中经常会发生这样一种现象，即股价接二连三地刺穿布林线上轨，尽管每一次都可能会有所回落，但不久又会再创新高。如果我们根据布林线上轨是压力位的判断进行操作，很有可能会提前卖出股票，享受不到股价后续飙升的收益。

这个问题很重要，因为投资者选出一只好股已经不容易了，再如此轻易地失去应得的利润，这种心理打击是很大的，严重时会让投资者丧失信心。有没有办法改善这种局面呢？答案当然是"有的"，只要我们引入 SAR 指标，这样的问题就可以迎刃而解。

图 8-13 为中信证券（600030）2018 年 12 月至 2019 年 5 月的日线图。

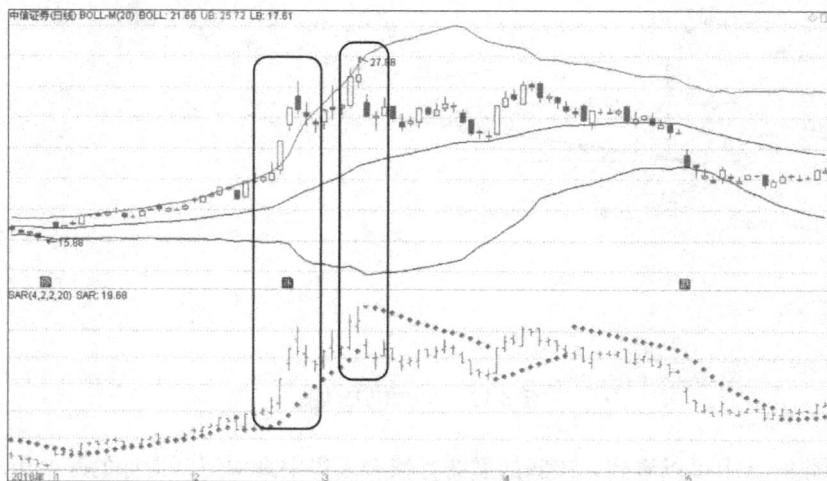

图 8-13　中信证券日线图

在图 8-13 中，我们看到该股整体还是呈现出一种震荡向上的格局，在图 8-13 左侧，股价展开一波拉升行情，左侧方框框定的位置，股价第 1 次刺穿了布林线上轨。按照布林线的指标特点，此时的布林线上轨应该起到压力的作用，但我们看到的是，股价只是略微整理，随后又创出新高。如果投资者在第 1 次触碰布林线上轨时就卖出手中的股票，那么后面的行情自然就与其无关了。但我们引入 SAR 指标后情况就大不相同，在股价在第 1 次刺穿布林线上轨时，副图中的 SAR 指标还是保持红色上升的趋势信号，并没有发出反向信号，这表明趋势行情依然可以维持，在这个地方投资者可以持股不动。在右侧方框框定的位置，我们看到股价再次刺穿布林线上轨，此时 SAR 指标给出了趋势转向信号，验证了布林线上轨的压力作用，此后股价展开下行，一直跌到布林线下轨，形成布林通道的空间宽度后，下跌才告一段落。

图 8-14 为中直股份（600038）2019 年 1 月至 2019 年 10 月的日线图。

图 8-14　中直股份日线图

在图 8-14 中，仔细观察两个方框以及方框左侧的股价运行结构，会发现这两段行情的走势几乎一致，股价都有刺穿布林线上轨。但有了 SAR 指标持续上行的强有力的支持，布林线上轨的压力并没有显现，股价在整理后都创出新高。当股价第 2 次刺穿布林线上轨时，我们看到 SAR 指标开始由红翻绿，布林线上轨的压力开始显现，其后股价也开始回落。有一点不同的是，右侧行情出现了 SAR 指标补充法则的应用，在出现 3 个绿色信号圆点后股价又恢复了上涨，表明这是股价短暂的调整，不影响整体的趋势行情。

股价的高点有很多，但绝对的高点只有一个，因此"不言顶"就是股市中的一句至理名言。从趋势的角度看，真正的顶部往往是事后才知道的，因此在股价动力充足向上冲顶的过程中，应该保持适当的警惕，盲目地采取行动是不可取的。从这一点来说，布林线指标搭配 SAR 指标，可以让我们避免过早下车的尴尬，其作用效果、还是值得信赖的。

8.3.3 上升趋势操作

震荡行情是危险的，因为它增加了投资者的操作频率，很容易让投资者陷入多做多错的恶性循环中。趋势行情相对来说简单一些，但要想真正做好也不容易，其中上升行情中的调整和下跌行情中的反弹就是"最大的敌人"。如何正确地辨识它们，究竟是趋势已经转向还是行情的干扰因素，这些难题其实很让投资者头疼。

布林线中轨是辨识趋势的利器，它与布林线上轨和下轨组成的布林通道是趋势得以维持的行进路径，再配上 SAR 指标的多空转向，可以很好地解决上述难题。

我们首先来探讨上升趋势行情。一般而言，如果一只股票正运行在上升趋势当中，通常情况下，股价会在布林线上轨和中轨组成的上通道运行，这时候就算 SAR 指标因为某些原因发出多空转向的信号，但只要股价不跌破布林线中轨，我们仍然认为该股的上升趋势保持完好；如果 SAR 指标给出多空转向的信号，股价也跌破了布林线中轨，那么我们可以暂且退出，一旦股价恢复常态，要及时跟进，避免筹码丢失。

图 8-15 为沪电股份（002463）2018 年 6 月至 2019 年 10 月的周线图。

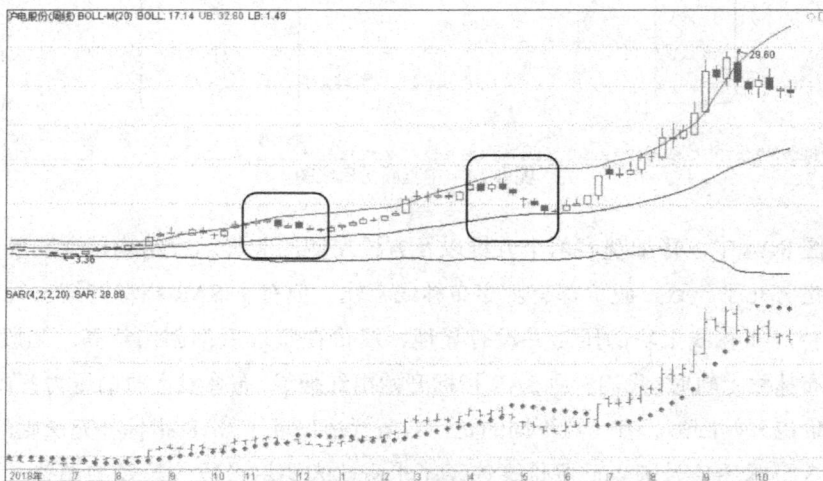

图 8-15　沪电股份周线图

从图 8-15 中，我们看到股价从底部启动，展开了一轮上升的大行情，翻了不止一倍。在这段上涨行情中，SAR 指标大部分时间都能够跟随股价做出趋势上的指示，但在图 8-15 中两个方框框定的位置，股价也曾有过回落。不要忘记，这是代表中期趋势的周线图，连续几周的回落足以动摇投资者的信心，何况已有丰厚的利润以及 SAR 指标给出的多转空的趋势信号，这些都会让投资者产生落袋为安的冲动。庆幸的是，此时布林线中轨与上轨构成的通道让投资者坚定了信心，特别是布林线中轨始终保持昂扬的态势，让投资者更加坚信，趋势并没有走坏。熬过了这几次回落，投资者就能收获到利润翻倍带来的喜悦。

图 8-16 为申通快递（002468）2018 年 12 月至 2019 年 8 月的日线图。

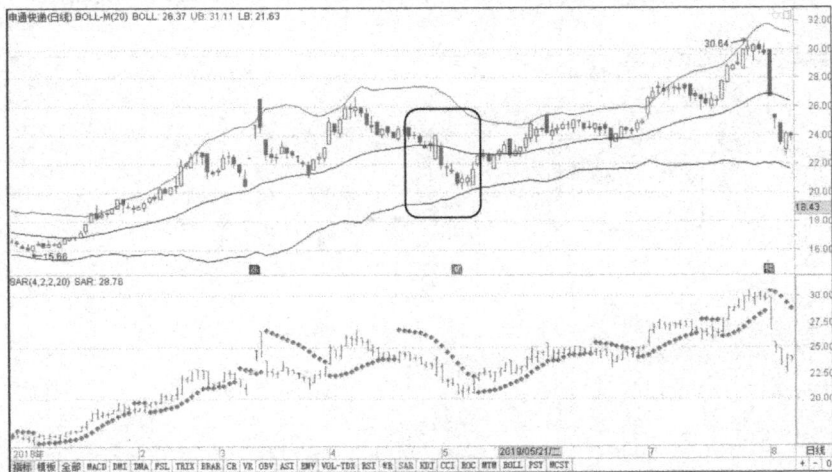

图 8-16　申通快递日线图

从图 8-16 中来看，该股的上升趋势并不像图 8-15 中的例子那样空间巨大，但该股有个技术上的特点值得大家体会，那就是在图 8-16 中方框框定的位置，出现了一个技术上的短暂退出点，即股价跌破了布林线中轨，SAR 指标同时给出了趋势转向的信号。之所以说是短暂退出，是因为这种技术上的特征并没有持续太久，调整仅持续了几个交易日，股价就再一次跃上布林线中轨，此时则是我们再一次进场的时机。

绝大部分时间里，上升趋势不会轻易终结，这个时候，坚持布林线指标与 SAR 指标结合的策略，可以让投资者获得更大的利润。但在特殊时刻，投资者也要保持清醒，错过可以等待下一次机会，但做错或许连机会都没有了。

8.3.4　下降趋势操作

下跌趋势一旦形成，由布林线中轨与下轨组成的布林通道便是股价的行进空间，配上 SAR 指标的多空转向，可以有效辨识下跌趋势是否发生转变。

一般而言，在下降趋势中股价都会在布林线下轨和中轨组成的下通道运行。这时候就算 SAR 指标因为某些原因发出多空转向的信号，但只要股价不突破布林线中轨，或者股价突破布林线中轨，但 SAR 指标没有发出转向信号，我们仍然认为该股的下跌趋势保持完好；如果 SAR 指标给出多空转向的信号，股价也突破布林线中轨，那么此时我们可以试探进场，一旦股价恢复常态，要及时止损出局，避免遭受更大损失。

图 8-17 为辉隆股份（002556）2017 年 9 月至 2018 年 11 月的周线图。

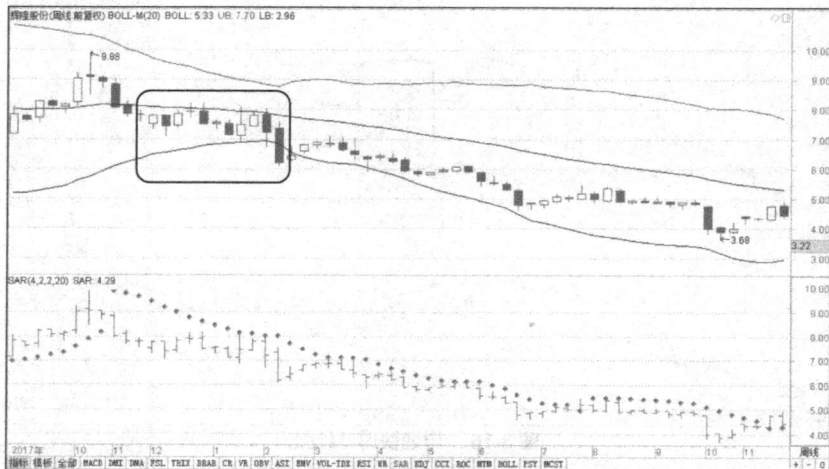

图 8-17　辉隆股份周线图

从图 8-17 中，我们看到在下跌的初始阶段，股价曾经大幅度反弹，连续几周站上布林线中轨，看起来已经扭转了不利的局面，有再来一波上涨的可能。但观察副图中的 SAR 指标，可以看见完全没有多空转向的意味，指标抛物线如同一张大网，大角度地将股价兜头罩住，不给丝毫的机会。其后股价搭建一个平台，看起来像是要筑底，SAR 指标也曾出现星星点点的红色，但都不超过 3 周，不构成反向交易的信号，股价继续向下滑落寻底。

图 8-18 为徐家汇（002561）2016 年 1 月至 2018 年 10 月的周线图。

图 8-18 中，非但 SAR 指标没有任何多空转向的信号出现，甚至股价反弹时都没能带动布林线中轨方向发生改变，更加凸显该股的弱势，其后的下跌也是意料之中。

股市中有句话叫"不测底"，就是说抄底实际上是一件很危险的事情，绝对的底部只有一个，绝大部分看起来可以抄底的机会其实都是陷阱。如果想要躲开这些陷阱，那么布林线中轨的趋势功能加上 SAR 指标的多空转向是我们看清本质的"火眼金睛"。

图 8-18 徐家汇周线图

关于布林线与 SAR 指标结合的内容就介绍到这里。本章内容告诉我们一个道理，即指标有缺陷不可怕。因为没有万能的指标，成功的关键不在于你有多大的长处，而在于你懂得如何规避自己的短处。倘若你能找到一种方法做到扬长避短，那么相信成功就在你眼前。

本章要点

■ 抛物线指标信号明确，具有可量化的性质。

■ 抛物线指标单独使用时只适用于趋势行情，震荡行情不适用。

■ 抛物线指标可对布林线指标上轨、下轨的压力与支撑作用提供验证信号。

■ 抛物线指标结合布林线中轨，可以辨识趋势行情中的震荡。

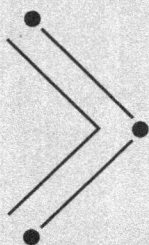

第 9 章

布林线与分形

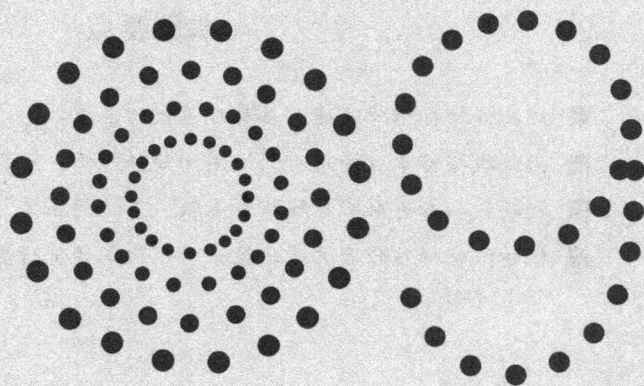

20 世纪 80 年代末，有一位数学家叫曼德布罗特，他通过观察与研究，发现在这个世界上，很多复杂事物如天气、生态系统、多变的市场还有变化的人类社会等方面，都存在某种自相似性。之后他通过研究与实证，提出了一种新的理论，就是分形理论。分形理论是一门前沿科学，直到今天依然没有定论，但这不妨碍金融市场对分形理论进行借鉴与使用，特别是分形理论与布林线指标的结合。

9.1 分形理论概述

按照曼德布罗特的研究，分形在数学上有几个定义与原则，金融市场对这些不感兴趣，但是对分形的基本概念却很重视。分形理论认为：任何复杂的事物都是由最简单的结构不断叠加演化而成。换句话说，所有复杂的事物都是从简单的事物来的，这就让金融投资者在看到光明的同时又找到了一条路径，同时对金融市场的走势也进行了某种印证。在金融市场悠久的历史中，人们惊奇地发现，金融市场的走势就像分形理论所说的那样，存在某种自相似的结构，在特定的时期有很多相同的细节出现，在不同的时期又有类似的结构呈现。因此投资者常说的一句话就是"金融市场的历史走势总是惊人的相似"。

9.1.1 自相似性

江恩理论的创始人威廉·江恩曾经说过："太阳底下没有新鲜的事物，现在发生的过去曾经有过，过去的今后还将发生。"当时的投资界并不能理解这句话，但分形理论诞生后，大家才恍然大悟，威廉·江恩所说的这句话其实就是一种自相似性。

图 9-1 为深华发 A（000020）2017 年 5 月至 2019 年 1 月的周线图。

我们看图 9-1 中有两个方框，分别对应着该股价格的两个阶段性高点。如果仔细观察顶部的构造就会发现，这两个高点形成的方式几乎一模一样，区别仅在于 K 线实体的大小，其结构完全相同。这可能是市场自相似性的产物，是分形理论本质特性的表现。

我们知道，现在的市场容量已经很大，每一只股票都有不同的机构在投资。在长达一年的时间跨度内，如果说该股的主力机构没有任何变化，换做是谁都不太可能相信。在主力机构轮换的情况下，股价在见顶时的结构居然还能表现得如此相似，只能认为这种见顶方式就是该股的特质。

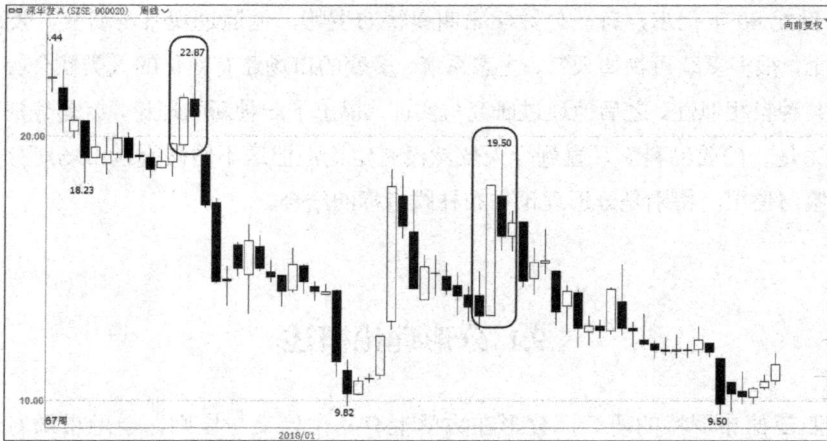

图 9-1 深华发 A 周线图

图 9-2 为上证指数（999001）2018 年 12 月至 2019 年 4 月的日线图。

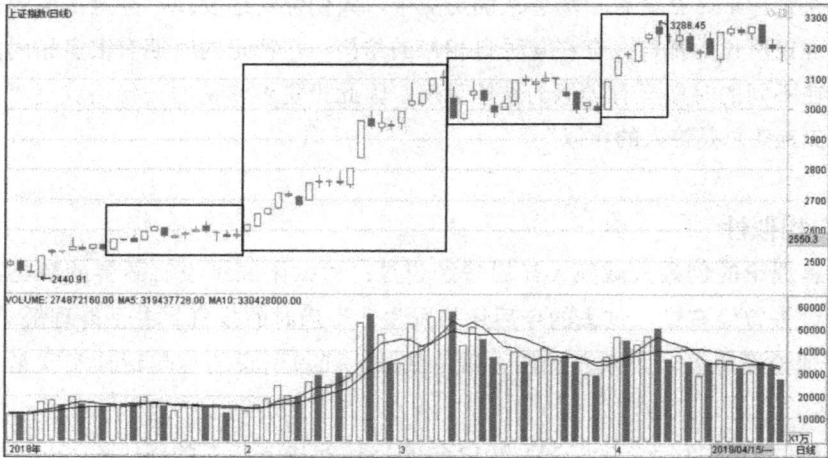

图 9-2 上证指数日线图

我们看上证指数发动了两波行情，其中主升段的行情有两波，左侧两方框为一波，右侧两方框为一波。仔细观察方框框定的这两波行情，我们会发现它们呈现出两两对应的关系，即第一个方框与第三个方框的走势相似，第二个方框与第四个方框的走势相似，而两段主升行情又几乎一致。指数是任何一个机构都无法掌握的，出现这种惊人的相似走势，只能说是市场自相似结构的再现，是分形理论的具体表现。

9.1.2 混沌市场

在西方的金融体系中，一切分析手段都是线性的，这种认知是市场的主流，直到爱因斯坦的"相对论"出现后才有一定的改变。"相对论"出现后，人们才意识到，原来世界并不是当初我们想象的那个简单的样子。之后量子理论出现，改变的东西更多，直到最后出现了分形理论，金融投资家才终于懂得，原来市场最大的确定性恰恰来自它的不确定性。也就是说，市场呈现的是一种混沌状态，而绝非是以前大家所想的简单对立的状态。

提到在对混沌市场的探索中取得成就的人，就不得不提到《混沌操作法》一书的作者——比尔·威廉姆。在分形理论诞生后，比尔·威廉姆也将该理论引入到金融市场中并且加以研究，在借鉴曼德布罗特研究成果的同时，比尔·威廉姆也有了重大的发现，那就是如果将自然界现象中河流流经的途径制作成图表，其与商品市场分形维度非常相似。这就表明，市场其实也是自然法则的一部分，是属于自然的函数，而不是人类大脑设计出的某种程序。

有了这样的发现，比尔·威廉姆继续深入探索，终于总结提炼出市场能量分析原则，为他今后的投资奠定了基础，而这 3 条原则也成为日后的传世经典，被投资者奉为投资"至理名言"。

■ 能量永远会遵循阻力最小的途径。

■ 始终存在而通常不可见的根本结构，将决定阻力最小的途径。

■ 这种始终存在而通常不可见的根本结构可以被发现，并加以改变。

改变市场能量的运行途径找到了，但是市场为什么会这样行进呢？这依然是一个重大的急需解决的问题。尽管比尔·威廉姆继续探索，但在相当长的时间内，他也没有得出答案，这个问题看起来与其他自然之谜一样，是无解的。

9.2 波浪结构

很长一段时间内，投资者都找不到将分形理论应用在金融市场的方法，似乎二者就是天生的敌对者，不能相互融合，直到人们重新认识波浪理论。

波浪理论的诞生要早于分形理论，但对波浪理论的认识和大范围的应用未必比分形理论早。尽管波浪理论的创始人艾略特很早就提出波浪理论是自然法则的观点，但由于艾略特本人没有任何实战经验，因此他的理论当时也得不到应用。

既然找不到分形理论与金融市场的融合点，在这之后，投资者也就逐渐放弃了对这方面的研究。之后"亚当理论"问世，提出了一个观点，那就是金融市场中的走势其实是可以复制叠加的。把某个局部走势放大，会发现其他局部走势与这个局部走势类似，将二者叠加可以产生更大规模的走势。由此人们意识到，种种相同的走势之间其实是有某种结构进行联系的,也正因为这些结构类似,所以走势才可以复制与叠加。

图 9-3 为神州高铁（000008）2019 年 8 月至 2019 年 10 月的日线图。

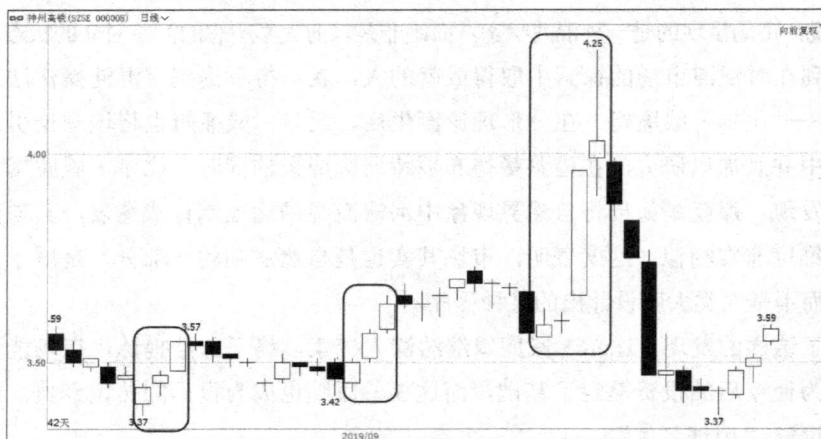

图 9-3　神州高铁日线图

图 9-3 中有 3 个方框，分别框定了 3 段不同时间周期的行情走势，可如果我们仔细观察这 3 段走势，会发现它们具有极强的相似性，就好像一种走势用在了 3 个不同的时间段。由此可以看出，大范围行情走势不过是小规模自相似走势结构的叠加。

图 9-4 为深科技（000021）2019 年 1 月至 2019 年 5 月的日线图。

图 9-4　深科技日线图

　　我们看到图 9-4 中是一个调整结构，其中前 3 段调整非常相似，后 3 段调整几乎相同，这种对应的结构实战中非常多。市场上有句谚语叫"走势总是惊人的相似，但绝不会完全相同"，看过了图 9-3、图 9-4，相信读者对这句话会有更深的体会。

　　需要说明的是，"亚当理论"之所以会引起巨大的关注，就是因为该理论的创立者是那位发明了无数经典指标的韦尔斯·王尔德。凭借着巨大的影响力，"亚当理论"引起了投资者的热议，人们也由此认可了韦尔斯·王尔德的观点，并在之后的研究中发现，大规模自相似的行情走势其实在金融市场中也频繁地出现，这种结构就是艾略特提到的波浪走势。

9.2.1　波浪理论

　　所谓结构，就是金融市场上行情走势的运行轨迹。按照比尔·威廉姆的说法，市场能量永远会遵循阻力最小的途径行进，所以运行轨迹一定是循环往复的。

　　分形结构就是指这种循环往复的运行轨迹具有自相似性，可以不断复制与叠加，形成更大规模的走势结构。

　　艾略特说过，市场始终是按照波浪理论循环上升的，5 个上升的浪后一定是 3 个下跌的浪在进行调整，从而形成更大规模的波浪运动。

　　图 9-5 为中信海直（000099）2018 年 8 月至 2019 年 8 月的周线图，同时也是一幅非常经典的波浪运行图。

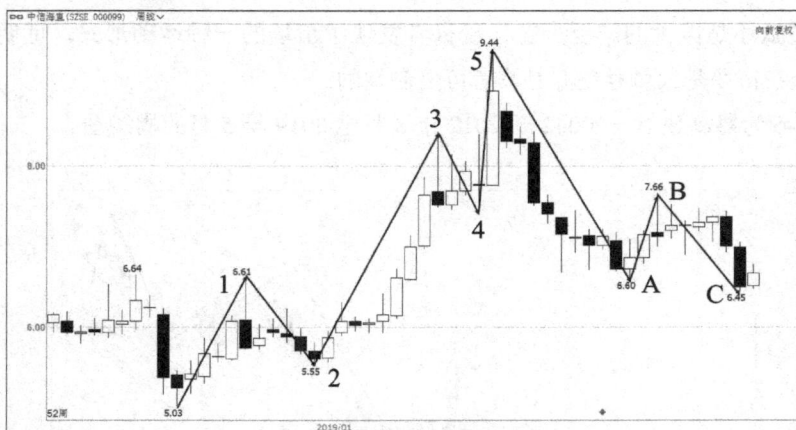

图 9-5　中信海直周线图

　　波浪理论听起来复杂，但其实它的结构还是非常简单的。一个完整的市场，一般情况下都是由 8 个波浪组成并推动的，其中包含 5 个向上的推动浪和 3 个向下的调整浪。

在上升的5浪中，2浪是对1浪的调整，4浪是对3浪的调整，5浪结束整个上涨周期。在下跌的3浪中，B浪是对A浪的修正，运行完C浪，整个下跌周期结束。

这8个波浪完整周期的现象存在于各个时间周期当中，每一个波浪都包含有小周期的波动，每一个波浪也都被上一个大周期所包含。8个波浪完成后，市场就完成了一个循环，下一个循环同时开启，波浪的层级也得到了提升，进入更大的循环当中。

波浪理论是建立在道氏理论基础上的，其思路与道氏理论一致，都认为月线级别最大，代表大盘或个股长达几年的长期趋势；周线级别居中，代表大盘或个股运行的中期趋势；日线级别最小，代表大盘或个股的短期趋势。

波浪理论存在于各个市场、各个品种和各个时间周期当中，不断地循环，并且结构一致。毫无疑问，波浪理论的结构具有自相似性，因此它属于分形结构。

应该说发明波浪理论的艾略特是个天才，因为在他发明波浪理论的年代，分形理论还没有问世，而那时艾略特就观察到了波浪运动具有自相似性，这是非常了不起的。可惜的是，受历史条件局限，艾略特在发明波浪理论后没能更进一步深入，而是通过完善和补充把波浪理论固化了，这样一来，变成了市场只有一个方向并且永远如此运动，这就有点机械化了。我们说市场是多变的，不确定性恰恰是市场的唯一确定性，如果市场只有波浪理论，岂不是太单一了？

9.2.2 波浪指标

尽管波浪理论有其局限性并且显得有点机械化，但不管怎么说，其理论成果对市场的贡献还是巨大的。至少它让投资者发现了市场的一种运动形式，证明了这种走势结构在市场是大量存在并且具有可复制性的。

图9-6为粤高速A（000429）2012年8月至2019年5月的周线图。

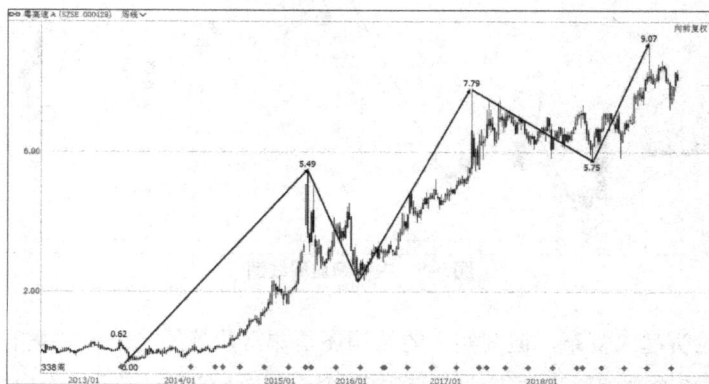

图9-6　粤高速A周线图

从图 9-6 中，我们可以看到该股的价格走势呈现出清晰的上升 5 浪结构，从启动点 2013 年 6 月到 2019 年 2 月上升波浪运行结束，该股上升 5 浪运行时间长达 6 年，算是一只长牛股。

图 9-7 为粤高速 A（000429）2018 年 10 月至 2019 年 2 月的日线图。

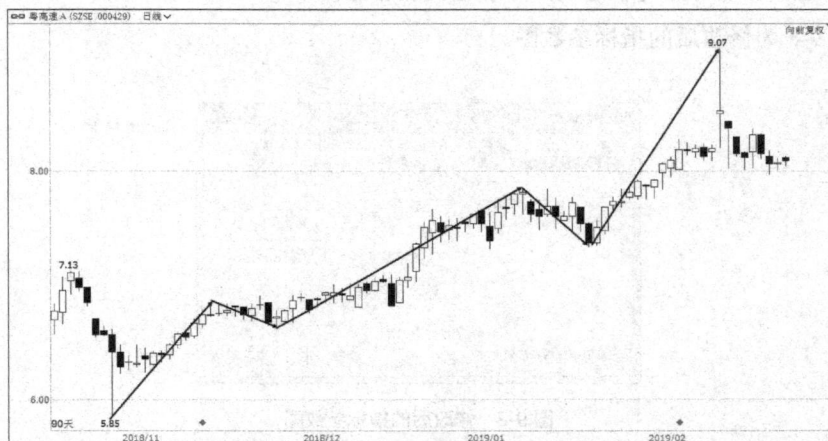

图 9-7　粤高速 A 日线图

从 2018 年 10 月到 2019 年 2 月结束，可以看出股价在日线图上也走出与图 9-6 结构相同的上升 5 浪结构。从时间上算起，该股日线图上的波浪结构其实就是该股周线图上的上升第 5 浪。相同的运行结构在不同的时间周期中出现，说明这种结构的确具有自相似性，并且可以复制叠加。

有一段时间，波浪理论受到投资者的热捧。但过了一段时间投资者发现，波浪理论看起来简单，可要想真正数好波浪其实并不是一件简单的事，因此后来有了"千人千浪"的说法，就是说同样的行情，每个人数出来的波浪却不一样。这说明行情走势是复杂多变的，也说明要想用好理论，还需要好的工具去配合。

汤姆·约瑟夫是一位杰出的期货交易研究者，他注意到了波浪理论中存在的一些问题，因此针对这些问题进行了专门的研究，并在借鉴 MACD 指标的基础上，对指标参数进行了适当的修改，发明了一种非常有效的动力指标。

尽管只是对 MACD 指标进行修改，却使其成为一种领先指标，可以预测市场在何处开始丧失动力。汤姆·约瑟夫的研究成果得到了比尔·威廉姆的重视，他将这种指标引入到他开创的著名的"海龟交易法则"当中，成为判断波浪的一致性指标。

常规的 MACD 指标参数是 12、26、9，汤姆·约瑟夫将其修改为 5、34、5，以此辅助判断波浪的运行结构。参数修改后的 MACD 指标具有 4 个主要功能。

■ 判断波浪第 3 浪的峰位。

■ 判断第 4 浪的终点，或判断第 4 浪结束最低条件是否已经满足。

■ 判断第 5 浪的顶部及趋势的结束。

■ 显示当前动力的状态或显示多空交易信号。

图 9-8 为修改后的指标参数图。

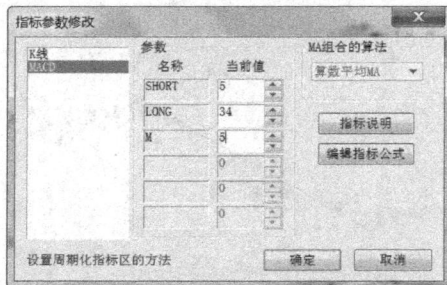

图 9-8　修改后的指标参数图

笔者把修改过程跟读者说明一下：在证券分析软件上选择 MACD 指标，用鼠标单击任意一条指标曲线，在指标曲线出现提示的小方块后单击鼠标右键，在菜单中选择修改指标参数，就会出现图 9-8 所示的对话框，最后调整参数至图 9-8 中显示的那样，最后关闭即可。

9.2.3　分形演示

关于 MACD 指标的情况，市面上有很多的资料可供投资者学习，感兴趣的读者可以自行研究。

MACD 指标成为可以衡量波浪的一致性指标固然是一种进步，但还有一个问题需要引起大家的注意，即波浪是有层级的，我们不可能用日线级别的波浪去衡量周线级别的波浪，也不可能用周线级别的波浪去衡量月线级别的波浪。经过研究，比尔·威廉姆在他的著作《混沌操作法》中给出了结论：就最精确的衡量而言，一致性指标最佳的波浪序列，图表中 K 线数量最好在 100 ～ 140 之间。幸运的是，国内诸多证券分析软件目前为投资者提供的版面刚好符合这个要求，以日线图为例，初始版面的 K 线数量正好居中，是 120 条。也就是说，投资者可以放心地使用一致性指标，利用它辅助我们分辨清楚波浪。

图 9-9 为中信海直（000099）2018 年 10 月至 2019 年 8 月的日线图，笔者用这幅日线图来说明波浪理论的原理。

图 9-9　中信海直日线图

在图 9-9 中，笔者用线段分别在 K 线图和 MACD 指标上画出该股波浪运行的轨迹，读者对比一下就可以看出来，主图、副图的波浪运行轨迹几乎完全一样，上升 5 浪与下跌 3 浪清晰可见，这说明参数修改后的 MACD 指标可以有效帮助我们辨识出价格形成的波浪运行轨迹，这对于我们应用波浪理论十分有利。需要注意的是，波浪理论的细节特别复杂，特别是调整浪的细节。在本例中，B 浪呈现不规则调整，向下突破了 A 浪的低点，这在波浪理论中是允许的。类似的情况还有 B 浪的高点可以高于前期上涨 5 浪的高点等。5 浪 MACD 高点与 3 浪 MACD 高点出现顶背离，也完全符合比尔·威廉姆的理论。

图 9-10 为中联重科（000157）2018 年 9 月至 2019 年 8 月的周线图。

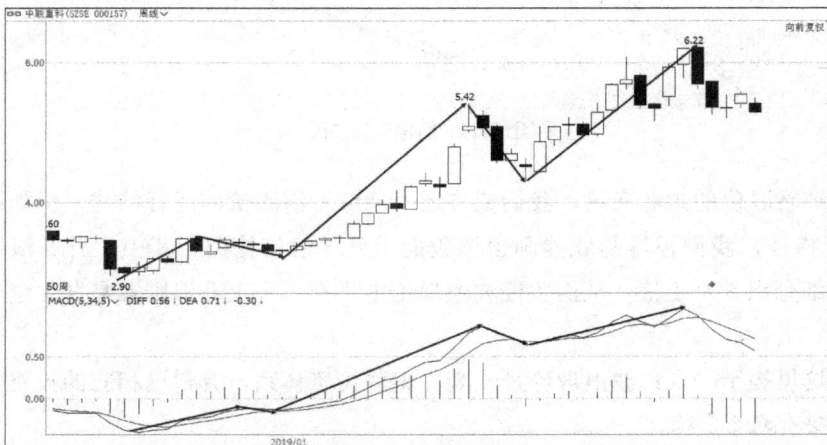

图 9-10　中联重科周线图

从图 9-10 中，我们看到股价在一年的时间里走出了一轮上升行情，利用副图的 MACD 指标，可以很容易地辨识出这是一波上升 5 浪的走势，我们用线段把波浪结构画了出来。在这图 9-10 里包含了 MACD 作为波浪一致性指标的多种用途，在这里也分别叙述一下。

（1）3 浪高点：MACD 指标由零轴下方转到零轴上方运行，在零轴附近形成金叉，很有可能是上升的第 3 浪结构。

（2）4 浪结束点：MACD 指标线在零轴上方并且远离零轴处死叉回落，但指标线并没有下穿零轴，随后又在指标零轴上方发生金叉，这个位置很有可能是 4 浪结束点。

（3）5 浪顶点：MACD 指标在零轴上方二次金叉，预示 5 浪开始。其后有两种可能：一是指标高点不及前高点，形成所谓的"顶背离"；二是指标高点超越前高点，其后的死叉预示上升 5 浪的终结，趋势结束。

图 9-11 为金融街（000402）2018 年 10 月至 2019 年 4 月的日线图。

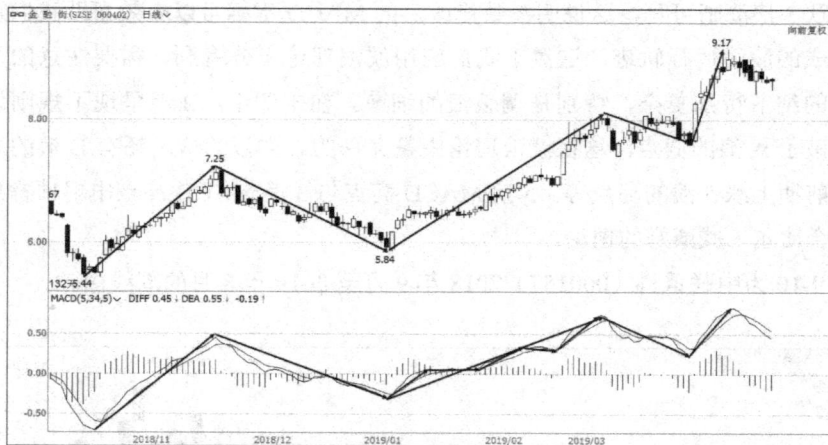

图 9-11　金融街日线图

单纯看股价的走势变化，我们或许还不能够看清股价的运行结构，但如果借助 MACD 指标，我们很容易就能画出该股的上升 5 浪结构图。其中上升 5 浪还能够进一步细分出 5 个子浪，从而验证波浪理论中"有一个上升浪则容易发生延长浪"的结论。

在这里提示一点：波浪理论是一套完整的投资体系，有自己相应的投资法则，概括起来有两个定律。

■　第 3 浪往往是最大波段，但是因第 5 浪有时会走延长浪，因此只能说第 3 浪绝不是最短的波段。

■　除非发生倾斜三角形的变异形态，否则第 4 浪回调的低点不应该与第 1 浪高点重叠。

此外，波浪理论还有一个原则，即调整浪中的第 2 浪和第 4 浪的形态一定是交替进行的，其中必有一个是简单的形态，另一个是复杂的形态。

由于本书不是专门论述波浪理论的书籍，因此关于波浪理论的内容笔者在这里只是简略提及，对波浪理论感兴趣的读者可以自行查找相关资料进行学习。

9.3　其他分形结构

如果市场中只有波浪理论，那未免过于简单枯燥。从结果来看，市场上有许多走势是波浪理论不能解释的，因此我们可以这样说，波浪理论只是分形结构的一种，而不是市场的全部。波浪理论的走势结构是"五上三下"，既然波浪理论不是市场的全部，那么在五上三下之外，市场一定还有其他的走势结构。

图 9-12 为国际医学（000516）2018 年 10 月至 2019 年 8 月的日线图。

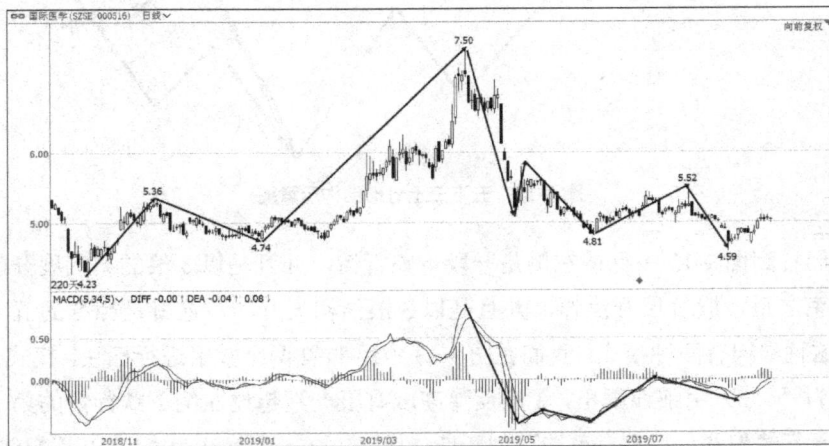

图 9-12　国际医学日线图

从图 9-12 中，我们可以看到该股的走势，左侧的上升结构是一个清晰的 5 浪结构，很明显属于波浪理论的范畴。按照波浪理论的规则，在 5 浪后面应该是一个 3 浪的调整结构，可我们观察发现右侧的调整竟然也是一个 5 浪的结构，这又脱离了波浪理论的范畴，是波浪理论不能解释的。

副图中 MACD 一致性指标的轨迹也验证了股价的走势变化，说明股价走势是真实的。真实的走势既然已经发生，说明市场也认同这种走势，那这里面就必然有它存在的道理。

9.3.1 五下三上结构

通过大量的实践与总结，人们发现，五下三上结构也是市场上经常出现的一种分形结构。这里有一个误区需要澄清，那就是过往讨论行情的时候，投资者总是喜欢把行情割裂开来进行讨论，如只讨论上涨行情，或者只讨论下跌行情。其实严格说起来，一段完整的行情走势应该包含上涨与下跌，或者说包含下跌与上涨，二者其实是一体的。有了前面的上涨，才有后面的下跌，下跌是为了调整前面的上涨；同理，有了前面的下跌，才有后面的上涨，上涨是为了修正前面的下跌。这一点，威廉·江恩看得很清楚，在他创立的"江恩理论"中就明确提出了这一点。

图 9-13 为五下三上分形结构示意图。

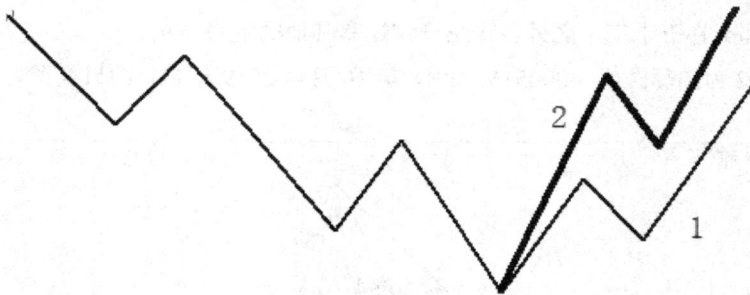

图 9-13　五下三上分形结构示意图

我们看到图 9-13 中行情左侧是一段下跌行情，并且是以 5 浪的结构展开的，在下跌结束之后，股价展开反弹，并且是以 3 浪结构展开的，这就是标准的五下三上结构。这种结构有两种模式，我们在图 9-13 中用 1、2 两个数字进行标注，模式一（图中标注为"1"）用细线画出，3 浪反弹高度有限，不超过左侧下跌行情的第 1 个高点，预示行情偏弱，后市有可能再创新低。模式二（图中标注为"2"）用粗线画出，3 浪反弹力度很大，高度超过左侧下跌行情的第 1 个高点，预示行情有转强迹象，后市回落时股价只要不创新低，就极有可能展开一波上升行情。

下面笔者通过实例让读者直观感受一下。图 9-14 所示是申万宏源（000166）2019 年 3 月至 2019 年 8 月的日线图。

图 9-14　申万宏源日线图

我们看在图 9-14 中展开的是一段下跌行情，其中主跌段行情笔者用线段在图上为大家画了出来，很明显是一个五下三上的分形结构。其中右侧三段式反弹高度有限，并没有超过左侧下跌段的第 1 个高点，表明行情偏弱。其后我们看到股价在反弹后展开了下跌，股价再创波段新低。

熟悉波浪理论的投资者都知道，当股价以 5 浪形式展开下跌时，标志着股价进入到了主跌段，其后的行情注定是一波反弹，而反弹的高度和再次回落的低点位置就成了本结构中需要重点观察的地方。反弹高度高说明有增量资金参与，而未创新低则说明有资金正在缓慢进场，开始关注该股，若符合条件，后市反弹可期。

9.3.2　七上五下结构

七上五下是另外一种市场常见的分形结构。这种结构是威廉·江恩发现的，并且有别于艾略特的波浪理论。在江恩理论中，"7"是一个非常特殊的数字，不仅代表着某种时间周期，更是解开江恩"轮中之轮"理论的钥匙。我们这里不探讨江恩理论，只是借用江恩理论说明市场在过热状态下多头能量的异常爆发，造成走势偏离了波浪理论范畴的情况。

图 9-15 为七上五下分形结构示意图。

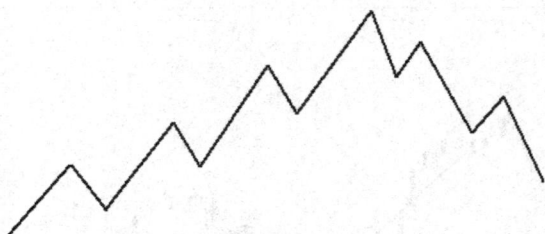

图 9-15　七上五下分形结构示意图

相比波浪理论中的五上三下结构，七上五下结构代表着市场极度亢奋，多头能量过于充足，因此上升 5 浪还不能将做多的力量彻底释放掉，后面又出现了一个上涨波段。也正是因为这种结构比五上三下多了一个波浪的转折，一旦转势，其下跌动力也异常强大，比波浪理论中的调整浪多了一个深度的调整。

我们还是用图来进行说明。图 9-16 为东方盛虹（000301）2019 年 1 月至 2019 年 6 月的日线图。

图 9-16　东方盛虹日线图

从图 9-16 中，我们看到该股的价格走势非常经典，以图中最高价为界左侧是一个标准的七上五下结构，无论是多头还是空头，力量都很强大，投资者如果不熟悉这种结构，按照波浪理论来投资，很容易掉进陷阱，落入"一买就套、一卖就涨"的尴尬境地。如果将右侧下跌的行情看成新行情的开始，我们看到这又是一个五下三上的结构，其中三段式反弹软弱无力，其后股价创出了新低。

图 9-17 为平潭发展（000592）2018 年 10 月至 2019 年 7 月的日线图。

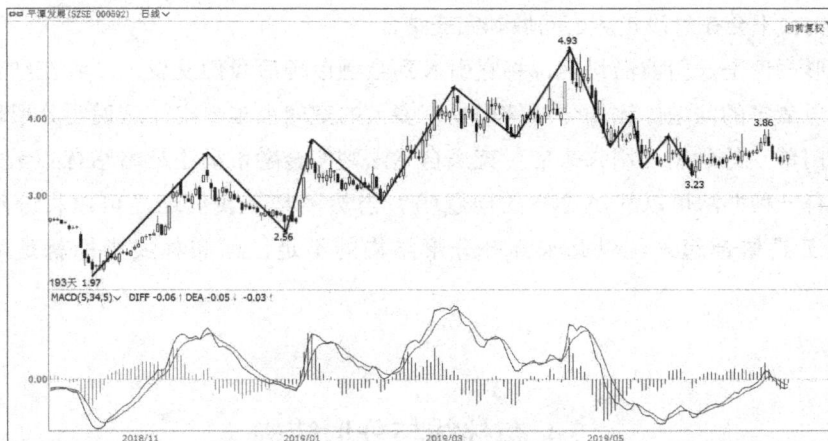

图 9-17　平潭发展日线图

与波浪理论一样，分形结构适用于任何时间周期，只是结构的层级不同。我们看图 9-17，该股由于上升动力充足，股价走出了 7 个上升波段，脱离了波浪理论的范畴，如果我们在第 5 个波段结束时卖出，就会丧失掉一大笔利润。如果我们在行情还没走完时贸然选择进场，后面的 5 波下跌足以让投资者心碎。从图 9-17 中就能看出来，市场的走势确实是复杂的，绝不是一成不变的。图 9-17 的例子中虽然下跌波段只有 5 个，但已经将前面的上涨行情全部抹掉，再一次说明波浪理论只是市场的一部分，而不是全部。

通过图 9-16、图 9-17 的例子我们可以看到，在七上五下的结构中如果后面的调整幅度浅，固然可以说明做空的动力弱，但也可能代表做空的动力没有充分地释放出来，接下来股价或许会有反弹，但反弹过后的再次下跌也很可怕。如果七上五下结构中后面的调整幅度深，说明做空动力得到有效的释放，针对接下来的反弹行情投资者反而可以放心。

9.3.3 分形结构总结

现在我们是时候对分形结构的相关知识进行一下总结。市场常见的分形结构有 3 种，除了波浪理论中的五上三下结构外，还有五下三上的反弹结构以及做多动力充足的七上五下结构。

市场的走势是确定的，除极端走势之外，这 3 种分形结构可以涵盖市场大部分的走势，就像布林线指标那样。市场的走势又是不确定的，不确定的地方有两点，一是我们不知道即将展开的这段走势究竟会采取哪一种分形结构；二是我们不知道走势结构会不会在每段走势之间做到完美结合。

分形理论是一门前沿科学，将它引入到金融市场后我们发现，二者在结合中还是会出现诸多的问题，比如分形结构具有多大的空间很难界定。这说明分形理论毕竟是一门单一的学科，用它来应付充满自然法则的金融市场还是略感有心无力。难道就没有一种办法可以解决这样的问题吗？当然不是，我们还是可以将分形结构与其他工具结合起来，以此来弥补分形结构的不足，而布林线指标就是最好的工具。

9.4 布林线与分形结构

分形结构是有边界的。那么，分形结构的边界在哪里呢？其实就是天然具有支撑与压力作用的布林线指标的上轨与下轨。

9.4.1 越界

布林线指标中的上轨与下轨是按照标准差的方式计算出来的，而标准差属于数学领域。"江恩理论"发明人威廉·江恩认为，数学既是科学，又是自然法则的一部分。这就表明，数学上的某种东西可以应用在自然法则上。

布林线指标上轨与下轨之间的距离其实就是股价行进的空间，也可以说是股价运行的边界。有的时候，可能会受市场的环境或是股价自身动力的影响，股价会发生刺穿布林线上轨或下轨的情况，在分形结构中，这种现象被称为"越界"。

"越界"代表股价的行进已经走向了极端，在自然法则中，极端则意味着不能持久，必然会向反方向运动，以此来平衡前面极端的情况，而这种反向的平衡毫无疑问就是市场为我们提供的交易机会。

市场还有另外一种走势，即严格遵照布林线上轨和下轨划定的空间运行，这就属于正常的市场状态，此时布林线上轨和下轨就是分形结构最终要达到的目标。在实战中，我们需要股价在抵达目标后给出某种标记，方便后面对股价继续进行观察。向上是股价的正向运动，当股价的这种正向运动抵达上边界即布林线上轨的时候，我们需要给它做个记号，记作 +A；同理，向下是股价的反向运动，当股价的这种反向运动抵达下边界即布林线下轨的时候，我们也需要给它做个记号，记作 –A。

图 9-18 为吉林敖东（000623）2018 年 9 月至 2019 年 5 月的日线图。

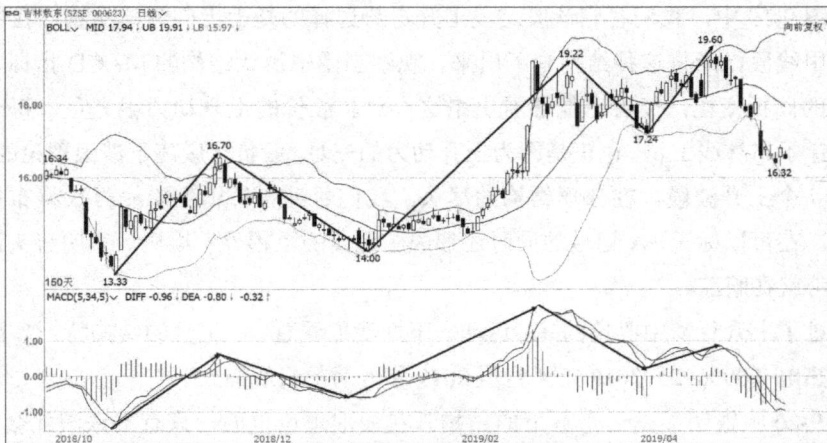

图 9-18　吉林敖东日线图

从图 9-18 中，我们看到股价自布林线中轨启动，展开一轮上升行情，分形结构选择以波浪形式展开，股价的 5 个上升浪清晰可见，而副图上的 MACD 指标的走势也印证了这种结构。在上升 5 浪中，其中 1 浪、3 浪都曾发生过刺穿布林线上轨的情况，但由于整体分形结构还没有走完，因此股价短暂调整后依然保持原有趋势，继续向上拓展空间，直到第 5 浪走完，整体分形结构完成才告一段落。此时我们看到，第 5 浪的高点刚巧处在布林线上轨处，上轨的压力与分形结构完成后的力量衰竭，二者共同作用，宣告此段行情走到了尽头。

图 9-19 所示是阳光城（000671）2019 年 1 月至 2019 年 3 月的日线图。

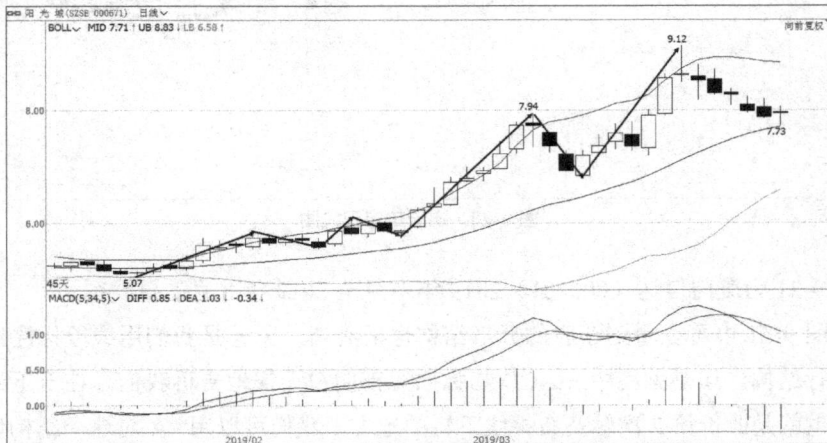

图 9-19　阳光城日线图

从图 9-19 中，我们看到该股这段上升走势选择的是七上的分形结构，在图 9-19 上我们用线段已经将这种结构画了出来。观察副图中辨认结构的 MACD 指标，通过指标线的曲折变化，读者也能够看出来这一点。股价的上升动力很充足，每一段行情都刺穿了布林线上轨，也正是因为上升动力的充足，股价才脱离了波浪理论的范畴，走出了 7 个上升波段。在分形结构的尽头，我们看到股价用上影线再次将布林线上轨刺穿，在可以标记 +A 记号的同时还形成了经典的"越界"格局，表明势头已经衰竭，转势就在眼前。

看过了上升行情中股价的 +A 运动，下面我们看看 –A 记号的结构特征。图 9-20 为惠天热电（000692）2019 年 4 月至 2019 年 6 月的日线图。

图 9-20 中很明显是一个五下的结构。在波浪理论里面，只有主跌浪才会形成 5 个浪的下跌。因此可以断定，这一波下跌要么是 A 浪，后面会是一个三段式的反弹 B 浪，符合五下三上的反弹分形；要么是完成整体下跌的 C 浪，后面的行情会步入到一个新的循环周期当中。我们看该股的五下结构最终落脚点刚好是布林线下轨，可以记作 –A，意味着这个分形结构空间已经走完。

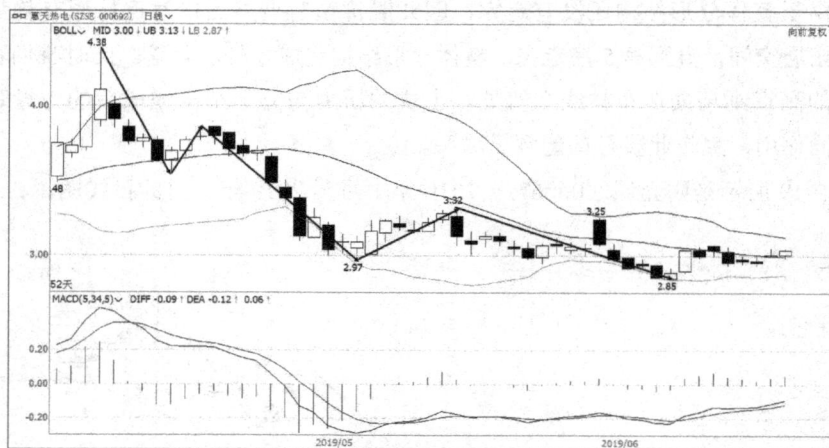

图 9-20 惠天热电日线图

图 9-21 为厦门信达（000701）2019 年 7 月至 2019 年 8 月的日线图。

从图 9-21 中可以看到该股的分形结构也很清晰，无论是我们用线段标注出来的股价运行结构，还是副图中 MACD 指标曲线都明白无误地告诉我们，在五下结构的终点，也就是股价第 2 次触及布林线下轨的地方，我们可以用 –A 对这个结构做个记号，在这时候投资者可以入场等待后面的反弹。感兴趣的读者可以自行打开软件查看后面的走势，会看到跟在后面的确实是一个 3 浪反弹，符合五下三上的分形结构。

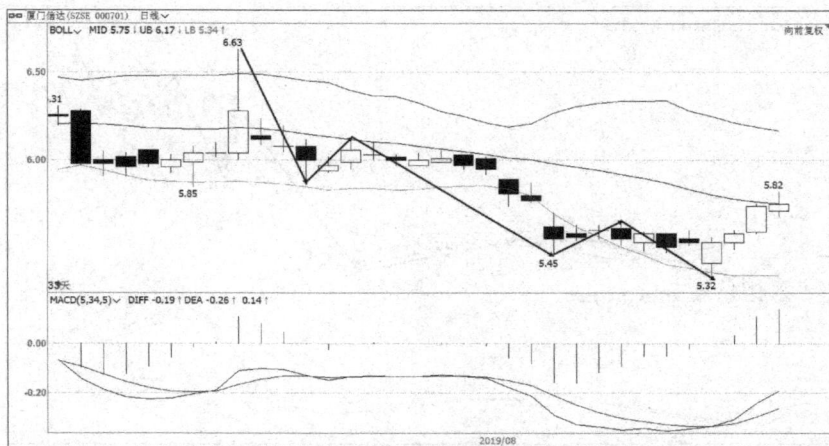

图 9-21　厦门信达日线图

一上一下，或者说一下一上才是一段完整的行情。如果一个循环是以上升开场，则上下之间就是一个循环；如果一个循环是以下跌开场，则下上才是一个循环，大家要把这个弄清楚才行。

9.4.2　应用

熟悉了分形结构，了解了分形结构与布林线指标的结合特点后，就可以将分形结构的空间尽头与布林线指标的上轨与下轨相结合，进行具体应用。

应用分形结构是要讲究方法的，一是可以利用前面的分形结构去推测后面最可能发生的分形结构；二是可以利用股价的高低点判断循环，然后利用指标辅助判断分形结构。

笔者利用图解的方式为读者说明一下如何利用分形结构去分析判断一只股票。图 9-22 为武汉中商（000785）2018 年 10 月至 2019 年 3 月的日线图。

从图 9-22 中，我们看到该股的上升结构是一个七上的分形结构，实战中倘若投资者看到这样一张图，并且之前又没有进场交易的话，那么第一感觉应该是该股风险极大，后面大概率会展开下跌行情。原因有两个，一是分形结构提示我们，七上的结构后面应该是五下，也就是说后面至少应该展开 5 波下跌，才算是对前面的上涨进行了充分调整，在 5 波下跌没有完成之前，贸然进场容易遭受损失；二是分形结构配合布林线上轨已经构成了一个 +A 的边界节点，再向上已经没有空间。既然向上没有空间，那么遵循"能量是沿着最小的阻力运动"的原理，向下就是必然的选择了。

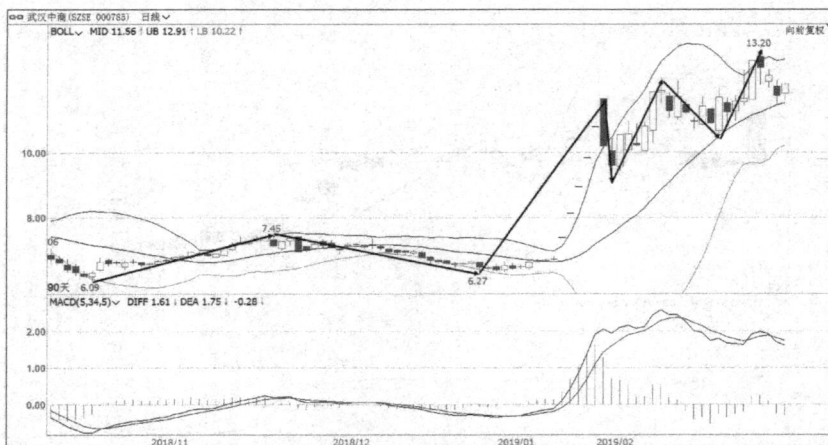

图 9-22　武汉中商日线图

图 9-23 为武汉中商（000785）2018 年 10 月至 2019 年 5 月的日线图。

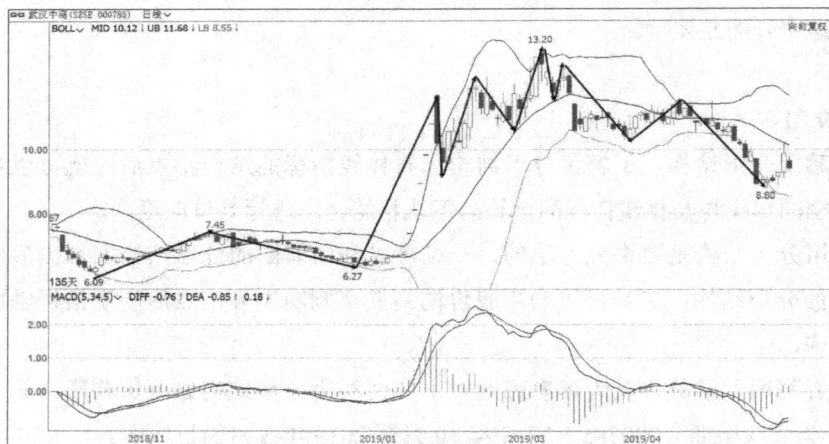

图 9-23　武汉中商日线图

我们观察图 9-23，就会发现股价的走势确实是一个完整的七上五下的分形结构，这样一上一下的走势构成了一个完整的循环。我们看到将行情整合后，下降波段其实就是五个，且第五个下降波段的低点刺穿了布林线下轨，由此可知从分形结构中可以预见行情后面的发展。

图 9-24 为武汉中商（000785）2018 年 10 月至 2019 年 6 月的日线图。

紧接前面的走势，我们看到五下的后面是一个三段式的走势，这样又构成了五下三上的反弹分形结构。需要说明一点，可以记作 +A 边界节点的地方，最少应该是

5 浪结构，7 浪结构也可以，但绝不会是 3 浪结构，因此这个反弹的高点尽管靠近布林线上轨，但不能标记为 +A。

分形理论是一个全新的理论，在金融市场中的应用也是最新的研究成果，不同的分形结构对股价走势的诠释也不全被大家熟知。这些看起来是困难的问题如果与布林线指标结合，其实都有办法得到解决。当然，本章的内容有些高深，处在技术入门阶段的读者或许会感到有点困难，但只要读者多找些资料学习分形的相关知识，就会更加容易掌握。

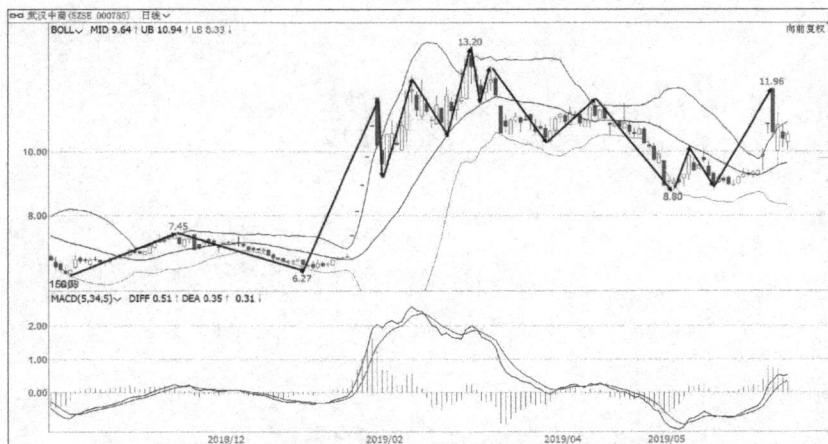

图 9-24 武汉中商日线图

本章要点

■ 市场能量分析三原则是股价行动的方向要点。

■ 参数修改后的 MACD 指标是辅助判断波浪的利器。

■ 常见的分形结构分别是五上三下、七上五下和五下三上。

■ 结合布林线指标的上轨和下轨，分形结构可以提示股价运行的空间。

■ 向上的分形结构记作 +A，向下的分形结构记作 −A。

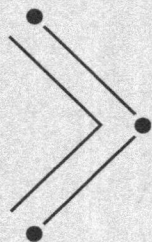

第 10 章

选股

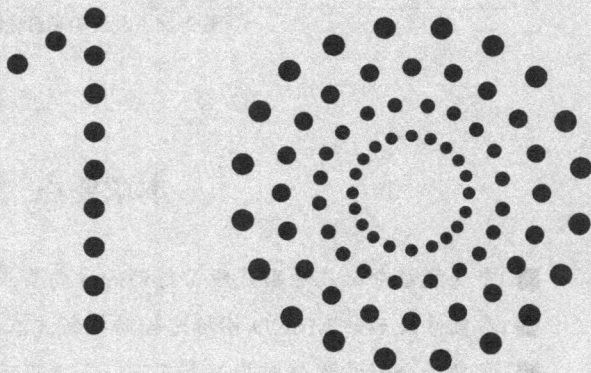

本章将介绍使用布林线指标选股的技巧。选股是一项很重要的工作，目前沪深两市的上市公司数量已经达到 3000 余家，并且未来还会继续增加。投资者如果不会选股，就算有再好的体力和再多的精力，到最后也会不堪重负。

学会选股，可以帮助我们减少很多工作量，确保我们用最好的状态投入到实际投资当中，这样可以起到事半功倍的效果。此外，长时间地跟踪观察某些股票，投资者也会熟悉该股的运行规律，可以帮助正确地判断形势。

10.1 指标选股

目前各大券商为了满足投资者的需要，提高了对中小投资者的服务质量，时常推出新版本的证券分析软件系统，并且在其中加入了布林线指标。我们可以利用这个便利条件，设定布林线指标相关参数，以此选出适合投资的股票。

指标选股最大的优势就是直观，而劣势则在于步骤烦琐，这种方法是许多老股民的首选，笔者在这里把指标选股的方法为读者介绍一下。

指标选股的第 1 步，就是要下载数据。不下载数据也可以，直接将证券软件系统连接到网络也能进行选股，只是网络连接是一个数据传输的过程，而这个过程由于受到各种因素的影响，有时有些数据会不完整，进而会影响到选股的正确性，这也是系统会提示你进行数据下载的缘故。如何进行数据下载呢？笔者就以自己使用的证券软件为例，为读者进行一下说明。

图 10-1 为笔者截取的数据下载示意图。目前市场上的证券分析软件版本很多，如"通达信""同花顺"，笔者使用的就是"通达信"软件。其实各款软件的差别不是很大，盘后数据下载的方法几乎都是一样的。

从图 10-1 中可以看到，软件最上方左侧有几个菜单，大家用鼠标左键单击"系统"选项，再从下一级菜单中选择"盘后数据下载"就可以了。这样选择后，会弹出一个对话框，大家输入想要下载的时间段就可以了。如果你从来没有下载过数据，建议选择 5 年这个时间段，可以基本满足选股需求。如果投资者担心这个时间段还不够准确，那就选择 10 年，应该可以满足需求。

准备工作结束后，我们就可以利用证券软件系统进行选股了。

笔者将选股步骤列一下：鼠标单击软件最上方"功能"，在出现的对话框中选择"选股器"，最后选择"综合选股"。

图 10-2 为选股步骤示意图。如果对证券软件操作非常熟悉，上述操作过程并不困难；

如果对软件不熟悉也没关系，只要多动动手，多使用几次这些功能就可以熟能生巧。

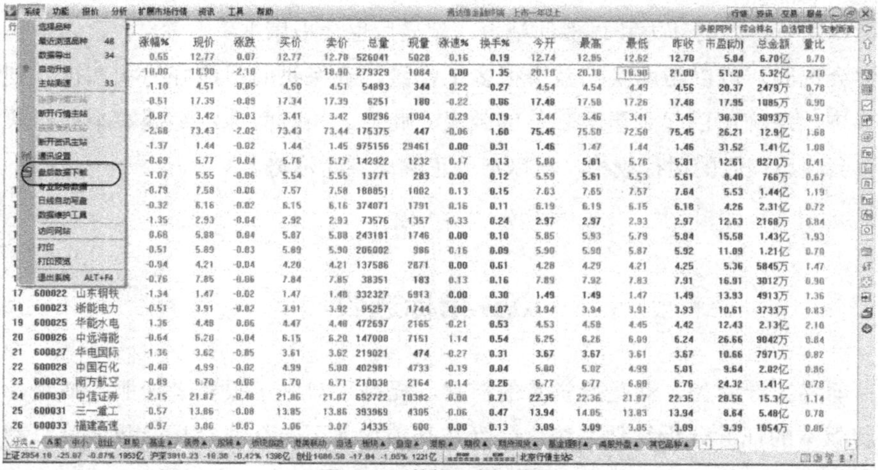

图 10-1　数据下载示意图

我们往下进行。当按照上面的步骤进入到选股对话框后，我们就可以进行具体的选股了。这个步骤也非常简单，在这里具体罗列一下：进入"综合选股"对话框，用鼠标单击左上侧 4 个选项中的"条件组"，选择第 1 行"技术指标"并用鼠标单击，在下拉出的子菜单中选择"路径型"，然后找到我们需要的"BOLL—M 布林线—传统版"指标并单击，剩下的步骤只需按照对话框中的提示选择就可以了。

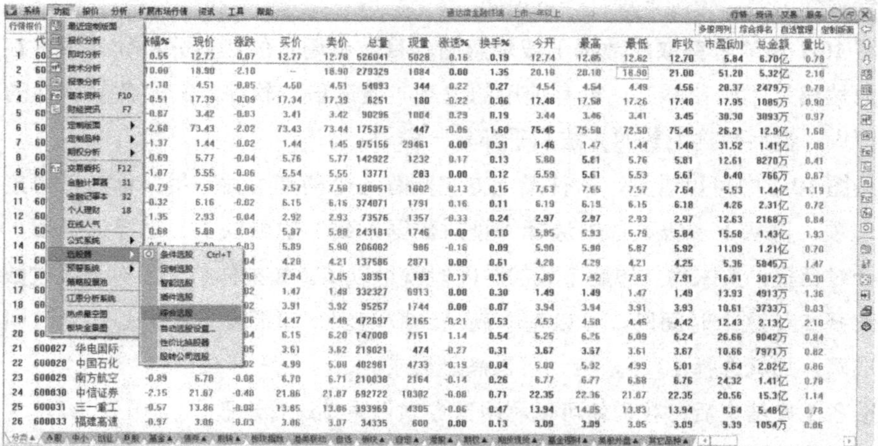

图 10-2　选股步骤示意图

图 10-3 为进入"综合选股"对话框后的选股条件设置图。

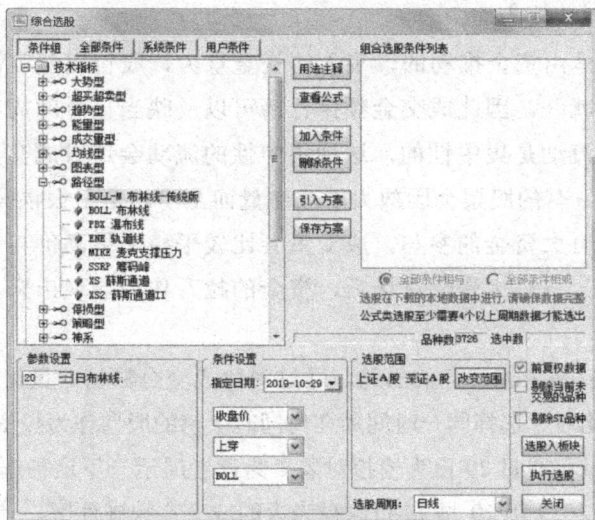

图 10-3 选股条件设置图

在找到我们自己设置的指标后,在"条件设置"中选择"收盘价""上穿""BOLL"选项,也就是布林线中轨,然后将这几个选股条件通过"加入条件"功能添加到选股列表当中,在"选股周期"一栏选择你想要的时间周期,最后单击"执行选股",系统就会为我们自动选择出符合条件的股票。

自动选股后,如果有符合条件的股票,最后会出现选股的结果,并标示有"临时条件股"字样。

这种选股方法由于条件范围过大,有时会一次性选出几百只符合条件的股票,因此选股的结果只能作为一个大致的参考而不能完全采用。如果真的想要从中挑选出可以投资的股票,还需要利用其他辅助条件进一步筛选才行。

10.2 系统选股

除指标选股之外,还有一种选股方法比较贴合于市场,可以紧跟市场热点,如果利用得好,或许会从中发现值得投资的好股,这就是系统选股法。只是这种方法也有弊端,那就是这只是一个短期市场行为,持续时间不能过长,并且使用不当会造成亏损。

所谓系统选股,指的是利用证券分析软件给定的某种分类功能,集中展示市场短期内的某种倾向,从中进行股票筛选。

当前市场的主流交易周期是日线,系统分类也以日线为统计周期,因此我们的系统选股方法也以日线为准。

股价的涨跌是由资金推动的，买入的资金量大，股价自然就涨；卖出的资金量多，股价自然就跌。因此成交金额排行榜可以反映当日时间周期内资金的进出情况。大资金的流动是集中性的，这种集中性的流动会造成成交量的放大，因此在量比排行榜上，有的股票会因放大的成交量而上榜。至于振幅排行榜也好理解，一只股票如果没有大资金的参与，成交量会比较平稳，最高价与最低价之间的振幅空间也比较小，只有大资金进场后，资金的拉升作用显现出来，股价的振幅才会扩大。

系统选股法就是依据这样的思路，通过对比成交金额榜、量比排行榜和振幅排行榜，并且交叉比对，选择同一时间周期内同时上榜的股票作为投资对象。

笔者以 2019 年 10 月 29 日为模拟对象，为读者展示一下这种选股方法的应用。如图 10-4 所示为 2019 年 10 月 29 日收盘当天的成交金额排行榜。

图 10-4 中，笔者截取了当天成交金额榜前 15 位的股票，按照当天股票成交金额的大小降序排列。

图 10-5 所示为 2019 年 10 月 29 日收盘当天的量比排行榜。

	代码	名称	总金额▼	量比	振幅%
1	000066	中国长城	76.80亿	2.49	11.93
2	600570	恒生电子	74.46亿	4.64	9.48
3	000651	格力电器	47.57亿	3.35	4.89
4	000063	中兴通讯	43.04亿	1.98	5.68
5	601077	N渝农商	40.59亿	—	24.05
6	601318	中国平安	38.21亿	0.78	1.22
7	300059	东方财富	35.83亿	1.35	3.34
8	600519	贵州茅台	33.14亿	1.19	1.88
9	000858	五粮液	28.30亿	0.97	1.84
10	002458	益生股份	28.06亿	1.30	11.95
11	002463	沪电股份	27.10亿	1.86	8.54
12	002571	正邦科技	26.77亿	1.20	7.83
13	002195	二三四五	23.82亿	5.76	8.94
14	603927	中科软	23.77亿	1.84	19.50
15	600703	三安光电	23.15亿	1.40	4.08

	代码	名称	总金额	量比▼	振幅%
1	002369	卓翼科技	12.78亿	16.20	6.96
2	002303	美盈森	10.51亿	15.15	12.17
3	000606	顺利办	5.72亿	12.39	9.53
4	600571	信雅达	4.82亿	11.74	7.84
5	002657	中科金财	12.05亿	11.67	7.25
6	000838	财信发展	6156万	9.65	9.97
7	300018	中元股份	4.18亿	9.48	11.62
8	600835	上海机电	3.16亿	8.82	6.08
9	300067	安诺其	2.36亿	8.62	6.73
10	300096	易联众	4.58亿	8.53	8.77
11	000711	京蓝科技	2.53亿	8.46	6.88
12	000042	中洲控股	4189万	8.29	4.02
13	603365	水星家纺	1.19亿	8.23	2.81
14	002587	奥拓电子	3.47亿	7.89	9.35
15	600530	交大昂立	1.97亿	7.85	11.57

图 10-4　2019 年 10 月 29 日成交金额榜　　图 10-5　2019 年 10 月 29 日量比排行榜

图 10-5 中，笔者截取了当天量比排行榜前 15 位的股票，按照量比数值的大小降序排列的。

图 10-6 所示为 2019 年 10 月 29 日收盘当天的振幅排行榜。

图 10-6 中，笔者截取了当天振幅排行榜前 15 位的股票，按照股价振幅数值的大小降序排列。

看过 3 个排行榜后我们会发现，当天成交金额榜上主要是流通盘偏大的股票，而量比排行榜和振幅排行榜里面则以中小盘股票居多，所以我们在交叉比对时要先看量比排行榜和振幅排行榜。

仔细观察量比排行榜和振幅排行榜，没有同时上榜的股票。既然交叉选股不可行，那么我们只好再把目光转回成交金额榜，毕竟这是实实在在的资金交易。

	代码	名称	总金额	量比	振幅%↓
1	601077	N渝农商	40.59亿	—	24.05
2	603610	N麒盛	2199万	—	24.00
3	300799	N左江	86.89万	—	23.98
4	300551	古鳌科技	4.04亿	2.10	19.73
5	603927	中科软	23.77亿	1.84	19.50
6	688139	海尔生物	14.63亿	0.81	17.48
7	300202	聚龙股份	6.61亿	0.64	16.71
8	000949	新乡化纤	1.37亿	2.46	16.30
9	603232	格尔软件	4.43亿	5.23	15.76
10	300663	科蓝软件	11.10亿	3.23	15.39
11	002339	积成电子	3.49亿	5.22	15.31
12	002699	美盛文化	7.29亿	1.88	14.59
13	600986	科达股份	9.09亿	1.09	14.46
14	300042	朗科科技	6.45亿	2.09	14.43
15	002104	恒宝股份	13.22亿	5.23	14.43

图 10-6　2019 年 10 月 29 日振幅排行榜

我们用 SAR 指标搭配布林线指标对成交金额榜上的股票逐一进行筛选。为了保证选股的质量，我们用 DMI 指标进行验证，最终在里面确定了贵州茅台（600519）这只股票。

由于篇幅有限，15 只股票的走势图这里不能一一列出，感兴趣的朋友可以打开软件系统，按照我们设定的条件自行查看。

图 10-7 所示为截止到 2019 年 11 月 16 日收盘当天，利用成交金额榜选出的贵州茅台（600519）的日线图。

图 10-7　贵州茅台日线图

按照系统的选股方法，再结合本书的各种技术分析指标，我们可以对该股进行一下总评：在布林线指标中，股价以大阳线刺穿布林线上轨，可以看作是短线躁动的开始，股价后面还有上涨空间；从 SAR 指标看，股价上穿绿色压力线，指标由绿翻红，中线趋势刚刚向好，值得参与；从 DMI 指标看，多空信号中做多信号线 PDI 线已经上穿 MDI 线，预示多头力量占据上风；从趋势信号看，指标刚刚给出趋势信号，说明即将到来的行情是一段明确的趋势行情。

综合上述指标信号看，该股短线上升动力充足，有可能转变成一段中短期的趋势行情。

需要注意的是，我们无法精准预测未来股市的走势，也没有完全准确的技术分析手段，只能根据准确率更高的方法进行筛选。本例中贵州茅台给出了技术买点，只是大概率会上涨，并不是一定上涨，所以还要在布林通道的下方设定止损价位，一旦趋势走坏，要尽快平仓。

如图 10-8 所示，如果我们几天前就进行筛选的话，那么还能筛选出正邦科技（002157）的日线图。

图 10-8　正邦科技日线图

正邦科技几天前在箭头所指的位置，突破中轨，并且 SAR 在下方为红色，两个指标表明正邦科技可能要出现一波上涨走势。如果我们打开 MDI 指标，PDI 与 MDI 金叉在突破上轨后的第 2 个交易日给出，ADX 与 ADXR 金叉恰好在 2019 年 10 月 29 日刚刚给出。如果后续走势会很长的话，此时恰好是最后的上涨验证。当然还是要在布林通道的下方设定止损价位。

图 10-9 为格力电器（000651）的日线图。

图中最后一根 K 线显示，格力电器当日刚刚突破中轨，盘中突破上轨，但收盘价未在上轨之上，受到了上轨的压制，并且 SAR 连续 5 天呈绿色出现在上方。如果 SAR 连续 4 天呈绿色出现在上方，并且有多单的话，至少在短线需要考虑平仓了。

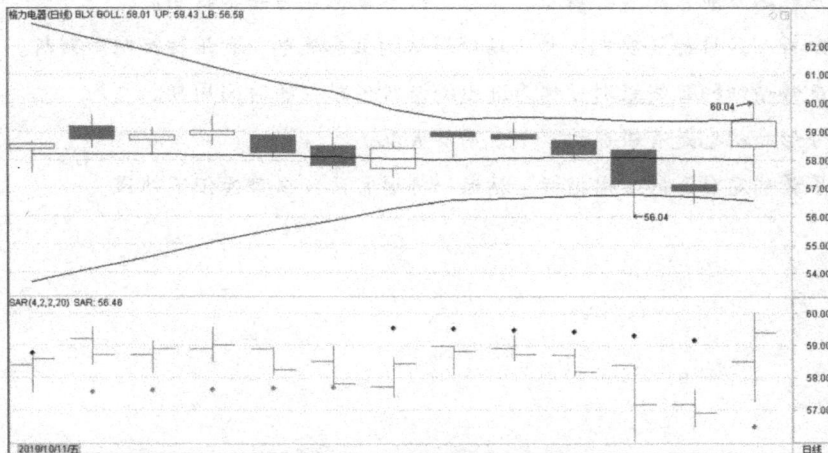

图 10-9　格力电器日线图

如果格力电器在后续的走势中继续突破上轨，而且 SAR 并未连续 4 天呈绿色出现在上方，则有可能再次启动一波上涨走势。

当然不论怎样，都要在布林通道的下方设定止损价位，以防万一。

没有哪个指标能像布林线指标这样，兼顾趋势行情和震荡行情，并且能够在两个不同的市场中游刃有余地进行转换。更主要的是，布林线指标几乎可以与任何指标进行结合，从而进一步增强对市场的分析能力。本书的第 1 章为读者介绍了布林线指标的产生、基本构成以及独特作用；第 2 章为读者介绍了如何借助布林线解读市场形态以及其中蕴含的交易机会；第 3 章谈到了布林通道的使用；第 4 章至第 8 章又将 K 线、成交量、均线、趋向指标和抛物线指标引入进来，并分别与布林线指标结合，从不同角度为读者阐述双重指标下的技术应用；第 9 章引入全新的分形理论，为读者揭示了分形结构，丰富了形态的发展；第 10 章为读者讲解了指标选股技巧。可以说本书到现在已经将布林线指标的方方面面进行了诠释。

本章要点

■指标选股比较粗略，需要投资者进行二次筛选。

■系统选股能紧贴市场热点，但对于技术分析能力要求较高。

■分析一只目标股要先从大周期分形结构上去观察，利用指标辅助判断。

■走势精细的日线级别可作为进出场与行情跟踪的时间周期。

■分形结构也是有级别的，千万不要弄混。

■尽量确定自己的常用指标，精通一样通常比什么都懂但不精强。